KB016038

대한민국
평화기행

대한민국 평화기행

권기봉 · 김진환 · 한모니까 지음

국립통일교육원 기획

창비교육

ChangbiEdu

차례

2 서울 길에서 만난 평화, 길에서 만난 통일

3 충청·호남 쌀을 함께 나누는 게 평화다

4 부산·대구·영남 강 따라 산 따라 평화의 관문으로

5 제주 한라에서 백두까지, 불어라 평화바람

대한민국 방방곡곡으로 떠나는 평화기행

"좀 더 다양하고 가까운 현장체험학습지는 없나요?" 평화·통일교육을 하다 보면 자주 듣는 질문입니다. 이 책은 이 질문에 대한 저희 나름의 대답입니다. 교육이 교실에서만 이루어지지는 않습니다. 학생이 교실에서 배운 지식을 현장에서 직접 살펴보고 이해하는 '현장체험학습'도 대단히 효과적인 교육 방식입니다. 그래서 평화·통일교육도 교실과 현장체험의 결합을 강조합니다. 그런데 막상 어디로 현장체험학습을 갈지 생각해 보면 비무장지대(DMZ) 일원 외에 마땅한 곳이 떠오르지 않는다는 분이 많습니다. 뒤따라 나오는 이야기는 "우리 지역에서는 DMZ가 너무 멀다"는 것이었습니다.

DMZ 일원이 평화와 통일을 생각해 보기에 좋은 현장인 건 분명합니다. DMZ 일원은 남북 대결 역사와 평화·통일 희망이 공존하는 곳이기에, 그곳에는 교사·부모와 학생 들이 함께 나눌 이야깃거리가 많이 담겨 있습니다. DMZ 일원은 평화·통일교육을 하면서 갈 수 있다면 꼭 가봐야 할 곳입니다. 그렇더라도 인천·경기·강원 이외의 지역에서 찾아가기는 아무래도 쉽지 않은 일입니다. 모든 현장체험학습이 그렇겠지만, 특히 멀리 DMZ 일원까지 갈 계획을 세우다 보면 시간, 비용, 안전 등 고려하고 해결해야 할 문제가 한둘이 아닙니다. 게다가 코로나바이러스감염증-19(이하 '코로나-19'로 줄임) 사태 탓에 먼 곳으로 현장체험학습을 떠나기가 이전보다 더 부담스럽고 힘들어졌습니다.

이런 요구와 어려움에 귀 기울이며 대책을 생각하다 떠오른 게 특정 '장소'가 오직 한 가지 '장소성'만 갖는 건 아니라는 사실입니다. 장소성은 장소가 지닌 개인적·사회적·역사적 의미를 말합니다. 누구와 가는가, 어떤 이야기와 동행하는가에 따라 이전에 갔던 장소가 달리 보이고, 그곳에서 다른 생각을 했던 경험이 있을 겁니다. 특정 장소에 의미를 부여하는 건 결국 그곳에 가는 사람들입니다. 그러니 DMZ 일원이 아닌 장소여도 평화·통일과 관련된 의미를 찾고 이야기할 수 있는 곳이라면 평화·통일 현장체험학습지가 될 수 있습니다. 예를 들어 독립운동가 유적이나 독립운동 현장에 가서, 그들이 꿈꾸던 미래에 오늘 같은 분단과 남북 대결이 있었을지 생각해 본다면 바로 그곳이 평화·통일 현장체험학습지가 될 수 있습니다. 부산 유엔기념공원처럼 한국전쟁 전사자가 묻힌 곳에서, 대결과 희생을 반복하지 않기 위한 남북 대화와 화해·협력을 생각한다면, 그곳도 괜찮은 평화·통일 현장체험학습지가 됩니다.

이 책에는 DMZ 일원을 포함해 서울, 충청·호남, 부산·대구·영남, 제주 등 전국 각지의 평화·통일 현장체험학습지 30곳이 담겨 있습니다. 추천 장소 중에는 잘 알려진 곳도 있고, 그동안 평화·통일 현장체험학습지로 잘 떠올리지 않았던 곳도 있습니다. DMZ 일원에 국한하지 않고 전국 각지에서 추천했으니, 학교나 집에서 가까운 장소도 분명히 있을 겁니다. 아무쪼록 시간도 덜 들고, 비용도 덜 들고, 안전하기까지 한 꽤 괜찮은 평화·통일 현장체험학습이 되길 바랍니다.

한편 저희 세 사람이 각 장소를 다녀와 쓴 글은 여러분이 길을 나설 때 챙겨갈 만한 한 가지 이야깃거리에 불과합니다. 다시 강조하지만 장소가 지닌 의미는 절대 한 가지가 아닙니다. 여러분이 저희가 소개한 장소에서 저희는 생각지도 못했던 더 많은 의미를 찾아내고 더 풍성한 이야기를 나누리라 믿습니다.

예상하셨겠지만, 코로나-19 사태는 이 책을 만드는 데도 큰 장애물이었습니다. 그 와중에도 좀 더 다양하고 가까운 평화·통일 현장체험학습지를 소개하고 싶다는 뜻에 적극 공감해 준 분들 덕분에 책이 무사히 나올 수 있었습니다. 방역 지침을 철저히 지키면서 헌신적으로 안내해 주고 해설해 준 모든 분들에게 감사드립니다. 현지 연구자, 해설사, 기관 관계자 들의 친절한 설명과 의견이 없었다면 이 책의 글들은 앙상해졌을 겁니다. 책을 기획하고 책이 나오기까지 모든 실무를 챙겨준 국립통일교육원 학교통일교육과와 현대아산 관계자들에게도 깊이 감사드립니다. 빠듯한 일정인데도 평화·통일교육에 대한 애정으로 출간을 맡아 준 창비교육에 큰 은혜를 입었습니다. 진심으로 감사드립니다. 하루빨리 남북 관계가 좋아져서 평화·통일 현장체험학습지가 북녘으로까지 넓어지길 꿈꾸며 이제 여러분 손에 책을 드립니다.

2021년 3월

저자들을 대표해 김진환

· 일러두기

외국 지명은 외래어표기법에 따라 표기했으나, 독립운동가들의 활약상이 두드러졌던 지역(예컨대 간도, 연변, 용정, 연해주 등)의 지명은 독자들에게 익숙한 한국식 독음으로 표기했다.

1

인천 경기 강원

경계의 모습은 한 가지가 아니다

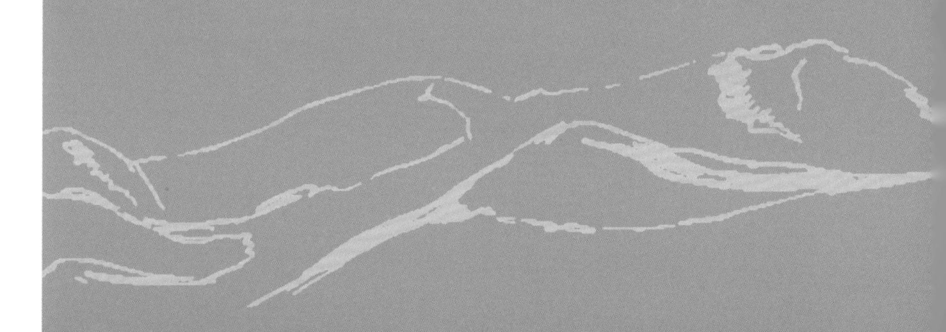

북한은 임남댐을 개방하여 단절된 북한강이

다시 북에서 남으로 흐르도록 하고

그로 인해 발생하는 전력 생산 부족분은

남한이 여유 전력으로 보상할 수 있어요.

그렇게만 된다면 평화의 댐은 남북 화해와

평화 협력의 상징으로 부상할 수 있으리라는

기대 또한 크답니다.

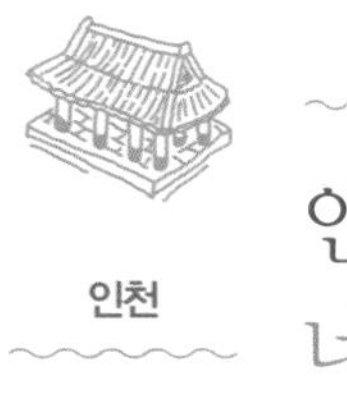

인천

인식 지평 너머의 강화도

고려와 조선 1000여 년의 역사에서 가장 중요한 국방 요충지이자 임시수도로 이용된 '섬'이 있다. 그 지리적·지형적 특성에 빗대 '심도(沁都)'라 불리기도 했던 섬, 강화도다. 정묘호란 때 후금과 강화(講和)를 위한 예비 회담지이기도 했던 연미정, 구한말 일본과 맺은 강화도조약 체결지인 연무당 터를 비롯해 침략과 응전의 역사로 점철된 처절한 땅으로 알려진 곳이다.

그런데 이게 전부일까? 폭력의 역사를 극복하고 더 나은 미래를 위해 애쓴 흔적이 고루 남아 있는 점 역시 강화도가 지닌 면모 중 하나다. 동학운동가 김창수가 독립운동가 김구로 변모해 가는 과정의 이야기가 녹아 있는 대명헌, 구한말 최초의 성공회 성당으로 들어선 이래 한일 간 폭력적 갈등만이 아닌 배려의 기억도 품고 있는 성공회 강화성당, 버려진 산업 유산을 현대적으로 재해석한 옛 조양방직 등이 대표적인 경우다.

강화도의 지리적 위상을 보여주는 흔적들

먼저 찾아갈 곳은 강화도 북동쪽 끄트머리에 있는 월곶돈대다. 2008년에 민간인 통제구역에서 해제되면서 출입이 가능해졌는데, 돈대 안에 있는 연미정에 서면 한강과 임진강이 만나 황해로 빠지는 조강, 강화도와 김포 사이의 해협인 염하, 그리고 개성 쪽에서 흘러 내려오는 예성강 하구 쪽이 바라다보인다. 지금 연미정 건물은 새로 지은 것이긴 하지만 크게 세 물길의 합수지에 위치한 정자이자 군사 방어용으로 지은 월곶돈대 안에 있어 고려는 물론 조선 왕조 내내 수도와 바다를 잇는 가장 중요한 물길들의 길목인 강화도의 지리적 위상을 짐작케 해준다.

연미정 일대는 조선 인조 5년(1627년)에 후금이 조선을 침탈한 정묘호란 당시에 두 나라가 강화 조약을 체결하기에 앞서 예비 회담을 연 장소로 알려진 곳이다. 이렇듯 강화도는 한반도를 경영한 왕조들 시각에서는 최후의 보루였으며, 침략자들로서는 반드시 지나가야 하는 길목 혹은 최후의 정복지였다. 실제로 강화도 곳곳엔 말 그대로 국방 관련 유적이 즐비하다. 그중에서도 조선 시대 흔적이 많이 남아 있는데, 광성보, 신미순의총, 손돌목돈대, 용두돈대 등이 전형적이다.

서세동점(西勢東漸)의 시대, 프랑스와 미국이 통상을 요구하며 조선을 침략하면서 거쳐야 했던 곳도 강화도다. 1871년의 신미양요도 수많은 인명 피해를 낳았지만, 그에 앞서 1866년에 벌어진 병인양요 때는 외규장각 사고(史庫)가 불타고 약탈되는 등 문화재 피해도 극심했다. 프랑스군이 철수하기 직전에 방화를 하는 바람에 조선 왕조가 소중하게 간직해 온 5000여 권의 책이 불타 사라졌고, 국가나 왕실 차원의 큰 행사가 있을 때 일체의 관련 사실을 그림과 문자로 정리한 의궤(儀軌)를 비롯한 340책의 서적과 지도와 천체도 등 주요 왕실 자료가 약탈되었다. 당시

월곶돈대 내에 자리한 연미정 |

프랑스가 훔쳐 간 의궤들 중에는 국내외에 단 한 점밖에 없는 판본이 상당했고, 대체로 국왕이 친히 열람할 목적으로 제작한 것들이어서 충격이 더욱 컸다.

당시 빼앗긴 외규장각 의궤들이 완전히 사라지지 않은 채 남아 있다는 사실이 밝혀진 것은 그리 오래된 일이 아니다. 파리에서 유학 중이던 박병선 박사가 1972년에 프랑스 국립도서관 수장고에서 훗날 현존 최고(最古)의 금속활자 인쇄본으로 드러난《직지심체요절(直指心體要節)》을 발견한 데 이어, 1975년에는 프랑스 국립도서관 베르사유 분관에서 병인양요 때 빼앗긴 외규장각 의궤를 찾아낸 것이다. 그 이후 이것의 반환 여부가 국가 간 협상 테이블에 올라올 정도로 한국 사회의 관심이 지대했다. 근대 초기에 이 땅에서 벌어진 전투 과정에서 불법적으로 약탈된 문화재인 만큼 관심이 클 수밖에 없었다.

1990년대 초반에는 이런 일도 있었다. 당시 한국은 고속철도를 건설하려는 계획을 세우고 있었는데 아직은 자체 기술이 부족하다 보니 철도 선진국의 기술을 도입하고자 했다. 프랑스의 테제베와 독일의 이체, 일본의 신칸센이 물망에 올랐다. 결론은? 모두가 알고 있듯이 프랑스의 테제베가 한국형 고속철도의 모델로 낙점되었다.

그런데 그렇게 결정되는 과정이 전에 없이 오묘했다. 프랑스의 프랑수아 미테랑 대통령이 여러 의궤 중《수빈휘경원원소도감의궤(綏嬪徽慶園園所都監儀軌)》(상) 1책을 가져와 김영삼 대통령과 회담할 때 보여주는 모습을 연출한 것이다. 한국 측의 호감을 사기 위한 행위였던 것 같은데, 끝내 계약을 따내는 데에도 성공했다.

놀라운 것은, 영구적이며 완전한 반환이 아니라 5년마다 갱신해야 하는 '대여' 방식으로 의궤를 가져왔는데도 불구하고 더없이 폭력적이었던 근대를 기억하는 한국인들이었기에 언론을 필두로 적잖은 이들이 열광했다는 점이다. 협상 과정과 결과의 유불리를 떠나 전쟁이 문화재에 어떤 악영향을 끼칠 수 있는지, 동시에 그것이 남긴 잔상이 얼마나 길게 이어질 수 있는지를 여실히 확인하게 해주는 사례라고 하겠다.

강화도가 '길목'에 있지 않았다면, 끝내 침략을 막아낼 수 있었다면 겪지 않았을지도 모를 사고 약탈…. 하지만 강화도가 아무런 준비 없이 방치된 섬은 아니었다. 그 위상에 걸맞은 대비 태세를 확인하기 위해선 강화산성에 올라보는 것이 좋다.

고려궁터 안에 남아 있는 외규장각 뒤쪽 언덕 오솔길을 이용하면 어렵지 않게 강화산성에 오를 수 있다. 산 능선 언저리까지 올라가면 갈림길이 나온다. 이때 왼쪽 길을 택하는 게 좋다. 그래야 시원하게 뚫린 강화도를 한눈에 내려다볼 수 있기 때문이다. 실제로 앞서 지나온 월곶돈대와 연미정이 내려다보인다. 그리고 특히 넓게 펼쳐진 논을 유심히 살펴볼 필요가 있다. 이 논들은 원래부터 있던 것들이 아니다. 대부분 제방을 쌓은 뒤 그 안쪽 갯벌을 간척해 조성한 무논이다. 간척 사업을 시작한 시기는 놀랍게도 근현대가 아니다. 그보다 훨씬 앞선 고려 왕조 때다.

강화도의 해안선은 원래 황해의 여느 섬들이 그러하듯 들쭉날쭉했다. 그런데 13세기경에 몽골이 침입하자 당시 집권자였던 최우가 강화도를 임시수도로 삼아 급히 들어오게 되었다. 그때 강화도에 들어온 사람들이 비단 최우의 주변 인물들만 있던 것은 아니다. 40만 명에 이르는 난민까지 모여들었다. 섬의 농지는 한정적인데 보듬어야 할 사람이 수십만 명…. 군량은 물론 백성들의 기본 식량도 부족할 수밖에 없는 상황에서 시작한 게 바로 제방 건설과 갯벌 간척이었다.

조선 왕조에서도 강화도를 대하는 지정학적 시각이 그대로 이어지면서 강화도 전체의 약 3분의 1에 해당하는 면적을 간척해 지금처럼 너른 논을 확보할 수 있었다. 그도 그럴 것이 유사시 왕실이 강화도로 피란할 경우 얼마나 버텨야 할지 알 수 없었기에 자체적으로 식량을 확보할 필

강화산성 |

요가 있었고, 결국 간척 사업을 게을리할 수 없었다. 그러고 보면 강화도는 하나부터 열까지 국방과 떼려야 뗄 수 없는 흔적들로 채워져 있는 셈이다.

너른 논들이 펼쳐지는 들판을 오른편에 두고 능선을 따라 내려가다 보면 북문에 닿는다. 북문을 지나 다시 오르막을 오르면 얼마 가지 않아 강화향교 방면으로 내려올 수 있는데, 거기서 서문이 지척이고 그 앞에 연무당 터가 있다. 1876년(고종 13년) 조선과 일본 사이에 불평등 조약인 조일수호조규(朝日修好條規), 즉 강화도조약이 체결된 곳이다. 지금은 당시의 건물은 없고 터와 그 사실을 잊지 않기 위해 세운 기념비만 남아 있다. 강화도의 지리적 위상과 그에 따른 역사적 의미를 다시 한번 인식할 수 있게 해주는 살아 있는 현장이다.

더 나은 세상을 위해 애쓴 인물을 품어주다

물론 그렇다고 해서 오해해서는 안 된다. 강화도가 폭력의 역사만으로 이어져온 땅은 아니다. 새로운 역사를 쓰기 위한 노력의 공간이었으며, 다양한 교류와 포용의 시작점 역시 강화도였다는 것을 방증하는 흔적도 여럿 남아 있다.

강화읍내 남동쪽 골목 안에 자리한 대명헌은 이곳 출신 독립운동가 김주경의 원래 집터 일대에 강화도의 부농 황국현이 1928년에 새로 지은 집으로 알려져 있다. 당시에는 사랑채와 문간채, 별당, 곳간 등으로 구성되어 있었으나 지금은 본채와 문간채 정도만 남아 있다.

집을 둘러보면 예사롭지 않은 느낌이 든다. 겉으로 보이는 모습은 대청마루에 유리문이 달려 있는 등 영락없는 근대식 한옥이지만, 마룻바

대명헌 |

닥이 영국에서 유행하던 헤링본 구조로 짜여 있다. 심지어 유리창에는 에칭 기법을 이용한 다양한 문양이 새겨져 있다. 대들보와 서까래는 백두산에서 벌목한 잣나무를 구해서 올렸다고 하고, 창틀과 마루도 하나하나 짜 맞추었다고 한다. 당시 황국현의 부를 가늠해 볼 수 있게 하는 대목이다.

그런데 황국현은 그 부를 자신을 위해서만 사용한 것이 아닌 듯하다. 그의 첫째 사위인 김근호가 미국 선교사 아펜젤러가 중심이 되어 세운 배재학당의 이사장을 지내는 등, 황씨 집안은 청년 교육운동에 적극적이었다고 한다. 이 집의 내력은 이걸로 끝이 아니다. 마당 한쪽에 안내판 형태로 만들어 세워둔 빛바랜 흑백 사진 한 장이 이채롭다. 1947년에 이곳을 찾은 백범 김구 일행과 지역 유지들이 함께 찍은 사진이다.

김구의 강화도 방문은 당시 《대중일보》 1면에 〈인천축항의 노역죄인 김구, 지금은 건국도상의 거인 김구 주석〉이라는 기사로 대서특필되었을 정도로 세간의 이목을 끌었다. 풀어보면, '인천항을 지을 때 동원되어 노역을 해야 했던 죄인 김구가 건국 과정인 지금은 아주 큰 인물이 되어 강화를 찾았다'는 뜻이다.

이게 무슨 이야기일까? 훗날 김구로 이름을 바꾸는 스물한 살 김창수는 1896년에 을미사변에 대한 보복 행동으로서 한 일본인을 황해도 치하포에서 죽였다. 이것이 이른바 '치하포 사건'이다. 이 일로 사형 선고를 받고 인천감리서에서 옥살이를 했다. 그때 그의 구명 활동에 적극적으로 나섰던 이가 김주경이다. 그런데 구명 활동이 뜻대로 되지 않자 김주경은 김창수에게 탈옥을 권유하는 시를 지어 보냈고, 김창수는 정말로 1898년에 탈옥을 감행한다. 김창수가 탈옥한 뒤에 가장 먼저 찾았던 곳이 바로 자신을 위해 애쓴 김주경의 활동 공간인 강화도다.

그러나 둘은 재회하지 못했다. 김주경이 일본 경찰의 눈을 피해 블라디보스토크로 이미 거처를 옮긴 뒤였기 때문이다. 할 수 없이 김창수는 김주경의 동생인 김진경의 집에서 약 석 달간 머물며 독립운동가 유완무를 만나 이름을 김창수에서 김구로 바꾸고 중국행을 택한다. 그랬던 김구가 해방 후 귀국해서 먼저 수소문한 사람 가운데 한 명도 김주경이다. 1947년에 김주경이 살던 곳을 찾았으나 지난번처럼 그를 만나지 못한 채 그의 집터 근방에서 사진을 찍었다. 현재 대명헌 마당에 설치되어 있는 사진이 그때 찍은 사진이다.

한반도에서 일본의 위력이 날로 거세져 가던 당시, 일본인을 죽인 조선인을 위해 구명에 나서는 행위는 자신의 안위마저 염려해야 하는 차원의 문제였을 것이다. 하지만 김주경을 비롯한 강화의 인물들이 김구 구명에 그렇게 전력했던 이유는 뚜렷했다. 구한말 한반도에서 가장 먼저 개항장으로 열린 제물포를 비롯한 근처 강화도 일대의 객주들은 일본인을 비롯한 외국 상인들로부터 상권을 보호하고자 1885년에 인천객

주상회를 조직하는가 하면, '일본화폐 수취거부운동'을 펼치는 등 저항에 앞선 이들이기도 했다.

더욱이 강화도, 나아가 조선의 현실을 도외시한 채 겁박해 오는 일본과 일본인에 대한 반감은 역설적이게도 가장 먼저 개항된 이곳 사람들의 의기를 뒤흔들기에 충분했다. 그런 그들에게 을미사변에 대한 보복을 하고자 했던 김구의 용기는 자연히 남달라 보였을 것이다. 강화도 출신의 의병 활동가와 독립운동가 수가 단위면적이나 인구수 등을 고려할 때 타 지역보다 많은 이유도 여기에 있지 않을까.

고려 시대에는 몽골에 맞선 최후의 저항지이자 임시수도, 그리고 조선 시대에는 멸망의 시발점과도 같았던 1876년 강화도조약의 현장이라는 이미지가 깊이 각인되어 있는 강화도…. 그러나 그 이면에는 정반대의 모습도 상존한다. 역사의 폭력적이며 일방적인 흐름에 낙담하지 않고 더 나은 미래를 위해 고군분투한 이들을 낳고 보듬어준, 마치 민족해방운동의 둥지와 같은 역할을 한 곳 역시 강화도다.

계단 난간과 종에 담긴 메시지

대명헌에서 북쪽으로 700여 미터 떨어진 곳에 위치한 성공회 강화성당도 한국인의 시야를 좀 더 넓게 확장해 준다. 대명헌과 고려궁터 사이의 야트막한 언덕 위에 자리한 이 건물은 영국성공회가 1900년경 조선에 첫발을 디뎠을 무렵, 신자 250명 정도가 들어갈 수 있는 40칸 규모의 한옥 형태로 지은 건물로, 한반도에 현존하는 가장 오래된 한옥 성당이다.

외관은 지어질 당시 조선인들에게 위화감을 주지 않도록 한옥 구조를 택했고, 내부 세례대에는 '重生之泉(중생지천: 새사람으로 거듭나는 샘)'과 '修

己洗心去惡作善(수기세심거악작선: 스스로 수양하고 마음을 닦으며 악을 멀리하고 선을 행하라)'이라는 한자를 새겨두었다. 이질적인 외래 종교가 새로운 지역에 스며드는 과정에서 택한 배려와 조심스러움으로 읽힌다.

그런데 이곳을 방문할 때마다 더 눈길을 끄는 게 있으니, 바로 성당을 오르는 돌계단 양쪽의 난간과 1900년에 건립된 성당에 다소 걸맞지 않게 상대적으로 세월의 때가 타지 않은 듯이 보이는 동종이다.

중일전쟁이 한창이던 1938년 4월, 일본은 전쟁 수행을 원활하게 하기 위해 국가가 노동력과 물자를 통제하는 국가총동원법을 제정, 반포했다. 1941년에 태평양전쟁을 일으킨 일본은 수많은 조선인을 강제 동원하고 일반 가정에서까지 금속을 공출하기 시작했다. 영국인들이 세운 강화성당이라고 예외는 아니었다. 계단의 철제 난간과 종이 이때 뜯겨 나갔다. 이 공간에 변화의 움직임이 보이기 시작한 시기는 2010년이다. 일본에 의한 강제병합 100년이 되는 해이자 강화성당을 완공한 지 110

성공회 강화성당 |

주년이 되는 해를 맞아 일본성공회와 신도들이 나섰다. "과거 일제가 일으킨 침략전쟁을 참회하고, 한일 양국의 진정한 화해와 동아시아의 평화 공존을 염원하는 마음을 담아" 계단 난간과 종을 복원하는 데 앞장선 것이다. 이에 대한성공회는 "지난 과거의 과오를 참회하고 평화를 향한 교회의 영원한 사명을 역사 속에서 실천한 일본성공회의 용기에 감사와 연대의 뜻을 표"하며 화답했다.

인기 여행지의 숨은 이면

근래에 카페 겸 문화 공간으로 재탄생한 옛 조양방직도 눈여겨볼 만하다. 조양방직은 원래 1933년에 지주 집안 출신 홍재묵·홍재용 형제가 민족 자본으로 설립한 방직 공장으로, 1958년 폐업할 때까지 강화도 직물 산업의 맨 앞자리를 차지했다.

한창때 강화도에는 조양방직뿐만 아니라 크고 작은 직물 공장이 60군데가 넘었고 노동자 수가 4000여 명에 이를 정도였다. 하지만 1970년대에 들어와 직물 산업의 중심이 대구로 옮겨 가면서 강화도의 방직 공장들은 하나둘 문을 닫았고, 조양방직은 화재 사건 등을 겪으며 그보다 앞선 1958년에 간판을 내렸다.

그곳에 새로운 숨이 불어넣어진 것은 2017년경이다. 산업 현장을 새로이 바라보려는 인식의 전환 속에서 전시 공간 겸 카페라는, 전혀 예상치 못한 공간으로 탈바꿈한 것이다. 특히 방직 공장 시절의 직조기 같은 기계 설비나 작업대를 없애지 않고 탁자와 장식 요소 등으로 재활용함으로써 요즈음 유행하는 '뉴트로 감성'을 불러일으켜 인기를 얻고 있다.

하지만 조양방직이 사람들 사이에서 이른바 '핫한' 여행지로 떠올랐으니 방문해 보라는 말은 아니다. 그보다는 봉건적 지주와 소작인 관계를 넘어 근대적 산업 자본과 노동자의 관계로 변모해 가는, 한국 근현대사에서 찾아보기 쉽지 않은 독특한 단면을 집대성한 역사책과도 같은 곳이 조양방직이기 때문이다.

수탈과 학정으로 점철된 이 땅의 근대에, 유독 강화도에서는 지주들이 소작농에게 고율의 소작료를 부과했다든지 하는 폭압적 수탈 사례가 전하지 않는다. 소작쟁의가 전국적으로 빈발했을 때에도 강화도에서는 한 차례도 일어난 바가 없다. 오히려 조양방직을 설립한 홍씨 집안은 재해가 발생하면 의연금이나 동정금의 명목으로 사재를 헐어 구휼 사업에 나섰기에, 소작농을 비롯한 서민들은 그들을 자신들 위에 군림하는 자들이 아닌 함께하는 이들로 인식했다고 알려져 있다. 이는 한국 산업 자본의 형성 과정에서 실로 보기 드문 사례다.

적잖은 사람들에게 강화도는 대몽골 및 대후금 항쟁의 현장으로, 병인양요와 신미양요, 강화도조약 등 쇠락해 가는 조선의 모습이 응축된 섬 정도로 각인되어 있다. 하지만 그것이 전부가 아니다. 해외와 수도를 잇는 주요한 길목으로서 강화도가 지닌 입지, 대명헌을 둘러싼 스토리와 성공회 강화성당 돌계단과 종에 녹아 있는 섬세한 배려와 화해의 제스처, 그리고 카페로 변한 조양방직 이면의 한 번쯤 곱씹어 봐야 할 이야기들까지…. 한 발자국만 더 들어가면 예상치 못했던 사실들을 만날 수 있는 곳이 또한 강화도다. 다 안다 생각했지만 정작 그 속살의 이야기까지는 다가가지 못했던 강화도를 찾아 우리들의 인식 지평을 조금 더 넓혀 보는 것은 어떨까.

• 권기봉

인천

상처의 이면에서 희망을 발견할 수 있는 곳, 제물포

제물포는 가장 치열했던 시대, 그러나 잊힌 시대의 풍경이 고스란히 남아 있는 곳이다. 제물포는 한반도가 세계와 교류하는 창구였다. 그 교류는 때로 평화적이었고 때로 폭력적이었다. 특히 제물포는 구한말 최초의 개항장들 가운데 한 곳으로서 '최초' 타이틀을 여러 개 지닌 곳이다. 부두 노동자의 끼니로 시작됐다는 짜장면이야 이미 유명하고, 냉면을 뽑다 실수로 탄생했다는 쫄면도 제물포 출신이다. 맥주와 사이다도 마찬가지다.

음식만 그런 것이 아니다. 최초의 성냥 공장 역시 1886년에 제물포에 들어섰고, 한반도에서 처음으로 근대적 기상 관측을 시작한 곳도 1904년에 자유공원 북쪽 응봉산 꼭대기에 자리 잡은 인천관측소다. 그 외 지금은 전라남도 일대에 많은 천일염전과 야구, 등대, 해수탕, 근대식 호텔 그리고 상업 광고를 비롯하여 무역과 이민 등 다양한 제도도 근대 제물포에 본적을 둔 것들이 부지기수다. 그 중요성 때문에 제물포가 인천이라는 이름을 대신하기도 했다.

그러나 제물포가 원래부터 번성했던 포구는 아니다. 영국 지리학자 이사벨라 버드 비숍은《조선과 그 이웃 나라들》에서 이렇게 적었다.

> 서울의 항도로 첫째 자리를 차지하는 제물포는 전혀 항구로 불릴 수 없을 정도이다. 큰 선박과 전함이 놓여지는 '외항'이라는 것이 정박지와 다를 바 없고, 도시에 인접하여 한강 어귀의 격렬한 조수 속에 있는 '내항'이라는 것은 한 번에 작은 톤수의 배 대여섯 척만이 이용 가능할 정도다. … 남쪽과 서쪽 해안에서는 조수가 무려 7~11.6미터(!) 사이를 오르내린다.
>
> — 이사벨라 버드 비숍,《조선과 그 이웃 나라들》에서

한반도 철도의 시발점, 인천역

근대적 항구라기보다는 작은 포구에 불과했던 제물포가 역사의 전면에 등장한 것은 1876년 들어서였다. 한 해 전 여름에 벌어진 '운요호(운양호) 사건'과 그 결과로 맺어진 강화도조약에서 일본은 부산 외에도 원산과 인천의 개항을 관철시켰다. 부산은 일본에서 가장 가까운 교두보였기에, 원산은 동쪽으로 내려오는 러시아를 견제하기 위한 보루로서, 그리고 인천은 수도 한성에서 가장 가까운 항구였기에 목록에 올랐다. 그 중 제물포의 개항은 조선의 개항을 알리는 신호탄이었다. 이렇게 해서 1883년 1월, 인구 70여 명의 한적한 어촌 제물포의 문이 열렸다.

제물포에서 제일 먼저 가볼 곳은 인천역 광장이다. 인천역 1번 출구로 나가자마자 '한국철도 탄생역'이라는 글을 새긴, 한반도 철도의 역사를 알리는 기념물이 보인다.

한반도에서 철도가 처음 놓이기 시작한 때는 구한말이다. 1897년에 인

천 우각현에서 공사를 시작해 1899년에 제물포와 노량진 구간이, 1900년에는 노량진에서 지금의 이화여고 일대에 있던 서대문정거장 사이가 완공되었다. 처음엔 주한 미국 전권공사이자 기업인인 제임스 R. 모스가 철도 공사 사업권을 따냈으나, 그 회사가 경영난으로 사업권을 매각하면서 시부사와 에이이치를 비롯해 일본인이 이끌던 경인철도 합자 회사가 최종적으로 경인선을 완공했다.

왜 제물포가 시작점이 되었는가 하면, 그곳이 수도 한성에서 가장 가까운 무역항이었기 때문이다. 조선 시대에는 한강 마포나 지금의 한강진 일대까지도 큰 배가 들어왔으나, 한강 수중보가 없던 시절이었기에 썰물 때면 한강물도 함께 빠지다 보니 대형 상선은 항행이나 접안을 하기가 여러모로 어려웠다. 따라서 가능하면 바다를 면한 곳에 무역항을 만들 필요가 있었다. 그 최적지가 바로 제물포였고, 그곳을 시발점으로 한성과 직결하는 기차 노선을 놓은 것이다.

인천역 |

일본은 조선을 강제병합한 이후 병력과 물자 등을 정시에, 대량으로, 안전하게, 저비용으로 수송할 수 있는 능력을 높이기 위해 더 다양한 철도 노선을 깔기로 결정했다. 철도 부설은 비단 일제만이 보인 특징적인 일이 아니라, 대부분의 제국주의 국가들이 식민 지배를 시작함과 동시에 벌인 대표적인 프로젝트다. 한번 깔아놓으면 적은 비용으로 가장 안정적으로, 또 대량으로 사람의 이동과 물류를 가능하게 해주는 수단이었기 때문이다. 그렇게 경인선을 시작으로 경부선, 경의선, 호남선, 경원선이 잇달아 놓였다. 일제는 끝내 한성, 즉 지금의 서울을 중심으로 한반도를 엑스 자 형태로 관통하는 철도망을 완성했는데, 그 시작점이 지금의 인천역 일대다.

다만, 지금 인천역에는 '한국철도 탄생역' 기념물 외에 역사를 알리는 시설이라곤 전혀 없다. 그나마 기념물에도 관련 사실이 자세히 적혀 있지 않다. 그저 1897년에 33.8킬로미터에 걸쳐 철도를 놓아, 서울과 인천을 오가는 데 걸어서 열두 시간 걸리던 것이 1시간 30분으로 줄었다는 내용 정도가 담담하게 새겨져 있을 뿐이다.

타율적으로 시작된 한반도 철도의 역사가 씁쓸해 보일지도 모른다. 하지만 외면한다고 그 역사가 없던 일이 되는 것은 아니다. 차라리 작은 안내판이라도 하나 세워 한반도 철도사의 특징, 제국주의와의 연관성, 그것이 낳은 결과에 대해서도 다뤘으면 어땠을까. 나아가, 비록 철도의 시작은 일제의 제국주의적 필요에 의해서였지만 경의선과 동해선 등 남북 간 교류를 위한 도구로서 새로운 미래를 그려볼 수 있지 않을까. 연도와 거리, 시간만으로 설명을 끝내기에는 철도, 특히 경인선의 무게가 결코 가볍지 않다.

나라 안의 또 다른 나라

개항과 함께 제물포에는 각국 영사관이 들어섰다. 항구 근처에는 조계(租界)도 설치되기 시작했다. 조계란 외국인이 자유롭게 상업 활동을 하고 거주할 수 있도록 설정한 치외법권 구역이다. 청국의 경우엔 1만 6000여 제곱미터에 달하는 조계지를 만들었다. '한국철도 탄생역' 기념물 앞에 서서 큰길 건너편을 바라보면 차이나타운을 알리는 중국식 대문인 패루(牌樓)가 보이는데, 그 안쪽이 청국 조계지였다.

그런데 한반도에 가장 먼저 조계지를 만든 나라는 청국이 아니라 조선에 개항을 강요한 일본이다. 청국 조계지 구역을 관통해 신포로23번길 101로 가면 대불(다이부쓰)호텔 전시관이라는 간판이 걸린 벽돌 건물이 나온다. 여기를 경계로 동남쪽으로 약 3만 제곱미터에 걸쳐 일본 조계지가 있었고 그 중심은 현재 인천 중구청 자리에 있던 일본 영사관이었다. 대불호텔 전시관은 옛 사진을 비롯한 자료를 토대로 재현하여

제물포 차이나타운 패루

2018년에 문을 연 공간이며, 원래 1880년대 후반에 일본 해운업자가 운영했다고 알려진 이 땅 최초의 근대식 호텔이다.

제물포에 드나든 외국인이 청국인과 일본인만 있었던 것은 아니다. 청국 조계와 일본 조계를 가르는 경계 역할을 하는 계단을 따라 언덕 위로 올라가면 이내 인천 자유공원에 닿는다. 응봉산을 중심으로 하는 자유공원 일대에는 미국, 독일, 영국, 러시아 등 서양 각국의 조계지가 있었다. 여러 나라가 함께 사용해서 '공동조계' 혹은 '각국조계'라 불렸다. 1905년 기준으로 일본인 1만 2711명, 청국인 2665명, 기타 지역 출신 88명이 거주했지만, 정작 조선인은 1만 866명에 불과했을 정도로 외국인, 특히 일본인의 유입이 엄청났다.

일본과 청국 그리고 서양 각국은 긍정적이든 부정적이든 그들의 문화도 함께 가지고 들어왔다. 1890년에 지금의 인천여상 자리에 일본 신화 속 태양신이자 천황가의 조상신인 아마테라스 오미카미와 메이지 천황을 주신으로 하는 인천신사를 비롯해, 여러 일본계 사찰이 들어서면서 일본 종교의 한반도 유입이 본격화했다. 문화 공연장도 하나둘 세워지기 시작해 1897년에 일본 조계지에 '인천좌'라는 상설 공연장이 생겼고, 1905년에는 지금의 사동에 '가부키좌'가 개관했다. 이어 1909년에는 지금의 신생동에 '표관'이 들어서면서 일본 고유의 만담극인 만자이나 신파 연극을 공연했다.

청국 문화의 흔적은 음식으로 대변된다. 대표적인 것이 가난한 이들을 위한 끼니로 탄생했다고 알려진 짜장면이다. 제물포에 거주하던 청국인들은 대부분 산둥 반도에서 일자리를 찾아 건너온 이들이었다. 그들 중에는 부두나 건축 쪽 일꾼이 많았는데, 주머니 사정이 좋지 않다 보니 저렴하게 먹을 수 있는 음식을 원했다. 짜장면이 등장한 것은 그즈음이다. 반찬이 필요 없는 데다 다른 면류에 비해 상대적으로 천천히 불어 노동자들의 한 끼 식사로 인기를 끌었다고 한다. 또 김장할 때 쓰는 결구 배추를 이 땅에 소개한 청국인들이 주로 채소를 가져다 팔아서 '푸성귀전'이라 불리기도 했던 시장은 오늘날 신포국제시장의 기원이 되었다.

서양인들은 근대적 의료와 교육 시설을 들여왔다. 예컨대 영국성공회의 찰스 존 코르프(한국명 고요한) 주교는 내동에 성공회 성당인 내동교회를 세운 뒤 성누가병원을 열어 의료 사업을 펼쳤다. 성공회 강화도성당이 조선식과 서양식을 절충해 지었듯이 성누가병원 역시 실내를 온돌방으로 만든 점이 돋보인다. 내리교회나 영화학당 등을 세우고 이 땅 최초의 근대식 초등 교육을 실시한 이들도 서양인이었다.

무역에서 수탈로 바뀌다

많은 외국인들이 수도 한성으로 가는 길목인 제물포에 상사를 차리고 영업을 시작했다. 독일 마이어 상사의 제물포 지점으로 들어온 세창양행이 대표적인 사례다. 세창양행은 당시 큰 인기를 얻은 독일산이나 영국산 '세창 바늘' 같은 생활 잡화뿐만 아니라 각종 금속 제품과 약품, 염료, 화약 등을 수입해 판매하는 한편, 인천과 한성의 마포를 오가는 여객선을 운영하기도 했다고 알려져 있다. 이외에도 광산 채굴권을 따내거나 조선 정부에 거액의 차관을 빌려주기까지 하는 등 만만치 않은 사업 규모를 자랑했다. 지금의 자유공원 내 맥아더 장군 동상 자리 언저리에는 당시에 붉은 기와를 올린 인천 최초의 서양식 주택인 세창양행 사택이 있었다. 이 건물은 일제강점기에 도서관으로 사용되다가 해방 이후 인천시립박물관 부속 건물로 쓰였으나, 인천상륙작전 때 폭격으로 사라지고 말았다.

겉으로나마 평화로워 보이던 상황이 돌변하기 시작한 것은 청일전쟁 이후부터다. 청일전쟁 이후에는 청국 상인들이, 러일전쟁 이후에는 러시아인들이 쫓겨났고, 을사늑약이 체결된 1905년 이후에는 미국, 독일, 영국 등 서양 각국의 무역 회사들도 위축되었다. 인천 최초의 일본인 무역 상사인 협동조(協同組, 교도구미)나 훗날 '오쿠라 컬렉션'이라 불릴 정도로 수많은 조선의 문화재를 약탈해 간 오쿠라 기하치로의 대창조(大倉組, 오쿠라구미) 같은 일본 기업들이 점차 독점적 지위를 누리기 시작했다. 일본 우선(郵船)주식회사 인천 지점 같은 일본 상선 회사들의 활약도 두드러지기 시작했는데, 그 건물은 현재 인천아트플랫폼 공간의 일부로 이용되고 있다. 또 옛 일본 조계지 터에 자리한 지금의 인천개항박물관과 한국외식업중앙회 인천시 중구 지부 건물, 인천개항장 근대건축전시관은 각각 개항기부터 일제강점기까지 일본 제1은행, 오사카 58은행, 나가사키 18은행으로 쓰였던 건물들이다.

그나마 겉보기에 거래 형식을 취해온 무역 관계도 아예 노골적인 수탈 양상으로 변해가기 시작했다. 을사늑약의 결과 조선의 외교권을 빼앗고 심지어 일본 천황의 대리자로서 대한제국과 그 황실을 통제하는 권한을 지닌 조선통감을 두기로 한 상황이었으니, 이미 한반도 전체가 그들의 것이나 다름없었기 때문이다. 각국공원이란 이름을 인천신사가 있던 '동공원'에 견주어 '서공원'으로 바꾸는 등 각종 지명 변경 작업도 병행됐다.

수탈의 현장 중 압권은 인천 축항(築港)이었다. 기존의 시설은 조선에서 수탈한 쌀과 각종 물자를 일본으로 가져가기에 턱없이 부실했다. 조수 간만의 차가 큰 데다 개펄이 넓어 대형 선박을 접안하기가 힘들었기 때문이다. 이것이 일본이 1911년부터 7년 동안 제물포에 아시아 최초의 갑문식 항구를 만들기로 결정했던 이유다. 누군가는 이 같은 프로젝트 등을 통해 조선에 근대가 도래할 수 있었다고 말하지만, 실은 조선인 노동력을 착취해 궁극적으로 조선을 효율적으로 수탈하기 위한 사업 그 이상도 이하도 아니었다.

제물포 사람들의 강인함을 엿볼 수 있는 곳

그러나 제물포를 둘러싼 모습이 늘 무기력해 보이기만 했던 것은 아니다. 한창 정복 전쟁을 벌이고 있던 일본은 1939년에 제물포에서 멀지 않은 부평에 조병창을 세우고 각종 무기와 보급품을 만들어 조달했는데, 그곳의 노동자들 역시 대부분이 조선인이었다. 이들은 무기 생산을 늦추기 위해 태업을 감행하는가 하면, 무기를 빼내 독립운동 단체에 넘기기도 했다고 알려져 있다.

몇 해 앞선 1935년에는 노동 환경이 지극히 열악했던 부두 노동자

인하대 용현캠퍼스 체육관(옛 인하대 하와이교포기념관) |

1000여 명이 총파업을 벌였고, 인천 내 열아홉 군데 정미 공장 노동자들도 노동 조건 개선과 임금 인상 등의 조건을 내걸고 총파업에 나섰다. 나아가, 이들은 인천노동공제회와 인천노동총연맹, 인천소성노동회 등을 세워 일제에 조직적으로 저항하며 향후 이 땅 노동운동의 기틀을 닦기도 했다.

이 같은 활력은 광복 이후에도 이어졌다. 제물포 남쪽에 있는 인하대학교의 이름은 인천의 '인(仁)' 자와 미국 하와이주를 음차한 '하(荷)' 자를 합한 것이다. 그런 이름을 갖게 된 까닭은 이 대학의 건립 자금을 댄 이들 중 상당수가 바로 하와이 교민들이었기 때문이다. 6·25전쟁이 벌어지는 동안 머나먼 이국땅 하와이에서 살던 교민들은 전쟁으로 폐허가 된 조국에 무엇보다 필요한 것이 공학 교육이라는 데 뜻을 모으고 대학 설립을 위한 모금운동에 들어갔다. 그렇게 모은 15만 달러에 인천시가 시유지를 제공하면서 정전협정 이듬해인 1954년에 인하대학교의 전신인 인하공과대학이 들어설 수 있었다.

하와이 교민들은 왜 하고많은 곳 중에 인천에 대학을 세우고자 했을까? 바로 인천이 1902년 말 한반도 최초로 집단 이민을 떠나온 자신들의 출발지이자 마지막 추억이 서린 곳이었기 때문이다. 이민 사업은 전광석화처럼 진행되었다. 1902년 하와이 사탕수수 농장주협회로부터 노동자 이민을 요청받은 주한 미국공사 호러스 알렌이 고종에게 제안을 했고, 고종은 여권 발급 업무를 위한 유민원이라는 관청 설치를 명함과 동시에 데이비드 데슐러에게 이민자 모집 및 송출 사업과 관련한 전권을 주었다. 다만, 초기에는 이민이 생소했기에 지원자가 미미했다고 한다. 하지만 제물포 내리교회 담임목사였던 조지 존스가 교인들을 설득하기 시작하며 양상이 바뀌어갔다. 이듬해 1월 13일에 처음으로 102명이 하와이 호놀룰루에 도착한 이래, 1905년 8월 8일까지 3년 동안 총 64

회에 걸쳐 7415명이 제물포를 떠나 하와이로 향했다.

그런데 언젠가 돈을 벌어 돌아오겠다며 떠나온 조국이 몇 해 뒤 일본에 강제 병합되는 문제가 발생한 것이다. 이에 당시 하와이 교민들은 고된 노동 속에서도 너나없이 대한민국 임시정부에 자금을 지원했다. 그리고 6·25전쟁 이후에는 폐허가 된 고국의 재건을 위해 무엇보다 공학교육을 위한 대학 건립이 중요하다며 직접 두 팔 걷고 나선 것이다.

그래서 꼭 방문하기를 추천하는 곳이 월미도에 있는 한국이민사박물관이다. 모두 네 개 전시실을 갖추어놓고 상설전시를 하는데, 해외 이민의 역사와 배경 등을 세세히 알 수 있게 도와준다. 특히 다양한 사진과 영상, 모형을 통해 당시 상황을 추체험할 수 있어서 시대에 대한 이해가 필요한 이들에게 더없이 맞춤한 공간이다.

'레트로 관광지' 그 이상의 역사 공간

여느 근대 도시들이 그러하듯, 요즈음 제물포 역시 '레트로 관광'의 대상지로서 인기가 높다. 특히 코로나로 해외여행이 어려워진 지금, 청국 조계지가 있던 차이나타운에서는 마치 중국 여행을 온 듯한 느낌을, 대불호텔에서 시작되는 일본 조계지 터에서는 일본 여행을 하는 듯한 느낌을 누릴 수 있다. 그런데 일본 조계지 터 건물들의 경우엔 자세히 들여다보면 어딘가 어색한 느낌이 든다. 인천 중구청이 나서서 관광객을 불러모은다며 2007년경에 현대식 철근 콘크리트 건물 외벽에 나무판자를 덧대 일본 분위기가 나도록 꾸민 건물들이기 때문이다. 사실 관은 이런 사업을 하기에 앞서 이미 있는 것을 보전하기 위한 노력을 먼저 해야 한다. 오히려 있는 것들을 잘 지켜오지 못해서 지금까지 많은 것이 파괴되었다.

| 카페 팟알(가운데)

1890년대부터 술을 빚기 시작했을 것으로 추정되는 강화양조장이 2009년에 전면 철거되었다. 그게 끝이 아니었다. 1919년부터 한반도 최초로 근대식 방법으로 소주를 빚기 시작한 조일양조장도 결국 2012년에 철거되고 말았다. 공영 주차장을 만든다는 게 철거의 구실이었다.

다행히 모든 상황이 부정적이기만 한 것은 아니다. 민간에서 근대의 기억이 서린 장소들을 지키려는 사람들이 하나둘 생겨난 덕분이다. 인천에서 오랜 기간 문화운동을 펼쳐온 백영임 씨가 대표적인 경우다. 백영임 씨는 1880~1890년대에 지어진 것으로 추정되는 일본 하역업체 야마토구미의 건물을 사들여 원래 모습에 가깝게 보수한 뒤, 조일양조장이 철거되던 바로 그해에 '카페 팟알'이라는 이름으로 일반에 공개했다.

백씨는 많은 방법 중에 카페로 탈바꿈시킨 이유를 묻는 질문에 "박물관을 만드는 것도 문화유산 활용의 한 방법이 될 수 있지만 더욱 다양한 방법으로 활용될 수 있는 길을 열기 위해, 일반인들이 접근하기 편한 카페를 만들게 됐다"라고 말했다. "과거를 박물관 안에 가두어놓는 게 아니라 현대를 살아가는 시민들이 직접 이용하고 머무를 수 있게끔 카페라는 형식을 고민하게 됐다"는 것이다.

당시 사진 자료들을 카페 곳곳에 전시함으로써 시민들로 하여금 건물 자체는 물론 제물포의 역사적 가치에 대한 이해도를 높이려는 시도도 하고 있다. 보통은 재산권 행사에 지장을 받을까 봐 자신의 소유물이 문화재가 되는 것을 반기지 않는 세태이나, 백씨는 이 건물을 자진해서 인천시 등록문화재로 등록하는 새 역사를 썼다. 현재 인천시 등록문화재 가운데 개인 소유의 건물은 이것이 유일하다.

개항과 함께 몰려들기 시작한 다양한 국적의 외국인들, 거기에 6·25전쟁 때 북에서 내려온 실향민과 경제개발기에 전국 각지에서 일자리를 찾아 몰려든 이들까지, 제물포를 포함한 인천은 그동안 한국의 여느 도시보다 다양한 인적 구성과 역사적 역동성을 보여왔다.

그럼에도 적잖은 이들의 머릿속에 존재하는 제물포의 이미지는 비감이나 설움 따위가 적지 않다. 일제강점기의 기억이 워낙에 강렬한 탓일 것이다. 그러나 제물포를 한낱 '상처의 공간'으로 취급하는 것이 과연 온당한 처사일까? 비록 실패로 귀결되기는 했으나 해외 각국과 교류하며 더 나은 미래를 꿈꾼 이들의 이야기가 남아 있고, 민족해방운동에 보탬이 되기 위해 애쓴 이들이 있었으며, 고국의 재건을 돕기 위해 피땀을 흘린 하와이 교민들의 열정이 지금도 뚜렷하게 남아 있는 곳이 제물포다. 백씨와 '카페 팟알'은 눈에 보이는 상처의 이면을 주목하라고, 우리의 좁은 시야와 그로 말미암은 편견에 진지한 문제 제기를 하고 있는지도 모른다.

• 권기봉

경기 김포·
파주·연천

남북을 잇는 물길과 나루

1945년 해방 이후 삼팔선을 경계로 분단되었던 한반도는 한국전쟁 이후 군사분계선을 포함한 비무장지대를 경계로 나뉘어 있다. 삼팔선은 위도를 기준으로 설정된 경계선이고, 군사분계선이 포함된 비무장지대는 동서로 이어진 넓은 면적의 굵은 경계선이다. 이로 인해 남북은 정치적으로만이 아니라 지리적으로, 역사적으로, 사회·문화적으로 단절된 채 이순의 나이를 맞고 있다.

그러나 이렇게 단절된 남북을 여전히 잇고 있는 선이 있다. 바로 하천이다. 특히 오늘날 한강 하구로 더 익숙한 조강과 임진강은 남한 땅과 북한 땅 모두를 적시며 흐른다. 그렇다고 남북이 조강과 임진강을 자유롭게 이용할 수 있는 건 아니다. 그야말로 이 강들을 단절의 선으로 삼고 있기 때문이다.

포구 마을에서 개리가 머무는 곳으로

먼저 찾아갈 김포의 '애기봉 전망대'는 조강이 남과 북을 나누면서도 어떻게 잇고 있는지 잘 볼 수 있는 곳이다. '할아버지 강'이라는 뜻의 조강(祖江)은 한강과 임진강, 예성강이 만나 황해로 유입되기 직전까지의 구간을 가리키며, 북한의 개풍과 남한의 김포 사이를 흐른다. 조강 북쪽으로는 고려의 도읍이었던 개경이 자리했고, 조강 동남쪽 한강 본류 인근에는 조선의 수도 한양이 터를 잡았다. 조강은 고려의 중심지와 조선의 중심지 모두에 접근할 수 있는 강인 셈이다.

조강은 마을 이름이기도 했다. 강 남쪽에 조강리(祖江里)가 있었고, 건너편 북쪽으로는 상조강리(上祖江里)와 하조강리(下照江里)가 있었는데, 조강리와 하조강리는 대표적인 포구였다. 이 두 마을 외에도 조강 일원에는 포구가 발달했다. 17세기에 신유한(申維翰)이 쓴 시 〈조강행(祖江行)〉에는 포구로서 조강이 지녔던 활기가 잘 드러나 있다.

> 조강은 일명 삼기하(三岐河)라 / 세 강이 여기서 합수하여 / 창해 물결을 이루지요. // 바닷물 남으로 충청도 전라도로 통하고 / 서쪽으론 낙랑벌까지 닿으니 / 곰비임비 배들이 연이어 / 베 짜는 북처럼 왔다 갔다 // 생선 소금이며 과일 등속 / 미곡 포백이 산처럼 쌓이고 / 이 나루 지나가는 배 / 하루에도 백 척인지 천 척인지
>
> — 신유한, 〈조강행〉에서

그러나 지금 애기봉 전망대에서 보이는 조강 풍경은 이런 모습을 상상하기 쉽지 않다. 조강 연안의 김포는 철책과 방벽을 비롯한 군사 시설들로 채워져 있으며, 강 건너 개풍에는 가끔 오가는 사람들이 보이고 성

| 개리가 농경지에서 먹이 활동을 하고 있다.

인의 허리 정도까지 자란 소나무들이 숲을 이루고 있을 뿐이다. 그리고 조강의 대표적인 철새인 개리가 러시아와 몽골 등지에서 번식한 뒤, 북한을 거쳐 10월에서 11월 초 무렵 남측 조강 연안에 머물렀다가 다시 남으로 이동한다.

애기봉 전망대를 뒤로하고 추수가 끝난 논밭을 찾으면 먹이 활동을 하는 개리 떼를 만날 수 있다. 개리는 서식지 파괴와 밀렵으로 개체수가 줄어 멸종 위기종으로 지정되어 있다. 전 세계적으로도 5만 마리 정도에 불과하다고 한다. 개리는 낮에는 논밭에서 먹이 활동을 하고 밤에는 조강 연안에서 휴식한다. 이렇듯 조강 일원은 강, 강 연안의 모래밭과 갯벌, 농경지로 이루어져 있고, 이곳에서 멸종 위기종 철새와 인간이 어울려 산다.

사실 정전협정은 육상에서는 군사분계선과 비무장지대를 설정하고 남북의 통행에 제한을 두었지만, 한강 하구에 대해서는 군사분계선을 두지 않고 남북 민간 선박의 항행이 보장되는 수역으로 규정했다. 하지만 한강 하구는 지금까지 우발적 충돌의 가능성 때문에 이용되지 못했다. 그래서 2000년 6월 25일 예술인들이 중심이 된 '한강에서 서해로 평화의 배 띄우기' 행사를 시작으로, '한강 하구 평화의 배 띄우기' 운동이 전개되었다. 2018년 남북한은 9·19 군사 분야 남북합의서를 통해 한강 하구의 공동 이용을 위한 공동 현장 조사를 하는 데 합의했고, 분단 이후 처음으로 한강 하구의 공동 이용을 위한 기초적인 물길을 조사했다(2018년 11월 5일에서 12월 9일까지 총 35일). 그러나 그 이후 별다른 진전이 없을 뿐 아니라, 군사적 긴장감이 엄존하고 있다. 한강 하구에 선박의 통행이 멈춘 지 수십 년이 지나긴 했으나 남북이 '한강 하구 공동 이용'을 말할 수 있었던 것은, 그것이 한반도의 오랜 역사를 살펴볼 때 아주 자연스럽고도 당연하기 때문이다. 현재의 단절은 너무도 어색하고 부자연스럽다.

의주대로는 임진강을 만나 뱃길로 이어지고

이제 파주로 자리를 옮겨 보자. 파주 임진강에서는 조선 시대 의주대로와 임진나루의 흔적을 통해 남북의 역사적·지리적 연결성을 생각해 볼 수 있다. 의주대로는 한양, 고양, 파주, 장단, 개성, 황주, 평양, 의주까지 이어지는 길로, 18세기 학자 신경준의 《도로고(道路考)》에서 구분한 6대 간선로 중 제1로다. 의주대로는 사신들이 중국에 갈 때 이용하던 길이라고 해서 사행로(使行路), 연행로(燕行路) 등으로도 불렸다. 이 길을 통해 조선인과 중국인이 서로 오가고 문물이 전해졌다.

임진 나루는 한양에서 출발해 북상하는 의주대로가 임진강에 이르렀을 때 뱃길로 이어지기 시작하던 곳이다. 임진왜란 때 선조가 임진강을 건너 개성을 지나 의주로 피란할 때도 임진 나루를 지났다. 영조는 이곳에 군사적 기능을 지닌 임진진을 두어 성을 쌓고 문루를 설치하여 관리했다. 임진진은 한국전쟁 때 훼손되었는데, 2015년부터 진행된 조사·발굴을 통해 진서문 터가 발굴되었다. 임진 나루 건너편은 동파 나루, 동파리다. 그러니까 임진강의 의주대로는 임진 나루 건너 동파 나루로 이어지고, 다시 장단을 거쳐 판문점, 개성에 이르는 길이니, 남과 북을 잇는 길이다. 현재 임진 나루와 임진진 초입은 군부대가 자리 잡고 있어서 일반인은 출입할 수 없다.

임진 나루와 임진진 터에서 조금 떨어진 언덕에는 화석정이 있다. 화석정은 원래 고려 때 야은 길재가 살았던 터에 율곡 이이의 5대 조부가 세웠는데, 선조의 의주 피란길에 불탔다가 17세기에 율곡의 후손들이 재건했다. 그러다 다시 한국전쟁 때 불타버렸고, 현재의 화석정은 1960년대에 세워진 것이다. 화석정은 파주 율곡리에서 성장한 율곡이 낙향했을 때 학문을 논한 장소로 유명하다.

파주는 성리학의 요람이라고 불러도 과언이 아닐 정도로, 조선 시대 정치·사상사에서 큰 발자취를 남긴 인물들을 키웠다. 가장 오랫동안 재상의 자리를 지킨 방촌 황희, 남인의 거목인 미수 허목, 강릉에서 태어나 파주에서 성장한 율곡 이이, 율곡의 벗 우계 성혼, 이이와 성혼의 스승이라 할 수 있는 휴암 백인걸 등이 그들이다. 황희 유적지와 반구정 , 반구정에 편액되어 있는 허목의 〈반구정기〉, 법원읍 동문리에 있는 자운서원, 파주읍 향양리의 성혼 묘역, 파평면 늘노리의 파산서원 등이 모두 그들의 흔적이 남은 곳이다.

특히 파주에서 교유하면서 학문과 정치 개혁을 논한 이이와 성혼의

화석정 |

이야기에 주목할 만하다. 성혼과 이이는 각각 1535년과 1536년에 태어났고, 청년기에 교유를 시작하여 학문과 정치를 논하며 서로를 신뢰한 평생지기였다. 이들은 사단칠정(四端七情)이라는 성리학 논쟁을 벌이기도 했다. 이이와 성혼은 현실 정치 참여 면에서는 차이를 보였지만, 둘 다 현실에 대한 정확한 인식, 성리학적 이상의 실현과 민생 안정을 위한 개혁, 이를 실현할 '진짜 인재'의 등용 등을 중시하며 임금을 향해 직언을 아끼지 않았다.

자운서원에는 율곡의 위패가 모셔져 있고, 율곡 가족의 묘역이 있다. 이 서원은 광해군 대에 율곡의 학문과 덕행을 추모하기 위해 세웠으며, 효종의 친필 '자운(紫雲)'을 받았다. 서원의 왼쪽 능선에는 율곡과 그의 양친 묘소가 있다. 우계 성혼 묘역에는 우계기념관도 있다. 율곡과 백인걸이 주도하여 설립한 파산서원에는 성혼과 그의 가족, 백인걸 등이 배향되고 있다. 그런데 화석정과 마찬가지로, 자운서원과 파산서원도 한국전쟁 때 불타서 1960년대에 재건된 것이다. 수백 년의 시간을 간직하고 견뎌온 정자와 서원을 마주하며 역사의 깊이를 느낄 수 있으면 좋으련만, 안타깝게도 한국전쟁은 인명과 산업 시설은 물론 중요한 역사 유적들까지 파괴했다. 1960년대에 재건된 이 유적들은 조선 시대의 흔적이기도 하지만, 한국전쟁의 유산이기도 하다.

임진강 고랑포에 세워진 고구려성의 흔적

임진강은 신생대 제4기에 만들어진 용암대지를 가로지른다. 이때 강을 감싸 안은 주상절리도 생성되었는데, 이는 한편으로는 장대한 광경을 이루었고, 다른 한편으로는 고구려 천혜의 군사 요충지가 되었다.

이제 파주를 떠나 연천으로 가보자. 연천에는 고구려의 성이 세 개 있다. 호로고루성, 당포성, 은대리성이다. 이 중에서 호로고루성은 고랑포의 주상절리 절벽 위에 자리 잡고 있다. 절벽의 높이만 15~20미터에 달

| 고랑포. 멀리 왼편에 자연 지형을 이용하여 만든 호로고루성이 보인다.

한다. 6세기 중반 이후 임진강을 사이에 두고 고구려와 신라가 대치했으니, 임진강은 그때부터 고구려가 멸망한 7세기 후반까지 고구려의 남쪽 국경선 노릇을 했던 셈이다.

조선 후기에 고랑포는 경기 북부 지역 포구 가운데 핵심적인 역할을 했다. 《조선왕조실록》을 보면 "대동법 실시 후 고랑포는 강원도 이천, 안협 등에서 거둔 대동세를 한강의 용산진, 서강으로 운송하는 출발지"라는 대목이 나온다. 또 해방 전에는 5만여 명이 거주하고 화신백화점의 분점이 있을 정도로 큰 시가지를 이루었으나, 분단과 한국전쟁을 겪으며 흔적도 없이 사라졌다.

'고랑포구 역사공원'은 사라진 고랑포를 기억하는 사람들이 기억의 단편을 모아서 만든 곳이다. 고랑포의 오랜 역사와 다양한 면모를 전시함으로써, 사라진 고랑포를 되살리려는 노력이 엿보인다. 오늘날 우리가 전쟁으로 사라진 삶의 터전을 기억하고 이를 되살리는 것은 어떤 의미가 있을까. 분단과 전쟁이 남긴 상처를 치유하고 극복하려는 하나의 시도이자 과정이 아닐까.

남북을 잇던 물길인 조강과 임진강은 분단과 전쟁 이후 남북을 가르는 물길이 되었다. 많은 시인이 노래하듯, 물새만 자유로이 오가는 강이 되고 말았다. 미래에는 달라야 하지 않을까. 조강과 임진강을 건너는 철새를 남북이 공동 연구하는 것부터 시작하면 어떨까. 2018년 말에 한강 하구에서 공동 조사가 이루어진 적이 있으니 희망을 품어본다. 조강과 임진강을 남북이 공동으로 이용하고, 임진강의 임진 나루와 동파 나루의 연결을 넘어 의주대로가 복원되어 남과 북을 잇고, 나아가 세계의 문물과 교류하는 길이 되기를 바라본다.

• 한모니까

경기 파주

고향을 그리며 남북 교류와 협력의 길 찾기

이번에는 파주 곳곳을 다니며 평화와 통일을 생각해 보는 기회를 가져보려 한다. 먼저 갈 곳은 오두산 통일전망대다. 자유로를 달려 파주를 향해 가다 보면 서북쪽으로 우뚝 솟은 봉우리가 보인다. 그곳이 오두산이다. 오두산은 임진강과 한강 하구가 만나는 교하(交河)의 가파른 비탈 언덕 위에 위치하여 예부터 군사적 요충지로 꼽혔다. 전망대 아래쪽에 있는 오두산성의 흔적이 이를 방증한다. 산성의 명칭은 오두산성, 조두성, 오조성 등으로 문헌마다 다르지만, 공통적으로 새의 머리 모양을 한 지형을 표현한 말들이다. 오두산성은 백제의 산성으로 추정되며, 남하 정책을 펴던 고구려 광개토왕이 함락한 백제의 관미성이었다는 설이 있다.

오두산 통일전망대에 거의 도착할 즈음에 오른편을 바라보면 장준하 추모공원이 눈에 들어온다. 본래 파주시 광탄면의 나사렛 천주교 공동묘지에 있던 묘소를 2012년에 이곳 통일동산으로 옮겨 왔다. 장준하 묘역 앞에 서면 독립운동가로서 그의 삶, 《사상계》를 창간한 언론인, 정치가, 민족주의자이자 민주화운동가로서의 삶을, 시대와 사회에 대한 그의 고뇌와 실천을 생각하게 된다. 장준하 묘역은 통일전망대를 바라보고 있다. 유신 시대에 의문사로 생을 마감한 그가, 21세기에 들어와서도 여전히 분단 상태인 지금 전망하는 통일은 어떤 것일지 생각해 본다.

'내 고향 우리 집'을 그리며 바라보는 곳

오두산 통일전망대에 오르면 조만식 동상이 먼저 관람객을 맞는다. 남북 접경 지역에 있는 전망대들은 보통 북녘을 향하지만, 조만식 동상은 전망대를 방문하는 사람들을 내려다보고 있다. 북한이 아니라 남한을 바라보는 셈이다. 장준하와 조만식 모두 독립운동가이자 민족주의자였다. 장준하는 평안북도가, 조만식은 평안남도가 고향이며, 조만식은 한국전쟁 중에, 장준하는 유신 때 목숨을 잃었다. 북쪽에서 태어났고 그곳에서 생을 마감한 조만식이 남쪽을 향해 남한 사람들과 이야기하고 싶은 바는 무엇일까. 그가 들려주는 북녘 고향 이야기가 궁금하다.

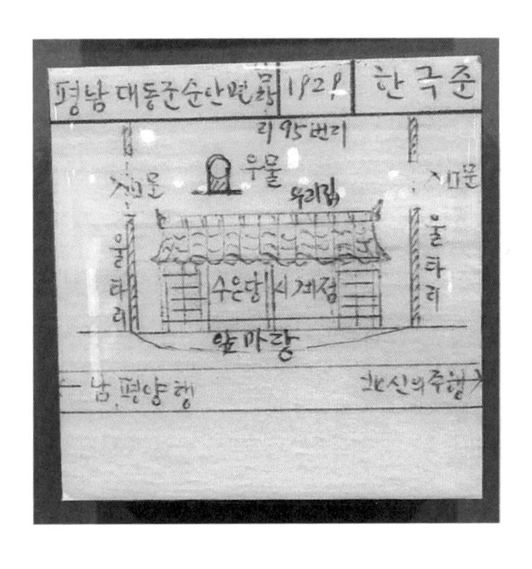

오두산 통일전망대 '그리운 내 고향' |

통일전망대의 서쪽으로는 한강 너머 김포가 있고, 서북쪽으로는 임진강 너머 북한의 개풍이 보인다. 이곳은 1990년에 설립이 결정되어 1992년에 개관했다. 그 이후 본격적으로 안보 관광과 전망대를 결합하는 사업이 시행되었다. 북녘이 보이는 전망대에는 망배단이 설치된 곳이 많으며, 이곳에도 망배단이 있다. 특히 여기에는 실향민들이 자신들의 고향 마을의 약도를 그린 그림 수천 점이 벽화로 전시되어 있다. 약 7센티미터 작은 화폭에다 고향집과 동네를 그린 것이다. 실향민들의 기억 속 고향은 너무도 또렷하다. '우리 집', 집 안팎의 길과 나무, 동네 풍경…. 그들은 이 작은 풍경 속에 가족, 친구 들과의 추억을 담았을 것이다. 이 그림들을 하나하나 보고 있노라면, 그들의 고향에 대한 그리움이 뭉클하게 와닿는다.

임진각과 도라전망대가 품은 남녘 풍경, 북녘 풍경

실향민이 북녘 고향을 그리며 바라보는 대표적인 장소가 임진각이다. 임진각은 1971년부터 개발되기 시작해 2021년 현재까지도 끊임없이 개발되고 있는 통일·안보·평화 관광지다. 1971년 12월에 서울에서 임진강의 '자유의 다리'까지 통일로가 완공되어, 이듬해 2월 초부터 이곳으로 가는 관광이 시작되었다. 당시 실향민들에게 '자유의 다리' 관광은 '망향(望鄕) 관광' '실향 관광'으로도 불렸다. '망향의 집' 임진각은 1972년 12월 23일에 통일로 종점인 '자유의 다리' 앞에 세워졌다. 당시에는 1층 쇼핑센터, 2층 연회장, 3층 조망대로 구성되었는데, 1·2층의 쇼핑센터와 연회장에 카페와 한식당이 들어선 점 외에는 지금과 비슷한 구조였다. 북한에 고향을 둔 사람들에게 인기 높던 '자유의 다리' 관광은 남북적십자회담 대표들과 남북조절위원회 대표들이 그곳을 들르면서 더욱 인기가 높아졌다.

1973년 9월부터 이곳에서 실향민을 위한 망향 추석제가 열리기 시작했고, 1985년 9월에 상설 망배단이 완공되었다. 실향민들이 북쪽의 조상들에게 언제든지 제례를 올릴 수 있는 제단과 향로가 마련되었고, 중앙에는 두 손을 합장한 형태를 상징하는 망향탑이 세워졌으며, 병풍이 둘러졌다. 병풍에는 북한 각 지역의 산천과 풍물이 조각되어 있다.

그런데 지금의 임진각 일대는 애초의 모습이나 성격과 많이 달라졌다. 이제 망향의 공간이기보다는 통일과 평화를 주제로 하는 복합 문화 관광 공간이라는 표현이 더 잘 어울릴 것 같다. 임진각 일대의 전체 규모가 확대되었고, 임진각과 망배단보다도 초입의 평화누리공원, 임진강을 건널 수 있는 곤돌라가 시선을 끈다. 통일과 평화의 바람과 희망을 염원하는 바람개비와 예술 작품들이 전시된 평화누리공원에서는 어린이들이 연을 날리며 즐거워한다.

2020년부터 운행되고 있는 곤돌라 관광도 인기다. 곤돌라를 타면, 민간인 통제선 역할을 해온 임진강을 쉽게 건널 수 있다. 곤돌라의 투명한

바닥을 통해 임진강을 내려다보면 먹이 활동을 하는 철새들이 보인다. 아울러 강을 건넌 후에 어떤 풍경이 펼쳐질지 호기심이 생긴다.

곤돌라에서 내려 전망대로 향하는 오르막길에는 폭탄 투하 금지 표식과 지뢰 표식이 가득하다. 민간인 통제구역 안으로 들어왔음을 실감하게 한다. 그런데 전망대에 오르니, 보이는 것은 남쪽의 북한산이다. 임진각은 서울(53킬로미터)보다 개성(22킬로미터)이 훨씬 가까우니, 개성 인근에서도 아마 북한산이 보일 것이다. 북한에서 보이는 임진강과 북한산은 어떤 느낌일까. 북한의 실향민도 남녘의 고향과 '우리 집'을 그리며 가족, 친구 들과의 추억을 떠올리지 않을까.

시대와 맥락은 다르지만, 나말 여초에 경순왕도 도라산에 올라 경주를 바라보며 그리워했다. 도라산은 신라의 마지막 왕이었던 경순왕의 한과 그리움이 서린 곳이다. 왕건에게 항복한 경순왕은 개성에서 왕건의 딸 낙랑 공주와 결혼해 부마가 되었다. 낙랑 공주는 고향을 그리워하는 경

| 도라전망대에서 보이는 개성 시내

순왕을 위해 남쪽이 잘 보이는 이곳에 영수암이라는 암자를 지어 위로했다고 한다. 이때부터 '도읍'을 뜻하는 '도'에 '신라'의 '라'를 써서 도라산(都羅山), 즉 '신라의 도읍을 그리는 산'이라 불리게 되었다고 한다. 경순왕은 도라산 인근인 연천군 장남면 고랑포리에 묻혔다(경순왕릉).

도라산에서는 남쪽뿐만 아니라 북쪽도 전망할 수 있다. 높이는 해발 167미터에 불과하지만 야트막한 구릉과 평야 지대에 우뚝 솟은 산이어서 그렇다. 도라전망대는 1986년에 처음 송악산 관측초소(OP)를 폐쇄하면서 지어졌고, 1987년부터 일반에 공개되었다. 그리다 2018년에 새로운 도라전망대가 옛 전망대에서 동북쪽으로 160미터 떨어진 도라산 정상에 신축, 이전되었다. 도라전망대에서 북쪽을 바라보면 개성공단, 송악산, 기정동('평화의 마을')과 판문점, 대성동('자유의 마을') 등 군사분계선 일원이 한눈에 펼쳐진다. 그리고 파괴된 개성공단의 남북 공동연락사무소와 손상된 상태로 남아 있는 개성공단 종합지원센터가 남북 관계의 개선과 회복의 어려움을 말해 주는 듯하다.

철도를 잇고 묘목을 기르는 일의 의미

개성공단으로 향하던 기차역이 도라산역이다. 역에 도착했을 때 곧장 눈에 들어오는 전광판에 쓰인 짧은 설명문이 도라산역의 역사를 알려준다. "2000년 6월 15일 남북공동선언 결과 남북은 전쟁으로 끊어진 경의선 철도를 연결하기로 합의하였습니다. 그리고 2002년 4월 11일 도라산역 개통을 하고, 2003년 6월 14일 경의선 철도를 연결하였습니다." 경의선 철도는 2007년 5월 17일에 시험 운행을 했고, 그해 10월 남북정상회담에서 이루어진 문산-봉동 간 화물열차 정례 운행 합의에 따라 12월

11일에 개통되어 주중 매일 1회 운행했다. 하지만 2008년 11월에 운행이 중단되고 말았다. 한국전쟁으로 중단되었던 철도가 이어지는 데 걸린 시간은 수십 년이지만, 어렵게 재개된 철도가 단절되는 데는 불과 1년도 걸리지 않았다.

남북의 철도가 연결되는 것, 운행하는 것은 우리에게 어떤 의미가 있을까? 철도를 연결하면 우리의 삶에 어떠한 변화가 생길까? 철도로 무엇을 실어 나를 것이며, 어떻게 철도 운행을 재개하여 멈추지 않게 할 수 있을까? 이러한 질문에 대한 답을 구체화할수록 남북 관계는 파행을 거듭하지 않고 지속 가능한 평화·협력 관계로 나아갈 수 있을 것이다.

독일이 분단되어 있던 시기에 동독과 서독은 1972년에 '동서독일 기본조약'을 체결했고, 이듬해에 접경위원회를 설치했다. 접경위원회의 주요 임무 중 하나는 공유 하천 보호, 수자원 분야 협력, 교통·산업·환경 분야 협력이었다. 하천과 교통, 환경은 모두 동·서독을 연결하는 요소였다. 동독과 서독 사회는 비록 단절되어 있었지만 이 같은 연결 요소들을 단절시키지 않기 위해 노력했다.

남북 교류·협력도 남북의 연결 요소들을 회복하는 데서 시작할 수 있을 것이다. 역사와 사람들은 물론이고, 하천과 산림 같은 자연 환경도 서로 연결되어 있다. 사실 남북 접경 지역에서 발생하는 산불, 병충해, 가축 전염병, 홍수 피해 등은 어느 일방의 문제가 아니다. 공동 대처할 때 양측 모두가 혜택을 볼 수 있는 가장 기본적인 연결 요소들이다.

산림 협력 부문에서 남북 교류·협력을 모색하는 곳이 있다. 산림청 남북산림협력센터가 그곳이다. 2018년에 남북의 정상은 산림 부문의 교류·협력을 약속했다. 그 약속을 이행하고자 산림청은 2019년에 남북산림협력센터를 준공했고, 2020년 9월에 문을 열었다. 2020년 6월 4일에는 남북 산림 협력의 법적 근거를 담은 산림기본법(개정)도 시행되었다.

| 남북산림협력센터의 양묘장

아직 역사도 짧고, 현재 단절된 남북 관계로 본격적인 삼림 협력이 쉽지 않지만, 남북산림협력센터는 앞으로 남북 산림 협력이 어떻게 가능할지, 어떻게 하면 지속 가능하게 할지를 고민하면서 아주 구체적으로 실험하고 있다. 북한의 자연 환경에 적합한 묘목과 기술, 효율적인 양묘장 시설 등을 실험해 보고, 산림 협력의 필요성에 대한 사회적 공감대 형성을 위한 교육 등을 실시하고 있다. 스마트 양묘장에는 파종된 지 1년도 채 안 되어 손가락 한 마디가 될까 말까 한 묘목 수백만 그루가 자라고 있다. 이 묘목들이 자라 북한의 어느 적합한 장소에서 뿌리를 내리고 북한의 숲이 울창해지는 데 한몫을 해서, 남북의 산림이 다시 하나로 이어지기를 희망해 본다.

새로운 고향이 된 '통일촌'

이제 발걸음을 백연리로 옮겨 보자. 백연리는 '통일촌'이라는 이름으로 더 많이 알려진 마을로, 원래 장단군 군내면에 속했는데, 1972년 12월 28일에 파주군으로 편입되었다. 이전까지는 주민의 거주가 금지되다가 1972년에 실시된 민통선 북방종합개발 시책에 따라 마을이 건설되기 시작했다. 1973년에 민간인(원주민, 실향민) 40가구, 제대군인 40가구, 학교와 교회 종사자 4가구, 총 84가구가 입주했다. 입주민은 "군복무를 마친 사람, 5인 가족 이내 영농 능력이 있는 사람, 사상 검증 및 범죄 경력 유무" 등을 기준으로 선정되었다.

통일촌은 파주 백연리와 철원 유곡리 두 곳이 있다. 1960년대 말, 정부는 영농과 군사 안보라는 두 가지 목적을 위해 '전략촌'을 조성했고, 전략촌은 다시 '재건촌'과 '통일촌'으로 구분되었다. 1973년에 설립된 통일촌은 재건촌보다 대북 심리전의 개념이 더욱 공세적으로 나타났으며, 민통선 북방에 군사·경제 공동체를 지향하는 이상촌을 건설한다는 목표로 조성된 곳이다. 통일촌은 북한에서 잘 보일 수 있도록, 주변보다 높은 언덕이나 북한에서 내려다보이는 곳에 건설되었다. 주택은 북향으로 건설되었고 마을의 조경도 체계적으로 관리되었다. 파주의 백연리는 다소 높은 언덕에 건설되었고, 철원의 유곡리는 오성산 일대에서 잘 내려다보이는 곳에 위치했다. 입주민의 일상도 군대식 통제가 바탕에 깔려 있었다. 주민들은 예비군 조직으로 편제되었고, 군사 훈련을 받았으며, 경지를 정리하고 개간 작업을 했다. 개인적으로 주택을 신축하거나 개축하는 것은 물론이고 벽체의 색상을 변경하는 일조차 금지되었고, 마을 전체를 대상으로 한 계획 속에서만 조경 사업이 실시되었다.

민간인 통제선 이북에 위치한 백연리는 이제 인근 도라전망대 및 제3땅굴 등과 연결된 관광지가 되었다. 주민들은 처음 선발되어 이곳에 들어와 마을을 일구었듯이, 지금도 자신들의 고향을 만들어가는 중이다. '장단콩'을 마을 특산품으로 개발하여 '장단콩 마을'이라는 수식어를 더함으로써 적극적으로 마을의 이미지를 전환하고 새로운 정체성을 부여하고 있다.

백연리의 이러한 내력을 잘 보여주는 곳이 '통일촌 마을 박물관'이다. 이 박물관은 중앙 정부와 지방 정부의 지원을 받아서 세워진 곳으로, 이곳에서 마을 주민들은 자신들의 역사이자 마을의 역사를 들려준다. "마을이 생긴 내력과 이 마을을 일구어낸 우리들의 의지를, 그리고 지금도 휴전선 옆에서 농사를 짓고 사는 우리 속내를 한번쯤 돌아봐 주시기를 바랍니다. 전쟁 그리고 휴전이 지금의 현실임을. 그래서 무엇이 필요한지를 함께 공감해 주시기를 기대합니다."

오두산 통일전망대, 임진각, 도라전망대, 통일촌 백연리는 모두 그 성격과 정체성이 변화하고 있다. 아직은 안보 관광과 평화 관광의 개념이나 내용이 혼재되어 명료하게 드러나지 않지만, '분단과 단절'보다는 '평화와 통일'을, '군사'보다는 '문화'를, '국가'보다는 '사람'을 말하는 경향이 짙어지고 있다. 도라산역과 남북산림협력센터는 철길 복원과 산림 교류를 통해 남북이 연결되기를 강력히 바라고 있다. 이산의 아픔과 고향에 대한 그리움을, 그리고 냉전기를 겪고 평화 전환을 꿈꾸는 사람들의 목소리가 커지고 이를 가능하게 할 구체적인 실험들이 시도되고 있다.

• 한모니까

경기 파주·연천

화해와 공존의 통일미래 상상하기

주지하듯이 1950년 6월 25일부터 1953년 7월 27일까지, 약 3년간 한국전쟁이 벌어졌다. 북한에 의한 전면전 개시로 시작하여 정전협정이 체결되기까지, 전선은 한반도를 크게 오르내리다가 1951년 여름에 삼팔선 인근이자 현재의 군사분계선 근처에서 교착되었다. 그 무렵, 전쟁을 멈추기 위한 협상이 시작되었다. 하지만 휴전 회담장에 마주앉은 북한군·중국군과 유엔군 양측은 즉각적인 전투의 중지가 아니라, 완전한 정전협정이 체결될 때까지 전투를 계속하기로 합의했다. 또 삼팔선이 아닌 접촉선(전선)을 군사분계선으로 한다는 데 합의했다. 그 결과 양측은 접촉선을 더 확장하기 위한 전투를 계속 이어갔다. 이 시기에 남북 양측의 진지가 구축되었고 화력이 집중 배치, 사용되었으며, 이를 바탕으로 한 치열한 고지 쟁탈전이 전개되었다. 요컨대 1951년 여름부터 정전협정이 조인, 작동하기 전까지 약 2년간, 협상이 진행되던 판문점 일대를 제외하고 현재의 군사분계선 전역은 치열한 전투 현장이 되었다.

"그 국가의 국민이 아닌 자의 유해는 존중되어야 한다"

이렇듯 군사분계선 일대는 한국전쟁 전 기간의 3분의 2가 집중적으로 전개되었던 곳이다. 불모 고지 전투, 백마 고지 전투, 저격 능선 전투, 수도 고지 전투, 크리스마스 고지 전투, 단장의 능선 전투, 피의 능선 전투, 펀치볼 전투, 351고지 전투를 비롯해 모두 열거하기 어려울 정도로 치열한 전투가 벌어졌다.

주요 고지를 뺏고 빼앗기는 전투가 계속되는 동안, 양측 모두 인명 피해가 컸다. 남북한의 군인과 민간인은 물론이고 유엔군과 중국군도 이곳에서 엄청난 희생을 치렀다. 수많은 사람이 사망하고, 부상을 입고, 실종되었다. 국방부 군사편찬연구소의 《통계로 본 6·25전쟁》(2014)에 따르면, 한국전쟁 전체 기간 중에 발생한 사상자 수는 한국군이 약 62만 1479명, 유엔군은 15만 1129명, 북한군은 60만 7396~80만 1000명, 중국군은 97만 2600명이라고 한다. 사상자의 대다수는 고지 쟁탈전 때 집중적으로 발생했다. 1951년 7월에서 11월까지의 짧은 기간만 보더라도, 유엔군 사상자가 6만 명이었고, 유엔군이 추산한 공산군 사상자는 약 23만 4000여 명에 달할 정도였다.

그런데 비무장지대 일대는 한국전쟁과 전후 군사 충돌에 대한 기억과 이해관계가 첨예하게 대립하는 곳이다. 한국전쟁 관련국이 저마다 자국의 한국전쟁 참전 및 지원의 정의로움을 강조하여 기억하는 것과 유사하다. 예를 들어, 남한은 "북한의 기습 남침"으로 기억하지만, 북한은 "도발에 대한 정의로운 반격"으로, 미국은 "자유와 정의를 수호하기 위한 전쟁"으로, 중국은 "항미원조(抗美援朝)"로 기억한다. 이러한 한국전쟁에 대한 상반된 국가 기억은 한국전쟁 이후 한·미 대 북·중 간의 동서 진영 대립을 반영하고 강화했다.

한국전쟁 때 발생한 대규모 인명 피해를 어떻게 기억해야 할까? '모두가 정의로운' 상황에서 희생된 사람들을 어떻게 추모해야 할까? 2019년부터 2020년까지 비무장지대에서 유해 발굴이 진행되었다. 이는 2018년 9·19 군사 분야 남북합의서에 따른 일이었다. 철원의 화살머리 고지에서는 1951년 11월에서 1953년 7월까지 국군 제2사단, 제9사단, 미군 제2사단, 프랑스군, 중국군 간에 전투가 이어졌다. 특히 정전협정 체결을 앞둔 1953년 6월 말에서 7월 초에 국군과 중국군 간의 전투가 집중적으로 벌어졌는데, 단 며칠 사이에 사망자가 국군 180~200명, 중국군 1300여 명이 발생했다. 그리고 65년이 지나서야 남북한은 화해의 조치로서 유해 발굴을 약속했다. 그리하여 2019년 4월부터 2020년 11월까지 비무장지대 내에서 유해 총 2360점과 유품 8만 5000여 건을 발굴했다. 국군 전사자 9명의 신원을 확인한 것은 물론이고, 화살머리 고지에서 중국군 유해 103구를 발굴해 2020년 9월에 중국 정부에 인도했다.

북한군과 중국군의 유해가 비무장지대 내에만 있는 것은 아니다. 파

| 북한군 묘지

주 적성면 답곡리에 있는 북한군 묘지는 한국전쟁 중에 전사한 북한군과 중국군, 전후 북한의 남파 공작원 등의 유해가 안장되었던 곳이다. 그래서 '북한군·중국군 묘지' 혹은 '적군 묘지'라고 불리다가, 중국군 유해가 송환된 후 북한군 유해만 남아 2018년 4월에 '북한군 묘지'로 그 명칭이 변경되었다. 국방부는 "적대 행위의 결과로서 사망한 그 국가의 국민이 아닌 자의 유해는 존중되어야 한다"라는 제네바 협약(1949. 8. 12)과 인도주의 원칙에 따라, 1996년에 전국에 산재했던 '적군 묘지' 유해를 이곳에 모았다. 세계적으로 냉전이 종식된 이후에야 '대한민국 국민이 아닌 자'들의 유해에도 관심을 갖게 된 셈이다. 그만큼 한국 사회가 성숙하고 품이 넓어진 것이기도 하다. 2014년부터 2018년까지 589구의 중국군 유해가 송환되었고, 현재 북한군 유해 843구가 안장되어 있다.

접경 지역 주민의 일상에 자리한 DMZ 군사 충돌

한국전쟁의 양측 당사자는 전쟁을 중단하기 위해 1953년 7월 27일에 군사정전협정을 체결했다. 양측은 제일 먼저 군사분계선(Military Demarcation Line, MDL)과 비무장지대(Demilitarized zone, DMZ)를 설정했다(정전협정의 제1조). 치열한 전투를 통해 양측이 피점령·점령한 지역을 인정하는 접촉선을 군사분계선으로 삼고, 이를 기준으로 2킬로미터씩 남과 북으로 후퇴하여 남방한계선과 북방한계선을 두었다. 그리고 이 사이의 공간을 비무장지대로 규정하고 완충 지대로 삼았다. 이 공간, 즉 비무장지대에서는 원칙적으로 무장을 할 수 없을 뿐만 아니라, 비무장지대 안에서, 이를 향해, 이곳으로부터 밖을 향해 군사적 적대 행위를 벌이지 못하게 했다.

그런데 실상은 어떠했는가. 애초에 정전협정에서 약속했던 비무장지대의 모습은 존재하지 않았다고 해도 과언이 아니다. 비무장지대의 기본 취지와 구상이 본래 이러했는지 의아할 정도로 비무장지대는 '중무장지대'가 되었고, 적대 행위가 끊이지 않았다.

그뿐만이 아니다. 비무장지대 접경 지역의 군사 충돌은 남북한 군사 당국자나 군인 간의 문제만이 아니라, 접경 지역 주민의 일상에 자리한 문제였다. 이를 잘 보여주는 곳이 연천군 중면행정복지센터에 가면 볼 수 있는 '북한 포탄 낙하 자리'다. 사건의 경위를 좀 더 자세히 밝히면 다음과 같다.

2014년 10월 10일, 남측 민간단체가 연천군 중면 합수리 인근에서 대북 전단을 살포했다. 이에 북한군은 북측 GP(Guard Post, 감시초소)에서 남측 방향으로 고사총 10여 발을 발사했고, 이에 대응하여 한국군도 남측 GP에서 북측 GP를 향해 40여 발을 사격했다. 이렇게 불과 몇 년 전에도 남북한이 비무장지대 내에서 서로를 향한 적대 행위를 서슴지 않고 벌인 것이다. 북한군이 쏜 고사총탄은 연천군 중면행정복지센터와 28사단 81연대 위병소 앞 등 4개소에 떨어졌다. 군사분계선을 사이에 둔 이 총격전에서 북한의 총탄이 남측 민간인 거주 지역에까지 떨어졌고, 횡산리와 삼곶리 주민들은 대피해야 했다. 2015년 8월에도 '대북 확성기 방송 중단'을 요구한 북한군의 포격이 있었고, 이 마을 주민들은 횡산리와 삼곶리의 민방공 대피소로 긴급 대피했다.

홍석률 교수가 '분단의 히스테리'라고 표현했듯이, 남북 관계는 예측하기가 어렵고 참으로 아슬아슬하다. 남북한 간에 우호적인 분위기가 조성되다가도 경색되기 십상이다. 우발적인 사건 하나에도 한반도 전역이 전쟁 상태로 돌입할 것 같은 긴장감이 감돌곤 한다. 반대로, 마치 전쟁이라도 벌어질 듯한 극도의 군사적 긴장 국면이 지속되다가도 화해 분위기로 급반전되기도 한다. 이러한 상황에서 한국전쟁 및 전후에 발생한 수많은 갈등과 상처를 어떻게 치유하고 화해해야 할까? 유해 발굴 및 송환이 하나의 중요한 방법이자 조치가 되긴 하겠으나, 그것만으로 후대로서 해야 할 일을 마쳤다고 할 수 있을까? 유해 발굴과 송환을 통해 우리가 기억할 것은 무엇일까?

인간과 두루미의 공존

중면행정복지센터가 있는 삼곶리에서 나와 태풍전망대를 향하다 보면, 민간인 통제구역이 시작되는 민간인 통제초소가 나온다. 이곳에서 출입 허가를 받은 후 몇백 미터 지나면 왼편으로 장군여울, 빙애여울, 망제여울, 임진강평화습지원 등을 차례로 만난다. 이곳들은 연천에서 두루미와 재두루미를 만날 수 있는 곳들이다.

2019년 1월, 필자는 장군여울을 찾았다가 두루미를 비로소 '제대로' 만났다. 잠시 차를 멈추고, 두루미들이 날아갈까 조심조심 탐조 시설로 조용히 발을 내딛는데, 멀리 여울에서 놀던 두루미 한 가족이 사람이 온 걸 어느새 알아채고는 아무렇지도 않은 듯 아주 태연하고도 우아하게, 그러면서도 바짝 긴장한 듯 종종걸음으로 날아오를 채비를 했다. 여유로워만 보였던 두루미가 실은 성격이 아주 예민하고 경계심이 많다는 걸 단번에 알 수 있었다.

두루미는 예부터 학 또는 단정학이라 불리며 행운과 장수, 신성함과 고고함의 상징으로 여겨졌다. 머리에 붉은 부분이 있어서 '붉은 관을 쓴 두루미(Red-crowned crane)'로 불리는 두루미와 푸른빛을 띠는 회색 깃털로 덮인 '재두루미(White-naped crane)'가 주로 우리나라를 찾는다. 두 종 모두 멸종 위기종으로 지정되어 있다. 연천을 찾는 두루미와 재두루미는 임진강 주변 율무밭에서 월동을 한다. 철원을 찾는 두루미들이 평야

농경지의 낙곡(쌀)을 먹는 것과는 차이가 있다. 연천은 전국 율무 생산량의 60~70퍼센트를 차지해, 이곳의 두루미들은 먹이인 율무를 쉽게 구할 수 있다. 연천의 산간 지역에 있는 율무밭은 두루미의 먹이 활동 공간이 되고, 임진강의 여울은 물이 얕으면서도 물살이 강해 겨울에도 얼지 않을 뿐 아니라, 두루미의 천적인 삵으로부터도 피할 수 있어서 두루미가 잠을 자거나 휴식을 취하기에 좋다.

더구나 민간인 통제구역이라 사람들의 방해도 받지 않으니, 연천의 임진강 여울은 두루미들에게 최적의 서식처인 셈이다. 그런데 2013년 말에 홍수 조절과 농업용수 확보를 위해 군남댐이 건설되어 겨울철에 물을 가두면서 장군여울이 잠기는 바람에 두루미들이 거의 찾아오지 않게 되었다. 이제는 장군여울 탐조대에서 그 우아하면서도 예민한 두루미의 모습을 다시 보기 힘들어졌다.

그나마 다행스럽게도 연천 임진강평화습지원에 가면 두루미를 만날 수 있다. 이곳은 군남댐 건설로 기존의 두루미 서식처가 사라져, 대체 서식처를 확보하기 위해 조성되었다. 다행히 이곳에 가면 시베리아나 중국, 몽골, 일본 북해도 등에서 번식하고, 비무장지대에 와서 겨울을 보낸 후 다시 북쪽으로 날아가는 두루미들에 관한 이야기도 들을 수 있다.

경계선에 서서 통일미래 상상하기

다음으로 비무장지대 남방한계선에 접한 태풍전망대로 발걸음을 옮겨보자. 태풍전망대는 사실 군사분계선까지의 거리가 800미터, 북한 감시초소까지는 1600미터에 불과하다. 그러니 태풍전망대에 이르면 이미 비무장지대 안에 들어온 셈이다. 태풍전망대에 오르면 임진강을 경계로 삼은 군사분계선을 정면으로 볼 수 있고, 북측 GP뿐만 아니라 4월5일댐 등도 쉽게 볼 수 있다. 여기서 보이는 임진강 물길은 남북의 상징적 경계가 되는 강이 아니라, 실제로 군사분계선과 일치하는 구간이다. 더구나 태풍전망대 오른편으로는 남측의 GP가 연결된 철책선과 GOP(일반초소)가 연결된 철책선이 한눈에 들어온다. 이렇듯 태풍전망대에서는 군사분계선부터 여러 철책선에 이르기까지 물리적 남북 경계선을 모두 볼 수 있다. 비무장지대의 전망대들 모두가 멋진 풍경을 보여주지만, 태풍전망대는 유독 남북 경계선들의 집합을 보여주어 더욱 가슴 아픈 장관을 이룬다.

4월5일댐은 북한이 홍수 조절용으로 지은 댐이다. 북한은 연천의 상류 임진강 유역에 모두 다섯 개 댐을 운영하고 있는데, 가운데에 황강댐이 있고, 그 남쪽에 4월5일댐 1호기와 2호기가, 북쪽으로 3호기와 4호기가 있다. 이 중에서 남측과 가장 가까운 댐이 1호기다. 그러니까 여름철 북한에서 홍수가 나면 4호기를 시작으로 황강댐을 거쳐 임진강의 수문이 열리고, 그 영향은 남한의 연천으로 이어진다. 황강댐과 4월5일댐에서 방류가 관측되면 이를 감안하여 군남댐의 홍수 조절이 이루어지는 식이다.

임진강은 남북을 가리지 않고 흐르지만, 한국전쟁 이후 남북한은 임진강을 나누어 각각 관리하고 있다. 임진강을 어떻게 적절히 관리하고 활용하느냐는 순전히 인간의 몫이다. 남북 관계가 우호적이고 소통이 원활할 때는 북한의 댐 방류를 사전에 남한에 알리고, 남한은 이에 대비할 수 있었다. 그러나 관계가 경색되고 전혀 소통이 되지 않을 때는 북측의 방류로 남측 주민들이 고스란히 피해를 입었다. 남북한 접경 지역의 협력, 기후 재난 대비 협력 등은 아주 새롭거나 높은 차원의 일이 아니다. 이런 댐들의 운영 및 관리에 대한 소통이 그 시작이다.

연천군 전곡리에 남북한의 교류와 협력을 구체적으로 상상해 볼 수 있는 곳이 있다. 남북한의 청소년들이 통일미래를 꿈꾸도록 교육하는 한반도통일미래센터(이하 '통일미래센터'로 줄임)가 그곳이다. 여기에선 특히 초등학생부터 고등학생을 대상으로 통일체험 연수 프로그램을 운영하고 있는데, 통일미래 세대를 양성하고 교류와 화합의 장을 조성하려는 취지에서다. 현재로서는 남한의 청소년이 그 주된 대상이지만, 앞으로 남북한의 청소년이 만나 통일에 대해 공감하고 이야기하며 뛰어놀 수 있는 공간이 되기를 희망한다.

통일미래센터는 통일을 막연하고 불안한 무엇이 아닌, 구체적이고 가능한 무엇으로 생각해 보게 하는 활동과 전시 공간이 그 특징이다. 특히 미래관에서는 가상 체험 기차인 'KTX-통일'을 탑승하여 통일 이후 7년이 된 한국을 체험할 수 있고, 문화, 관광, 물류, 자원 네 영역별로 과거와 미래를 살펴볼 수도 있다. 〈뽀로로〉를 비롯한 남북 합작 애니메이션과 스포츠 교류 등 과거의 남북 문화예술 교류도 살펴보고, 미래의 통일된 한반도의 문화유산답사와 관광, 동북아 물류 허브로서의 역할과 세계와의 연결, 광물 자원과 그 활용 등을 상상해 볼 수도 있다.

통일미래센터의 야외 공간에 설치된 삼팔선 표시선과 표지판, '베를린장벽'도 인상적이다. 통일미래센터는 위도 삼팔선상에 자리하고 있는

해방 직후 남북을 가르던 삼팔선 표식 |

| 베를린장벽

데, 실제로 삼팔선이 지나는 자리에 독일에서 기증받은 '베를린장벽'이 서 있다. 독일은 2020년을 기해 통일된 지 30년이 넘었고, 한반도는 여전히 분단 상태다. 1945년 해방과 동시에 처음 남북으로 나뉘었던 그 경계선에 서서, 통일 이후 7년이 지난 미래를 상상해 본다. 우리의 삶은 어떻게 변화할 것이며, 어떻게 변화되어야 할까? 그리고 그 변화를 위해 우리는 무엇을 해야 할까?

• 한모니까

강원 철원

DMZ의 사라진 마을, 사라진 역사

분단과 한국전쟁은 오랜 역사의 흔적들과 사람들의 삶의 터전인 마을을 사라지게 했다. 민간인의 접근이 불가능한 비무장지대 안에 속해서 사라지기도 했고, 사람들의 기억 속에서 잊혀야 했던 역사도 있다. 전자는 비무장지대의 특성상 되살리고 싶어도 그럴 수 없고, 후자는 정치 이데올로기와 사회적 갈등 때문에 되살리거나 기억하고 싶지 않은 역사가 되었다. 이 모두가 남북 분단과 한국전쟁이 남긴 유산이다. 한국전쟁으로 역사가 사라진다는 것이 무엇을 뜻하는지, 역사를 복원하거나 새로 만든다는 것은 무엇일지, 강원도 철원에서 생각해 보자.

철원은 수복 지구다. 삼팔선 이북에 위치해서 한국전쟁 이전에는 북한의 통치를 받았고, 한국전쟁 이후에 남한에 편입되었다. 이 사실 하나만으로도 한국전쟁 전후에 이 지역이 겪었을 질곡을 가히 짐작할 만하다. 철원을 비롯한 삼팔선 이북 중동부 지역이 남한에 편입되는 과정도 순탄치 않았다. 한국전쟁 정전협정이 체결되고도 1년 넘게 유엔군사령부가 관리했고, 남한은 이 일대에 대해 아무런 권한도 행사하지 못했다. 대한민국 정부가 행정권을 이양받은 것은 1954년 11월에 와서다. 이때 '되찾은 대한민국의 영토'라는 의미를 담아 '수복 지구'라고 명명했다. 이와 동시에 북한의 통치를 받았던 지역이라며 주민들을 의심하고 차별했다. 그 때문에 1990년대까지도 이곳 주민들은 '과거의 북한 땅·사람'이었다는 기억을 지우거나, 이를 연상케 하는 '수복 지구'라는 표현을 하지 않으려 했다.

여전히 '분단의 상처'로 남아 있는 노동당사

수복 지구 철원을 상징하는 건물이 바로 노동당사다. 노동당사의 위용을 볼 때, 건립 계기 및 목적이 분명하고 상당한 위상을 가졌을 것으로 추측되지만, 막상 노동당사의 내력이 밝혀진 적은 없다. 노동당사 안내판을 비롯한 철원군의 소개 자료에 따르면 1946년에 건립되었다는 점, 이곳에서 행정과 주민 동원, 사찰 및 고문, 대남 사업 등이 행해졌다는 점이 알려진 바의 거의 전부다.

하지만 이 노동당사가 북조선노동당 철원군위원회 건물이었는지, 강원도위원회 당사로 쓰였는지, 언제 건립되기 시작해서 완공되었는지 등은 정확히 알 수 없다. 1945년 8·15 해방 당시 강원도청 소재지는 춘천이었으나, 삼팔선을 경계로 분단되어 강원도가 남북으로 나뉘자, 삼팔선 이북에는 강원도청 소재지가 부재하게 되었다. 그때 북한은 철원을 삼팔선 이북 강원도 지역의 도청 소재지로 삼았다. 그것도 잠시, 1946년 말에 함경남도 원산이 강원도로 편입되어 강원도청 소재지가 되었다. 따라서 건립 시기가 정확히 언제냐에 따라 철원 노동당사의 위상이 달라진다고 볼 수 있다.

또한 당시 북한의 조직 체계에 따르면, 노동당 외에도 행정을 담당하던 인민위원회와 농민동맹 같은 각종 사회단체, 경찰서 역할을 하던 보안서 등이 있었다. 그리고 현재의 북한 체제처럼 노동당이 모든 기관을 지배하는 것이 아니라, 각 기관 및 단체의 역할 분담이 중시되었다. 철원에도 이러한 여러 기관이나 단체의 건물이 있었을 것이다. 하지만 지금 남은 것은 노동당사 하나뿐이고, 냉전적이고 단편적인 기억들로만 채워진 이곳은 여전히 '분단의 상처'로 남아 있다. 총탄 자국이 선명한 노동당사를 바라보면, 지도상에만 존재하던 삼팔선이 현실이 되었을 때 생긴 문제들을 생각해 보게 된다. 행정 구역은 물론 공동체의 단절과 재편, 북한의 조직 체계와 주민 동원, 한국전쟁과 냉전 이데올로기, 접경 지역 주민의 삶과 상처, 삼팔선 이북 지역에 대한 통치권 문제 같은 것들 말이다.

남북 공동으로 궁예의 꿈을 되살릴 수 있다면

철원에는 후삼국 시대 궁예의 꿈이 어린 태봉국 철원성(궁예도성)도 남아 있다. 태봉국 철원성의 역사는 많은 사람들이 알고 싶어 하고 그 의미를 되살리고 싶어 하지만 비무장지대에 갇혀서 사라진 역사다. 지금까지 밝혀진 바에 따르면, 태봉국 철원성은 외성 둘레 12.7킬로미터, 내성 둘레 7.7킬로미터의 네모 형태이며, 군사분계선을 거의 정확하게 반으로 나눠 위치한다. 일제강점기에 만들어진 경원선이 태봉국 철원성을 관통하고 있기도 하다. 더구나 이곳은 한국전쟁 때 '철의 삼각지' 전투 현장이었다. '철의 삼각지'란 철원, 김화, 평강을 잇는 삼각 모양의 지역으로 군사적 호칭이다. 백마 고지 전투, 저격 능선 전투 같은 치열한 전투가

철원 평화전망대에서 본 태봉국 철원성 자리 |

벌어졌으면서도 결국 남북 어느 쪽도 '철의 삼각지' 전체를 차지하지 못했다. 격전 과정에서 태봉국 철원성이 파괴되었을 가능성도 크다.

남한에서는 남북 공동으로 태봉국 철원성을 발굴하고 그 역사적 의미를 되새기자는 목소리가 높다. 통일신라에서 고려로 넘어가던 후삼국 시대, 궁예가 오늘날의 철원과 평강 사이에 해당하는 태봉을 도읍으로 정하고 도성을 지으면서 후삼국을 통합하고자 했듯이, 남북한도 태봉국 철원성 발굴과 연구를 계기로 민족 동질성을 회복하고 장기적인 평화통일의 기반을 구축하자는 것이다. 남북한이 긴밀히 협조하여 태봉국 철원성을 공동 발굴한다면, 분명 역사적으로 큰 의미가 있을 것이다. 분단의 상징인 비무장지대에서 남북한이 공유하고 있는 역사적 자산을 현재화하는 것이 될 테니 말이다.

철원 동송읍에 있는 평화전망대에 가면 멀리서나마 태봉국 철원성을 볼 수 있다. 이곳 전망대에서 보이는 태봉국 철원성 일대는 넓은 숲과 습지가 펼쳐져 있어서, 그야말로 평화롭다. 전쟁 이전에는 농경지였던 곳이다. 인류의 역사를 살펴보면 숲이나 습지를 농경지로 개간하는 것이 일반적이지만, 이곳에서는 인간의 농경 활동이 멈추자 농경지가 숲과 습지로 되돌아갔다. 이렇게 자연이 회복되자 두루미, 산양, 사향노루, 흰꼬리수리 같은 멸종 위기종의 서식이 가능해졌다.

이렇듯 태봉국 철원성이 자리한 곳은 한국 고대사의 중심 무대였고, 한국인의 삶의 터전이었으며, 현대사에서는 전쟁의 상처와 파괴로 가득한 현장이었고, 자연 생태의 경이로운 회복을 보여주는, 아주 복합적인 의미가 있는 곳이다. 그래서 철원 평화전망대에 서면 남북 공동 발굴 작업의 역사적 의미와 생태 보존이라는 중요한 가치에 대해 생각하게 된다. 생태를 보존하면서도 도성을 발굴할 수 있는 방법은 없을까? 남북한이 같이 머리를 맞대고 그 방법과 목표를 고민하는 날이 오기를 바란다.

역사와 생태를 말하는 '사라진 마을'

이제, 남북한의 체제 대립이 극에 달했을 때 민북 지역에 정책적으로 만들어진 '재건촌'인 김화읍 생창리로 발걸음을 옮겨 보자. 민북 지역이란 민간인 통제선 이북 지역을 말하며, 그중에서 주민이 거주하는 구역을 민북 마을이라고 한다. 민북 마을은 그 형성 과정 및 목적에 따라 '자립안정촌'과 '전략촌' 등으로 구분된다. 자립안정촌은 1956년부터 조성되었고, 전략촌은 '국토 이용의 제고와 북한의 선전촌에 대한 전략적 대응'이라는 적극적인 정책적 목표하에 건설된 마을로, 1968~1973년에 12개의 재건촌과 2개의 통일촌이 조성되었다. 이 시기 철원군에 조성된 전략촌만 하더라도, 재건촌인 대마리(1968), 마현리(1968), 생창리(1970), 정연리(1971), 양지리(1973), 통일촌인 유곡리(1973) 등이 있었다. 그러다가 민간인 통제선이 북상하면서, 대마리(2000), 양지리(2012), 생창리(2007)가 민북 마을에서 해제되었다. 정연리, 마현리, 정연리에서 나뉘어 재건촌으로 분류된 이길리(1974), 유곡리 등은 여전히 민북 마을로 남아 있다.

이 중에 생창리는 재건촌의 형성 과정과 그 미래에 대한 마을 주민의 의지와 구상을 잘 보여준다. 생창리는 1970년 10월 30일에 재향군인 100세대가 입주하여, 말 그대로 마을을 일구었다. 2010년 마을에 세워진 '입주 40주년 기념비'에는 1970년에 첫발을 내디딘 주민 한 명 한 명의 이름이 새겨져 있다. 바로 이들의 역사가 생창리의 역사이기 때문이다. 마을회관에 마실 나온 어르신들은 대중가요의 노랫말을 바꾸어 자신들의 삶을 노래하곤 한다. 그 노랫말을 들어보면, 일제강점기 조선인으로서 받은 차별과 어려움, 해방 직후 남북 분단과 한국전쟁, 폐허 상태의 마을에 집단 이주하여 삶의 터전을 일구었던 젊은 시절, 그리고 이러한 질곡의 근현대사를 견뎌낸 자신들의 삶과 시간을 되돌아보는 데서 오는 뿌듯함 등이 느껴진다.

생창리가 기억하는 또 하나의 역사는 '사라진 마을'과 관련이 있다. 생창리에 자리한 '사라진 마을 김화 이야기관'에 가면 분단 이전 김화읍 읍내리의 풍경을 볼 수 있다. 그 당시에 읍내리는 금강산 철도를 이용한 물류 이동이 활발했다. 김화역 뒤편으로는 사과 과수원과 개성 사람들이 가꾼 인삼밭이 넓게 분포되어 있었다고 한다. 주민들은 번화했던 마을을 떠올리는 동시에 "마을의 부촌에는 주로 일본인이 거주했으며, 일

생창리 벽화 |

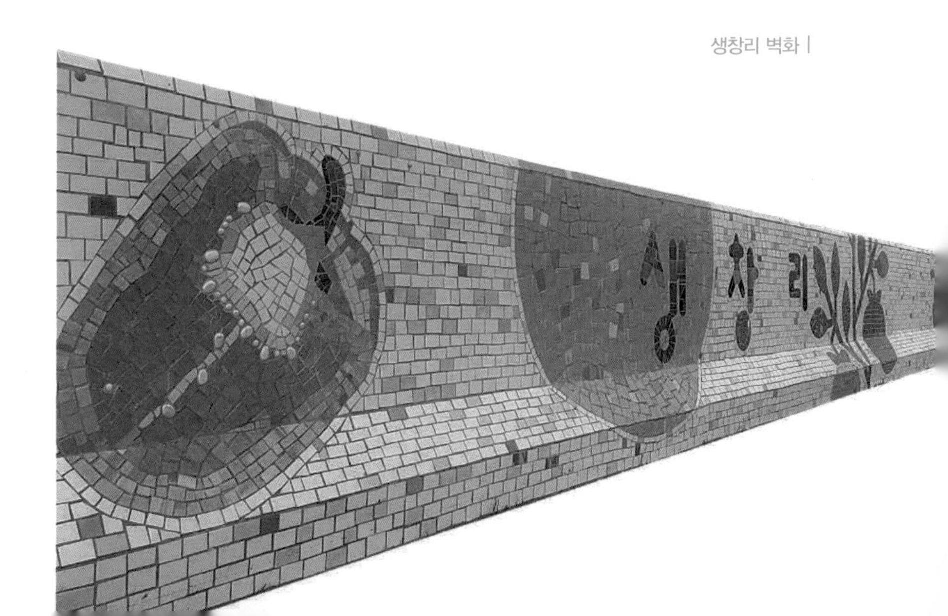

| 'DMZ 생태평화공원'의 지뢰 표식과 나비

| 'DMZ 생태평화공원'의 철조망과 초롱꽃

반인은 출입하기조차도 어려웠"고, "집집마다 부역으로 불려 나가 비포장도로를 닦는 일을 하기도 하였다"라고 일제강점기에 겪은 고충과 차별도 기억한다.

생창리에는 DMZ의 생태를 체험할 수 있는 아주 좋은 코스도 있다. 'DMZ 생태평화공원'의 생태체험 코스인데, 두 가지 길이 있다. 하나는 용양보 생태탐방로로, 평지를 걸으며 용양보와 하천을 중심으로 이루어진 생태와 군사 시설을 답사할 수 있는 코스다. 이 코스는 유엔사의 남방한계선 경고판을 지나 철책선 바로 앞에 설 수 있는, 드문 체험을 할 수 있는 곳이다. 다른 하나는 가파른 산을 오르내리며 울창한 숲속 DMZ의 새소리와 곤충, 식물을 듣고 볼 수 있는 코스다. 이 코스에선 철조망과 지뢰 경고 표식 위에 앉은 나비와 초롱꽃의 대조를 어렵지 않게 볼 수 있다. 사람은 얼씬하기도 쉽지 않은 군사 시설에 곤충과 식물이 공존하고 있는 것이다.

한국전쟁 이후 남북 체제 대립의 산물인 재건촌 생창리는 '변화'를 모색하는 중이다. 특용 작물 재배를 통해 농가 경제를 살찌우고 역사를 기억하며 생태 마을로 변신하고 있다. 나아가 이곳 주민들은 생창리의 정체성을 다음과 같이 표현하고, 또 희망한다. "이제는 사랑과 정이 넘치는 전원 마을이자 남북통일의 물꼬를 트는 통일 마을로 거듭나고 있다"('김화 이야기관'의 전시 안내판).

• 한모니까

강원 양구

안보 시설의 예술적 전환을 상상하다

강원도 양구군 해안면은 한국전쟁 당시 미군이 화채 그릇[punch bowl]이라 지칭한 '펀치볼' 혹은 '빤치볼' 등으로 잘 알려진 곳이다. 해안면이 험준한 산지로 둘러싸여서 마치 화채 그릇이나 웅덩이, 가마솥 모양의 분지 형태를 이루고 있어서 붙여진 이름이다. 해안면은 대암산, 도솔산, 대우산 같은 1000미터가 넘는 산 능선들로 둘러싸여 있으며, 마을이 발달하기 좋은 구릉과 평야로 이루어져 있다. 전망대에서 내려다보면 이곳이 분지 지형임을 특별한 설명 없이도 실감할 수 있다.

해안면은 한국전쟁이 발발한 뒤 국군이 압록강까지 진격했다가 1·4후퇴 때까지도 큰 전투를 겪지 않았다. 하지만 1951년부터 삼팔선 인근에서 전선이 교착되고 휴전 회담이 시작되면서 이 일대는 호된 전화를 겪었다. 전략적으로 중요한 고지들이 자리 잡고 있어, 한번 빼앗기면 수십 킬로미터씩 후퇴해야 하는 까닭에 피아간 한 치의 양보도 없는 백병전이 전개되었다. 그 결과 양구군은 아홉 가지 유명한 전투의 역사를 갖게 되었다. 도솔산 전투, 피의 능선 전투, 펀치볼 전투, 백석산 전투, 가칠봉 전투, 대우산 전투, 크리스마스 고지 전투, 949고지 전투, 단장의 능선 전투가 그것이다.

한국전쟁의 대표적 격전지, 해안면

양구 지역의 이러한 한국전쟁 전투사를 조명하고 전시한 곳이 양구전쟁기념관이다. 기념관 외부에는 아홉 전투를 상징하는 기둥이 서 있는데, 각 전투지의 높이를 표시해 놓아, 마치 '점령해야 할/점령한 고지'를 상징하는 듯하다.

해안면에서 벌어진 대표적인 전투는 도솔산 전투, 펀치볼 전투, 가칠봉 전투 등이다. 주로 휴전 회담 초기에 벌어진 전투였다. 때로는 북상을 위한 공격로를 확보하기 위해, 때로는 방어에 유리한 고지를 차지하기 위해 벌어졌는데, 결국 이 일대는 유엔군과 한국군이 장악했다.

도솔산 전투(1951년 6월 4일~19일)는 한국해병대 제1연대가 북한 제5군단 예하의 제12사단 및 제32사단이 점령하고 있던 도솔산을 혈전 끝에 탈환한 전투다. 양구와 인제 사이에 있는 태백산맥의 험준한 산악 지역으로, 특히 도솔산을 중심으로 한 이 일대는 높이 1000미터를 오르내리는 높은 봉우리가 늘어서 있고 험하고 깊은 골짜기가 형성되어 있다. 그리고 좌우로 양구와 인제에서 북상하는 도로를 끼고 있어서 양쪽에서 북상하던 한국군이 진격할 수 있게 하려면 확보해야만 하는, 전술적으로 중요한 지역이었다. 도솔산 전투는 해병대 5대 작전 중 하나로 기록될 만큼 전투도 치열했고 많은 사상자가 발생했다.

펀치볼 전투(1951년 8월 31일~9월 20일)는 미 제1해병사단과 한국해병

제1연대가 해안분지를 공격한 전투다. 국군 해병과 미 해병은 해안분지 북쪽과 동쪽의 고지들을 점령하여 이 분지를 확보했다. 동면 월운리 언덕의 '펀치볼 지구 전투 전적비'에 이때의 상황이 기록되어 있다.

가칠봉 전투(1951년 9월 4일~10월 14일)는 방어에 유리한 지형을 확보할 목적으로 치른 전투다. 가칠봉은 해안분지의 북서쪽 분지를 둘러싸고 있는데, 이 봉우리가 있어야 금강산 일만 이천 봉이 완성된다는 뜻에서 이름에 '더할 가(加)' 자가 들어갔다고 한다. 한국군은 낮은 지점에서 고지로 올라가며 전투를 치르는 공격자 위치였으며, 북한군은 지형을 이용한 방어 진지를 구축하고서 올라오는 국군을 격퇴하는 방식이어서 상대적으로 유리한 상황이었다. 결국 40여 일간 고지의 주인이 여섯 번이나 바뀌는 혈전을 치른 끝에 남측이 가칠봉 일대를 점령했다. 이로써 한국군은 해안분지 일대를 완전히 차지했다.

'평화의 그릇'과 '미래의 DMZ 땅굴'

가칠봉 능선에 있는 을지전망대에 오르면 해안면 마을 일대가 내려다보이고, 멀리 금강산 능선까지 볼 수 있다. 동북쪽으로 비로봉, 차일봉, 월출봉, 미륵봉, 일출봉으로 이어지는 금강산의 능선이 한눈에 들어온다. 을지전망대는 금강산만이 아니라 우리의 미래를 전망해 보기에도 좋은 곳이다. 전망대를 오르는 계단 옆에 미래를 전망하고 기원하며 선언하는 〈평화통일 기원문〉이 새겨져 있다. 전망대 계단에 가려져 놓치기 쉽지만, 유심히 살펴보고 읽어보자.

반만년의 역사를 함께 해온 7천만 겨레의 하나됨을 뜻하는 민족통일은 평화의 그릇에 담겨져야 한다. 평화가 있는 곳에 비로소 민족적 화해와 일치가 가능하며, 체제와 이념을 달리하는 서로의 삶을 하나로 묶는 통일의 성취를 기대할 수 있기 때문이다.

우리는 남북한 당국이 서로의 실체를 인정하고 화해와 협력을 약속했던 남북합의서를 성실하게 실천하여 마음의 장벽을 허물고, 피에 젖은 이 155마일 휴전선을 평화의 고리로 삼아 하루빨리 조국의 자주 평화 통일을 이룰 수 있기를 기원한다.

(중략)

이제 우리는 평화통일을 염원하는 7천만 민족의 힘과 지혜를 모아 어떠한 경우에도 전쟁의 위협에 항거하고, 분단을 고착화하려는 시도에 끝까지 맞서며, 모든 폭력과 극단주의에 종언을 고하고, 분열과 증오를 화해와 사랑으로 승화시켜 기어이 통일조국의 위업을 이룩하는 영광된 새 역사를 만들어나갈 것을 힘찬 믿음으로 엄숙히 선언하는 (후략)

— 을지전망대의 〈평화통일 기원문〉에서

보통 전적지나 전망대의 비문은 승전의 역사를 기록하기 마련이다. 그런데 이 글은 다르다. 우리가 만들어가야 할 평화와 통일의 관계를 명확하게 제시하고 선언한다. 3년간의 전쟁으로 수많은 희생을 치르고도 70여 년이 지난 지금까지도 분단과 갈등에서 벗어나지 못하고 있는 우리가 만들 '평화의 그릇'은 어떤 형태여야 할까? 한반도의 모든 사람이 힘과 지혜를 모으면, 어떤 '평화의 그릇'을 만들 수 있을까?

언제, 누가 썼는지 살펴보니, "개신교 강원용 크리스찬아카데미 이사장, 불교 송월주 조계종 총무원장, 원불교 조정근 교정원장, 유교 최근덕 성균관장, 천도교 김광욱 교령, 천주교 정명조 군종교구장, 한국종교인평화회의 김몽은 회장" 등 종교계가 작성했다. 1998년에 KBS의 〈열린음악회〉가 이곳에서 '평화를 위한 휴전선 열린음악회'를 열었는데, 이를 계기로 새겨진 것이다. 군(軍)과 방송계, 종교계가 을지전망대에서 평화를 노래하는 장을 연 것이다.

어쩌면 '평화의 그릇'은 정형화된 틀이 아닐지도 모른다. 다시 말해, 정치나 경제 체제만이 아니라, 음악과 미술 같은 문화예술적 상상력일 수 있다. 1994년에 '서태지와 아이들'이 철원의 노동당사를 배경으로 촬영한 〈발해를 꿈꾸며〉 뮤직비디오는 단번에 청소년들로 하여금 분단 문제와 통일에 관심을 갖게 했다. 그 이후 방송계는 노동당사나 을지전망대, 비무장지대 일원을 배경으로 음악회를 열기 시작했다. 1994년에 노동당사에서 개최된 KBS 〈열린음악회〉는 한국방송대상까지 수상했다. 1990년대만 해도 분단과 전쟁, 갈등과 상처의 현장인 비무장지대를 배경으로 음악회가 열리는 것은 신선한 충격이었다. 20~30년이 지난 지금은 비무장지대가 더 많은 사람들에게 개방되어 있고, 이 일대에서 다양한 음악 축제가 열린다.

'땅굴'도 새롭게 해석되고 있다. 그동안 땅굴은 북한의 남침과 그에 대한 경각심을 일깨우는 중요한 소재였다.《한국민족대백과사전》에 따르면, 땅굴은 "북한이 기습 작전을 수행할 목적으로

| 제4땅굴의 멸공탑

휴전선 비무장지대의 지하에 굴착한 남침용 군사 통로"다. 비무장지대에서 발견된 땅굴은 총 네 개다. 발견된 순서에 따라, 연천의 제1땅굴(1974), 철원의 제2땅굴(1975), 파주의 제3땅굴(1978), 양구의 제4땅굴(1990)로 불린다.

예술가 조민석 작가는 철원의 땅굴을 '생명과 지식의 저장소'로 재활용하자고 제안한다. 그는 '터널'의 북측 입구에 종자은행을 두고 남측 입구에 '생태계 도서관'을 두자고 한다. 생명과 지식의 안전한 보존을 위한 지하 저장소로 만들자는 생각이다. 터널은 산지인 DMZ 아래를 깊숙이 가로지르므로 저장소로서 최적의 환경이라고 한다. 그런가 하면 생태 연구자 최태영 박사는 비무장지대의 생태 보존을 위해 남북 교류를 위한 길을 비무장지대 위의 도로가 아닌 지하에 내자고 주장한다. 지하 차도나 지하 터널, 이런 것이 '미래의 DMZ 땅굴'인 셈이다.

이런 상상을 하며 땅굴을 다시 본다. 비무장지대 안에 있어서 직접 가볼 수 없는 제1땅굴에는 북한이 만든 레일이 깔려 있고 궤도차가 놓여 있으며, 궤도차를 돌리는 지점과 취침 장소, 배수 시설 들이 갖추어져 있다고 한다. 전체 길이가 3.5킬로미터라고 하니, 제1땅굴의 궤도차를 타면 비무장지대 대부분을 쉽게 종단할 수 있을 것이다. 실제로 해안면의 제4땅굴은 관람용 20인승 전동차를 운행하고 있다. 필자도 지하의 땅굴이 궁금하여 전동차를 타보았는데, 막상 회차 지점에 이르니 비무장지대의 어느 지점까지 들어왔는지, 이 지점의 바깥 풍경은 어떠할지, 지상이 궁금했다. 미래에 남북이 진정으로 화해하고 냉전 유산을 평화롭게 재활용할 수 있는 날이 오기를 고대하며, 이 전동차를 활용해서 남북을 오가는 상상을 해보게 된다.

국립DMZ자생식물원의 실험

비무장지대와 그 일원에는 다양한 동식물이 분포한다. 세계 멸종 위기종도 비무장지대에서는 어렵지 않게 찾아볼 수 있다. 하지만 어떤 동식물이 살고 있는지, 어떻게 해서 이곳에서 다양한 희귀 동식물이 살아남았는지, 비무장지대를 사이로 남북한의 자연 생태가 어떤 유사성과 차이를 보이는지 알기가 쉽지 않다. 아마도 오랜 조사와 연구, 실험을 거쳐야 파악될 수 있을 것이다.

양구 해안면에 있는 국립DMZ자생식물원은 DMZ의 다양한 식물 중에서도 특히 북방계 식물 자원을 수집·보전하고, 통일 이후 북한 지역의 산림 생태계를 복원하기 위한 연구를 한다. 비무장지대의 동서 생태 축을 연결하는 희귀 식물, 특산 식물을 보전하기 위한 연구도 병행한다고 한다. 고도에 따라 작은 습지들을 조성한 점도 인상적이다. DMZ 서부 평야지역의 습지나 임진강 및 한강의 저층 습지를 보전하기 위한 '저층 습지

| 국립DMZ자생식물원의 습지원. 멀리 을지전망대가 보인다.

국립DMZ자생식물원의 '미래의 숲' |

원', 대암산 용늪 등을 보전하기 위한 '고층 습지원' 등이 조성되어 있다.

2020년 겨울, 국립DMZ자생식물원을 방문하니, 입구부터 중턱까지 오른편 경사면에 무언가 심어놓은 듯한 작은 실험장이 눈에 들어왔다. 아름답게 꾸민 정원도 아니고, 그렇다고 식물이 잘 자랄 수 있을 것 같지도 않아 보였다. 궁금하여 물으니, 바로 이런 경사면의 좋지 않은 환경에서 '적당히' 잘 자라는 식물들을 조사하고 있다고 했다. 필자는 비무장지대에서 인위적인 군사 시설 및 작전이 자연 생태에 미친 영향을 연구의 한 주제로 삼고 있는데, 이곳 식물원에서는 반대로 그러한 군사 시설에서의 자연 생태 복원을 연구하고 있다고 하니, 비무장지대의 역사를 연구하는 인문학자와 생태학자의 시작점은 다르지만 문제의식이 상통하는 것 같아, 무척 반가웠다.

또 하나 인상적인 점은, 본래 이곳 자체의 변화를 살피기 위한 '미래의 숲'이 조성되어 있다는 것이다. '미래의 숲'이 조성된 자리는 원래 해안면 주민의 경작지였다. 과거 경작지였던 곳에 인간의 행위가 미치지 않으면 어떤 변화를 보일지 지켜보는 공간이다. '미래의 숲'은 과거에서 현재를 지나 미래를 기다리는 공간이다. 역사학자의 시각에서 보면, 현재는 과거의 총체이며, 과거부터 현재까지의 변화의 총체가 곧 미래다. '미래의 숲'에서 역사를 만나보는 건 어떨까.

이렇게 7000만의 힘과 지혜를 모은다면, 한반도의 평화도 통일도 가능하리라 꿈꿔 본다. 비무장지대만 하더라도 장기적 관점에서 인문학과 생태학, 군사학, 예술 분야에서 소통과 대화가 더욱 활발하게 이루어진다면, 발상의 전환을 통해 한반도의 통일·평화로 가는 여러 길을 닦고 더 유연하게 '평화의 그릇'을 만들 수 있을 것이다.

• 한모니까

강원 화천

전쟁과 냉전의 기억을 품은 북한강에서 꿈꾸는 평화

"전방에 급커브 구간입니다" "전방에 낙석 주의 구간입니다" '평화의 댐'으로 가는 길은 한반도 평화로 가는 여정과 똑 닮았다. 강원도 화천읍을 지나 '평화의 댐'으로 가는 도로 이름 역시 공교롭게도 '평화로'다. 평화로를 가는 내내 내비게이션에서 굽이굽이 급커브와 언제 떨어질지 모르는 낙석을 주의하라는 음성이 쉼 없이 나온다. 평화의 댐에 한시라도 빨리 도착하고 싶어 급커브와 낙석을 무시하고 가다 보면 자칫 큰 사고가 날 수 있다. 그렇기에 운전은 갈수록 더 신중해진다.

한반도 평화로 가는 길도 마찬가지다. 2018년에 본격화된 '한반도 평화 프로세스'가 불쑥불쑥 나타난 '급커브'와 '낙석' 탓에 기대만큼 성과를 못 내자 한반도에 평화가 정착될 수 있을지 회의가 자라난 게 사실이다. 하지만 하루빨리 한반도에 평화를 정착시키고 싶은 마음에 '급커브'와 '낙석'을 무시하고 급히 달리다간 돌이킬 수 없는 사고가 날 수도 있다. 신중하고 또 신중하게, 천천히 가다 보면 평화는 시나브로 내 곁에

다가와 있을 것이다. 평화의 댐은 이렇게 우리를 만나기 전부터 생생한 평화교육을 시작한다.

"여럿이 꾸는 꿈은 현실이 된다"

과거, 현재, 미래 같은 여러 시간대가 공존하는 견학지에서는 시간 흐름을 따라 견학하는 게 효과적인 경우가 많다. 그러니 평화의 댐 견학도 댐 인근에 있는 비목공원에서 출발해 보자. 비목공원은 가곡 〈비목〉에 얽힌 사연을 소개하며 전쟁으로 희생된 이들을 추모하는 공간이다.

'비목공원 노래비' 앞에선 예기치 못한 세대 차이를 확인하는 경우가 많다. 대략 40대 이상은 학창 시절 음악 시간에 들었거나 가창 시험 곡으로 〈비목〉을 기억하는 이가 많다. 이와 달리 그 아래 세대는 곡 자체가 생소하다는 이들이 대부분이다. 그럴 때는 바로 '피스맨'에게 도움을 청하자(피스맨은 평화의 댐을 시작으로 조망점 아홉 곳을 연결한 스탬프 랠리 코스의 마스코트로, 각 조망점의 피스맨은 모두 다른 자세를 하고 있다). 평화의 댐을 관리하는 한국수자원공사는 비목공원 입구 피스맨 팔에 있는 버튼을 누르면 〈비목〉 1절을 들을 수 있게 해놓았다. 한국수자원공사는 묵념을 위해 노래를 담았다고 하는데, 세대 차이를 걱정한 세심한 배려 같기도 하다.

비목(碑木)은 '나무로 만든 묘비'다. 1960년대 초반 강원도 최전방 비무장지대 초소장으로 근무하던 청년 장교 한명희는 백암산 계곡을 순찰하다 개머리판이 거의 썩어 총열만 남은 카빈총 한 자루를 발견했다. 그러고 나서 며칠 뒤에는 그 총의 주인인 듯한 병사의 녹슨 철모와 돌무덤도 찾아냈다. 돌무덤 곁에는 마치 팻말인 듯 썩은 나뭇등걸이 뒹굴고 있었다. 제대한 뒤, TBC(1980년에 KBS에 합병된 동양방송) 음악부 프로듀서로

비목공원 |

근무하던 한명희에게 어느 날 작곡가 장일남이 신작 가곡을 위한 가사를 의뢰했고, 한명희는 군 복무 시절에 본 장면을 떠올리며 아래와 같은 노랫말을 지었다.

> 초연이 쓸고 간 깊은 계곡
> 깊은 계곡 양지녘에
> 비바람 긴 세월로 이름 모를
> 이름 모를 비목이여
> 먼 고향 초동 친구 두고 온 하늘가
> 그리워 마디마디 이끼 되어 맺혔네.
>
> 궁노루 산울림 달빛 타고
> 달빛 타고 흐르는 밤
> 홀로 선 적막감에 울어 지친
> 울어 지친 비목이여
> 그 옛날 천진스런 추억은 애달퍼
> 서러움 알알이 돌이 되어 쌓였네.
>
> — 한명희, 〈비목〉

초연(硝煙)은 화약 연기를, 초동(樵童) 친구는 함께 산으로 나무를 하러 다니던 친구를 말한다. 머나먼 타향에서 죽어 묻힌 병사의 '그리움'과 '적막감'은 전쟁의 아픔에 공감하는 이들의 마음에 맺혔고, 그런 이유로 〈비목〉은 '한국인이 사랑하는 가곡' 같은 설문 조사를 할 때면 빠지지 않고 손꼽히는 노래가 되었다. 절친했던 친구 장준하의 죽음 이후 온 생을 민주와 통일을 위해 살아온 문익환도 〈비목〉 속 병사의 사연을 알고 있었던 걸까? 그가 1978년에 발표한 시 〈꿈을 비는 마음〉에는 다음과 같은 소망이 담겨 있다.

> 벗들이여!
> 이런 꿈은 어떻겠소?
> 155마일 휴전선을
> 해 뜨는 동해 바다 쪽으로 거슬러 오르다가 오르다가
> 푸른 바다가 굽어보이는 산정에 다다라
> 국군의 피로 뒤범벅이 되었던 북녘 땅 한 삽
> 공산군의 살이 썩은 남녘 땅 한 삽씩 떠서
> 합장을 지내는 꿈,
> 그 무덤은 우리 5천만 겨레의 순례지가 되겠지.
>
> — 문익환, 〈꿈을 비는 마음〉에서

위 시가 나온 1978년은 7·4남북공동성명(1972년)의 여운은 다 사그라든 채 냉랭하고 살벌한 남북 관계가 이어지던 때였다. 그런 시절에 비무장지대를 남북 대치 장소가 아닌 전쟁의 상처를 치유하는 장소, '5천만 겨레'가 평화를 다짐하는 순례지로 바꿔보자는 꿈이 사람들에게 얼마나 허황하게 들렸을까.

그런데 "여럿이 꾸는 꿈은 현실이 된다"라는 말이 터무니없는 말은 아닌가 보다. 문익환과 같은 뜻을 품고 같은 꿈을 꾸었던 이들의 열망과 헌신 덕분에 남북은 2018년, 그러니까 문익환이 전장에서 쓰러져 간 병사들의 넋이나마 위로해 주자던 꿈을 꾼 지 정확히 30년 만에 그 꿈을 현실로 만들 일을 드디어 시작했다. 바로 2018년 9월에 평양에서 이루어진 남북정상회담에서 비무장지대 공동 유해 발굴 사업에 합의한 것이다.

남북 당국은 이 합의에 따라, 한국전쟁 격전지 중 하나이며 군사분계선이 고지 한가운데를 지나는 철원의 화살머리 고지를 사업지로 선정했다. 그리고 그해 10월 1일부터 화살머리 고지 일대에서 유해 발굴을 위한 지뢰 제거 작업에 착수했고, 11월에는 고지 남쪽과 북쪽을 잇는 총 길이 3킬로미터(남측 1.7킬로미터, 북측 1.3킬로미터), 폭 12미터인 도로를 개통했다. 이로써 남북은 2003년에 연결된 경의선, 2004년에 연결된 동해선에 이어 세 번째 연결 도로를 마련하기에 이르렀다. 지뢰 제거 작업을 시작한 지 얼마 지나지 않은 그해 10월 24일, 박재권 이등중사의 유해가 발굴되면서 남북 공동 유해 발굴 사업에 대한 기대감이 커지기도 했다. 하지만 안타깝게도 2021년 현재까지 남측 단독으로 유해 발굴을 진행하고 있다. 하루빨리 북측도 당초 약속대로 유해 발굴에 나서 문익환이 꿈꾸던 '평화의 순례지'가 비무장지대 안에 마련되면 좋겠다.

'낭비의 상징'에서 '안전 지킴이'로

비목공원 견학을 마친 뒤에는 평화의 댐으로 발걸음을 옮겨 보자. 평화의 댐을 처음 본 이들은 누구나 그 거대한 규모에 먼저 놀란다. 필자 역시 평화의 댐 상부에서 아래를 처음 내려다봤을 때 살짝 움찔했던 기억이 아직도 생생하다. 이 댐은 평화의 댐이라는 이름에 어울리지 않게 1989년 1단계 완공 이후 몇 년 동안 '낭비의 상징'으로 인식되어 왔다. 평화의 댐은 어쩌다 이런 오명을 갖게 되었을까? 사연은 이렇다.

북한 당국은 1986년 10월 21일 북한강 상류에서 '금강산댐'(정식 명칭은 '임남댐') 건설에 착수했다. 북한 당국이 밝힌 댐 건설 목적은 북한강 수로를 동해 쪽으로 돌려 원산 지역 공장에 전력을 공급하고 안변 일대에

농업용수를 제공하는 것이었다. 그러나 당시 전두환 정권은 금강산댐 담수량이 무려 200억 톤이나 된다고 추정하며 북한 당국의 수공(水攻) 가능성을 언급했다. 금강산댐이 파괴되면 서울이 순식간에 물바다가 될 거라는 정부 발표와 언론 보도로 국민의 안보 불안이 극심해졌고, 금강산댐 하류에 방어용으로 평화의 댐을 짓자는 결정은 이러한 대혼란 속에서 내려졌다.

평화의 댐 1단계 공사는 1987년 2월에 시작해 1989년 12월에 마무리되었는데, 총 공사비 1506억 원 중 절반에 가까운 773억 원이 국민모금운동으로 걷힌 성금이었다. 그 시절을 지나온 이들이 평화의 댐에 와서 자기가 낸 성금이 얼마였는지 얘기하는 풍경을 종종 볼 수 있는 것도 이 때문이다. 하지만 몇 년 뒤 평화의 댐 건설의 진실이 드러났다. 감사원은 1993년 8월 31일, 평화의 댐 건설은 북한 당국의 수공 위협을 과장한 정권 안보용 결정이었다는 특별감사 결과를 발표했다. 이때부터 평화의 댐은 냉전 속에서 탄생한 '낭비의 상징'이란 오명을 갖게 된다.

냉전기에 전두환 정권의 안보용으로 만들어진 댐, 그렇다 보니 규모만 크고 인위적인 홍수 조절 기능도 갖추지 못한 댐, 심지어 미국《워싱턴포스트》지로부터는 "불신과 낭비의 기념비적 상징물"이라는 비판까지 들어야 했던 평화의 댐이 재평가되기 시작한 건 1990년대 중반 들어서다. 1996년과 1999년에 강원도에 큰비가 내렸을 때 평화의 댐이 물막이 역할을 해서 큰 사고 없이 지나가자 홍수 조절 기능이 부각되었고, 결정적으로 2002년 태풍 '루사', 2003년 태풍 '매미'가 한반도를 할퀴고 지나갔을 때 톡톡히 역할을 하면서 낭비의 상징에서 '안전 지킴이'로 이미지를 바꿀 수 있었다.

한편 2002년 9월부터 평화의 댐 높이를 80미터에서 125미터로, 길이는 410미터에서 601미터로, 저수량도 5.9억 세제곱미터에서 26.3억 세

제곱미터로 키우는 2단계 공사가 시작되어 2006년 6월에 끝났다. 2단계 공사는 2002년 1월 북한 당국의 임남댐 무단 방류에서 비롯되었다. 당시 북한 당국은 예고 없이 임남댐을 개방해 보름 동안 총 3억 4000만 톤을 방류했다. 임남댐 방류 원인은 위성사진으로 곧 밝혀졌다. 건설 중인 임남댐 상층부에 균열과 훼손이 생겼고, 이를 보수하기 위해 물을 뺐던 것이다. 전문가들은 만약 임남댐이 무너진다면 평화의 댐도 견디지 못해 강원 영서 지방과 서울, 경기 지역이 큰 피해를 입을 것으로 예측했다. 그래서 평화의 댐 규모를 지금의 크기로 확장한 것이다.

2012년부터 2018년까지 치수 능력을 높이기 위한 3단계 공사까지 마무리되어 평화의 댐은 이제 "어마어마한 비에도 끄떡없는 단단하고 안전한 댐"으로 한 단계 더 진화했다. 기후 변화로 기록적인 폭우가 자주 내리자, 다른 댐들은 물을 내보내는 수문(여수로)을 추가로 건설하는 방식으로 대응했다. 하지만 평화의 댐은 지형 여건상 수문을 설치할 수 없었기에, 그 대신 댐 사면으로 넘치는 물을 흘려보내는 방식을 선택했다고 한다. 이를 위해 큰 돌과 자갈 등으로 채워져 있던 댐 사면을 1~1.5미터 두께 콘크리트로 덮음으로써 넘치는 물이 댐을 훼손하지 않고 흘러갈 수 있도록 한 게 3단계 공사다.

기후 변화에 따른 자연재해가 잦아지면서 사람이 사람에게 가하는 위협에 주목하던 전통적 안보 개념을, 자연의 위협까지 포함하는 새로운 안보 개념으로 바꾸자는 주장이 있다. 평화의 댐이 변신해 온 역사야말로 이러한 안보 개념 변화를 잘 보여주는 사례가 아닐까 싶다.

남북이 싸우지 않고 나눈다면

평화의 댐 건설 배경과 변신 과정, 댐 인근 자연 환경과 동식물 등에 대해서는 한국수자원공사 '평화의 댐 물 문화관'에서 상세히 알아볼 수 있다. 비목공원에서 평화의 댐 상부로 가기 전에 물 문화관 영상관과 전시실에서 사전 학습을 하고 가는 것도 좋은 방법이다.

물 문화관 전시실 끝에는 이채롭게도 '평화의 탁구대'가 설치되어 있다. 이 탁구대는 1991년 일본 지바에서 열렸던 세계탁구선수권대회 남북 단일팀의 경기 장면을 배경으로 원통형 탁구대에서 탁구 체험을 할 수 있는 시설이다. 탁구대 옆 벽면에는 1991년 세계탁구선수권대회부터 2018년 평창 동계올림픽까지 남북 단일팀의 연혁과 1990년 남북통일축구부터 2014년 인천 아시안게임 남북 축구 경기까지 남북 체육 교류 연혁을 사진과 함께 전시해 놓았다.

평화의 댐을 전쟁과 냉전의 기억만으로 바라보는 이라면 남북 단일팀이 평화의 댐과 무슨 관계냐며 뜬금없다고 생각할 수도 있을 듯하다. 하지만 평화의 댐에서 과거와 다른 남북 관계를 그려보는 이라면 '평화의 기억'도 잊지 말자며 '평화의 탁구대'를 설치한 마음이 고맙게 느껴질 것이다. 참고로, 필자가 2010년에 물 문화관을 처음 찾았을 때는 전시실 끝에 남북 수자원 협력 관련 내용이 소개되어 있었다. 현재는 그 자리에 평화의 탁구대가 있지만, 그렇다고 한국수자원공사가 남북 수자원 협력을 포기한 건 아니다. 한국수자원공사는 아래에 인용한 글처럼 남북이 함께 수자원을 이용하는 미래를 염원한다.

> 차후에 남과 북이 화해와 협력의 길을 열고 끊어진 북한강 물길을 다시 잇게 된다면 평화의 댐은 전력 생산과 수자원 확보에 상당한 역할을 하리

라 기대되고 있어요. 북한은 임남댐을 개방하여 단절된 북한강이 다시 북에서 남으로 흐르도록 하고 그로 인해 발생하는 전력 생산 부족분은 남한이 여유 전력으로 보상할 수 있어요. 그렇게만 된다면 평화의 댐은 남북 화해와 평화 협력의 상징으로 부상할 수 있으리라는 기대 또한 크답니다.

— K-water 화천권지사,《평화의 댐과 사람들: 평화의 물길 흘러흘러 통일로》에서

냉전기에 남북 대결로 북한강 물길이 끊어지면서 남한은 수자원 손실을 입었다. 북측 강원도 금강군 옥밭봉에서 발원한 북한강 본류와 금강산 비로봉에서 내려오는 금강천은 임남댐 때문에 동해로 물길이 바뀌었고, 북측 강원도 평강군에서 출발하는 금성천만 평화의 댐으로 흘러온다. 북한 역시 원산 쪽으로 물을 돌리는 도수터널 수십 킬로미터를 뚫는 대공사를 진행할 때 수많은 인명이 희생되었다.

한편 평화의 댐 사면에 접해 있는 파로호에도 전쟁의 강렬한 기억이 새겨져 있다. 파로호는 일제가 조선인을 강제 동원해 화천댐과 화천수력발전소를 만들면서 생긴 호수로, 본래 이름은 화천호였다. 그러다 한국전쟁 때 이 지역에서 국군이 중국군에게 대승을 거두자, 이승만이 '오랑캐(중국군)를 깨뜨린 호수'라는 뜻을 담아 파로호(破虜湖)라는 새 이름을 붙였다고 한다. 1951년 파로호 전투가 그토록 치열했던 이유는 화천수력발전소의 '전력' 때문이었다.

이처럼 한국전쟁 때부터 1990년대까지 전력을 둘러싼 대결과 희생의 역사가 이어진 평화의 댐이기에, 이곳에서 남북이 싸우지 않고 전력을 나누는 꿈을 꾸는 건 더욱더 소중하고 가치 있는 일이다.

트릭 아트에 담긴 진심

낭비의 상징에서 안전 지킴이로의 변신을 지나, 평화의 댐을 한반도 평화를 꿈꾸고 실천을 다짐하는 장소로 만들어가려는 마음은 물 문화관뿐 아니라 평화의 댐 곳곳에서 느껴진다. 먼저 물 문화관을 나와 왼쪽으로 조금만 걸어가면 '노벨평화상 수상자 악수상'을 만날 수 있다.

이 악수상에는 김대중 대통령을 비롯하여 역대 노벨평화상 수상자 열두 명의 얼굴 사진과 소개문, 수상자의 평화 메시지, 그리고 직접 악수할 수 있는 손 조형물이 전시되어 있다. 수상자 손 조형물은 대부분 오른손인데 1984년 수상자인 남아프리카공화국 데스몬드 투투 대주교만 왼손을 내민 것이 특이하다. 투투 주교는 "평화를 바라는 대한민국 국민의 염원을 담아 조금이라도 심장과 가까운 곳에 있는 왼손으로 악수를 하고 싶다"는 메시지를 전해 왔다고 한다.

2000년 6·15남북공동선언 합의를 기자들에게 알리며 김정일 국방위원장의 손을 들어 올렸던 김대중 대통령의 손과 악수한 다음, 바로 옆 '세계 평화의 종'으로 가자. 이 종은 한국전쟁 시기의 유해를 발굴하면서 수습한 탄피 120여 개와 전 세계 30여 군데 분쟁 지역에서 수집한 탄피를 녹여서 만든 것이다. 에밀레종(성덕대왕신종)을 본떠서 만든 이 종은 높이 4.67미터, 지름 2.76미터로, 타종 가능한 종으로는 세계에서 제일 크다고 한다. 종 밑으로 손을 넣어 만져보니 두께도 대단하다.

종 윗부분에는 동서남북 네 방향으로 비둘기가 조각되어 있다. 그런데 유독 북쪽을 바라보는 비둘기의 오른쪽 날개만 잘린 채 종 앞에 보관되어 있다. 통일이 되면 무게가 1관(3.75kg)인 이 날개를 붙여 총 무게 1만 관으로 종을 완성할 계획이라고 한다. 아직 통일의 필수 전제라고 할 전쟁 종식조차 하지 못한 현실을 떠올리니 갈 길이 참 멀다는 생각, 그러니

세계 평화의 종 |

까 한반도 평화 체제 수립을 위해 더 열심히 노력해야겠다는 생각으로 마음이 복잡하다. 언제쯤이면 저 비둘기가 양 날개로 날 수 있을까.

한반도와 세계 평화의 염원을 담아 타종한 뒤 뒤를 돌아보면 노벨평화상 시상식 개최지인 노르웨이 오슬로가 화천군에 기증한 '노벨 평화의 종'이 보일 것이다. '세계 평화의 종'과는 다른 소박한 매력이 있는 종이다.

이제 댐 하부에 있는 국제평화아트파크로 발걸음을 옮기자. 이곳은 한국전쟁 휴전일에 맞추어 2015년 7월 27일에 개장했다. 평화의 댐이 증명하듯 어떤 장소가 지닌 의미는 하나가 아니고 고정불변인 것도 아니다. 이곳에서는 사물이 지닌 의미도 마찬가지라는 사실을 절감하게 된다. 탱크가 전장에서 쓰이면 사람을 죽이는 무기지만, 이곳에서는 다른 의미를 갖는다. 탱크가 아이들의 놀이터로 변신했고, 탱크 포신은 트럼펫이 되었다. 분단의 장벽을 지키던 탱크가 분단의 벽을 무너뜨리는

국제평화아트파크 작품 '손에 손잡고' |

평화의 견인차가 될 수도 있는 것이다. 쇠사슬에 꽁꽁 묶인 탱크, 철조망에 갇힌 탱크, 자물쇠로 잠긴 탱크도 눈길을 끈다. 관람객이 인형의 손을 잡아줘야만 둥근 평화 심벌이 완성되는 작품도 많은 이야기를 들려준다. 같이 온 이들과 작품 하나하나의 이름을 맞추거나, 작품에 새로운 이름 붙이기를 해보는 것도 좋겠다. '평화 상상력'을 나누는 즐겁고 뜻깊은 시간이 될 것이다.

이제 평화의 댐 견학의 대미를 장식할 순간이다. 국제평화아트파크에서 평화의 댐 오토캠핑장으로 이어진 다리에서 평화의 댐 사면을 바라보면 거대한 트릭 아트(trick art) 작품을 볼 수 있다. 높이 95미터, 폭 60미터로 세계 최대 규모 트릭 아트 작품으로 기네스북에 등재된 이 그림의 이름은 〈통일로 나가는 문〉이다. 이 그림을 보고 있으면 금성천이 북쪽에서 흘러 내려오는 것만 같은 착각이 든다. 한국수자원공사는 〈통일로 나가는 문〉을 "통일이 되어 물도 산도 길도, 우리의 마음도 열리길 바라는 민족의 소망을 담은 그림"이라고 소개한다. 진심 어린 소망을 담은 그릇이 '속임수 그림'인 셈인데, 잘 어울릴 것 같지 않은 내용과 형식이 이곳에서는 의외로 조화롭다. 트릭 아트에서 진심을 볼 줄 아는 혜안을 가지고 평화를 향해 걸어가자. 단, 너무 서두르지는 말고.

• 김진환

| 〈통일로 나가는 문〉

강원 강릉·
속초·고성

동해북부선을 따라 금강산 가는 길

2000년대 초에 필자는 금강산 관광길에 오른 적이 있다. 서울에서 출발한 버스가, 동해가 펼쳐지는 양양의 한 식당에 잠시 정차했다. 일행과 함께 그곳에서 점심을 먹고 다시 고성으로 향했다. 남북출입사무소에 도착했을 때 간단히 출·입경 심사를 거쳤고, 이어 육로를 통해 금강산에 도착했다. 사적인 경험이지만, 2000년대 초반에 금강산 관광은 남북 관계와 접경 지역의 변화를 상징하는 획기적인 사건이었다.

당시에는 금강산의 절경을 보는 것보다 '금강산을 관광한다'는 사실만으로도 가슴이 벅찼다. 안내자가 남방한계선과 군사분계선을 통과한다고 알리자, 버스 안은 흥분과 탄성으로 가득했다. 버스를 탄 그대로 비무장지대를 통과하여 금강산 관광을 하는 것은 그야말로 역사적 경험이었다.

금강산에 가는 길은 바닷길이 먼저 열렸다. 1998년에 금강호가 동해항에서 출항하기 시작했지만, 금강산을 보고 싶어 하는 수많은 사람들에게 뱃길은 제한적일 수밖에 없었다. 2003년에 시작된 금강산 육로 관광은 시민들이 지리산이나 설악산 단풍 구경 가듯이 금강산을 가깝게 느끼고 생각하도록 만들었다.

당시 금강산 가는 길에 또 하나 인상적이었던 것은 관광길에 오른 인파였다. 양양의 식당들은 수많은 금강산 관광객을 맞이하는 데 능숙했다. 금강산 가는 길에 반드시 들르는 한 코스였고, 이는 자연스럽게 양양과 인근 지역의 군사적 긴장 완화와 경제 활성화로 이어졌다. 이러한 풍경은 남북출입사무소에서도 이어졌다. 남북출입사무소 주차장에는 금강산으로 향하는 버스들과 금강산에서 돌아온 버스들이 즐비하게 서 있었고, 출·입경 심사를 받기 위해 대기하는 인파로 북적여서 사무소가 좁게 느껴질 정도였다. 출경 심사는 공항의 출국 심사보다 간단했는데, 이를 마친 사람들 모두가 출입 카드를 목에 걸고 '금강산 관광' 버스에 탑승했다. '금강산 관광이 활기를 띠었다'는 말이 실감 났다. 금강산과 수십 킬로미터 떨어진 양양의 식당도, 출입사무소도, 그곳을 방문하는 사람들의 표정도, 그들을 태우고 달리는 버스도 활기가 넘쳤다.

금강산 가는 여러 옛길

금강산은 선인들도 가보기를 꿈꾸던 곳이다. 금강산의 절경은 중국에까지 알려져 "고려국에 태어나서 한 번만이라도 금강산을 보면 좋겠다"라는 송나라 시인 소동파의 이야기는 유명하다. 금강산을 다녀온 이들은 금강산을 소재로 그림을 그리고 여행기 남기기를 주저하지 않았다. 예술 작품이기도 하고 역사서이기도 한 선인들의 기록을 보노라면 '금강산 가는 옛길'의 복원을 꿈꾸게 된다.

금강산 철도 |

금강산 가는 옛길은 여러 갈래였다. 조선 시대의 경흥로(慶興路)가 대표적이다. 경흥로는 한양에서 두만강 하구의 경흥 지방으로 연결되던 간선도로다. 이 경흥로의 일부 구간이 금강산 가는 길이었는데, 한양이나 개성을 비롯해 경기 지역에서 출발하여 포천-철원-김화-금성-단발령-내금강으로 가는 여정이었다. 이것이 한양에서 금강산까지 가는 최단거리 노선이었다. 이 노선의 일부가 현재의 국도 43호선과 거의 일치하며, 일제강점기에 부설된 철도가 통과하는 구간이기도 하다.

금강산 철도는 1919년에 경원선 철원역에서 시작하여 김화를 거쳐 내금강역까지 이르렀는데, 1924년에 철원-김화 구간이 개통되었고 1931년에 전 구간이 완공되었다. 당시에 경성에서 경원선 열차로 약 세 시간 만에 철원역에 도착한 다음, 내금강 방면으로 갈 때는 금강산 전차로 바꾸어 타고 금성에서 내렸다. 금성에서 내금강 장안사까지는 자동차로 가야 했다. 외금강 방면으로 여행할 경우에는 경원선 원산역에서 하차했다. 원산에서 외금강 온정리까지 가는 길은 두 가지였는데, 하나는 자동차를 이용하는 것이었고 다른 하나는 증기선을 타는 것이었다.

양구를 통해 두타연을 지나 내무재령을 넘어 내금강으로 들어가는 길도 있었다. "금강산 아름답다는 말 듣고 마음속으로만 이십 년을 애태우다" 금강산을 유람한 퇴계 이황이나, 금강산 유람을 "귀와 눈의 즐거움을 위한 과한 욕심"이라고 지적한 정약용 같은 선인들이 밟은 길이 이 길이다. 최근에 양구군이 금강로를 정비하고 '금강산 가는 길 안내소'를 방산면 두타연 입구 이목정에 설치한 것은 이 여정을 복원하기 위해서였다. 양구의 두타연 입구에서 장안사까지의 거리는 30~40킬로미터에 불과하다.

금강산 가는 길은 또 있었다. 바로 동해안을 따라서 가는 길이다. 울진군 평해에서 시작해 삼척, 강릉을 거쳐 양양, 간성, 고성을 지나 이르는 길이었다. 일명 평해로다. 금강산으로 향하면서 동해안의 명승을 유람할 수 있는 길이다. 최근 동해북부선의 일부 구간이 복원되면서 사회적으로 큰 관심이 쏠리고 있는 길이다. 현재는 금강산까지 갈 수 없지만, 복원될 동해북부선을 따라 강릉에서 고성까지 금강산 가는 길을 따라가 보자.

문헌 속 가시연이 피어난 습지

동해북부선은 강원도 삼척에서 함경도 안변에 이르는 종단 철도 노선을 말한다. 2020년 12월에 확정·고시된 '기본 계획'에 따르면, 동해북부선의 남측 구간인 강릉-주문진-양양-속초-간성-제진을 잇기 위해 2021년 말에 착공할 계획이며 2027년 개통이 목표라고 한다. 현재 강릉에서 남쪽으로 동해-삼척 구간은 개통되어 있으나, 강릉 이북 노선은 1967년에 폐지된 이후 현재까지 단절된 상태였으며, 거의 53년 만에 복원이 추진되는 것이다. 2018년에 평창 동계올림픽을 앞두고 개통한 KTX 경강선(서울-강릉)도 있으니, 동해북부선이 완공되면 삼척에서 강릉을 거쳐 제진역에 이르는 것은 물론이고 서울에서 강릉을 거쳐 금강산, 함경도로 여행하는 것도 기대해 볼 수 있다.

선인들이 강릉을 여행할 때 빼놓지 않았던 곳은 경포대다. 송강 정철이 〈관동별곡〉에서 '제일 절경'으로 칭하면서 "잔잔한 호수는 비단을 곱게 다려 펼쳐 놓은 것 같다"라고 했고, 강릉에서 태어난 율곡 이이는 열 살 때 지은 〈경포대부(鏡浦臺賦)〉에서 "이곳에 오르면 마치 신선이 된 것 같다"라고 묘사했다. 이중환의 《택리지》는 경포대의 풍경을 다음과 같이 기록했다.

> 경포에는 작은 산기슭 하나가 동쪽을 바라보고 우뚝 솟아 있고, 경포대가 이 산기슭에 있다. 경포대 앞에 호수가 펼쳐져 있는데 둘레가 20리이고, 수심은 사람의 배 높이에 지나지 않으나 작은 배가 다닐 수 있다. 동편에는 강문교(江門橋)가 있고, 다리 너머에는 흰 모래 둑이 겹겹이 가로막고 있다. 호수에는 바닷물이 드나들고 둑 너머로는 푸른 바다가 하늘까지 이어져 있다.
>
> — 이중환의 《택리지》에서

경포대의 역사도 깊다. 경포대에는 〈중수기(重修記)〉 현판이 걸려 있어, 그 역사를 알려준다. 1326년(충숙왕 13년)에 인월사 옛터(현재의 방해정 뒷산)에 세웠던 것을 조선 시대에 여러 차례 중수했다는 내용이다. "태조와 세조도 친히 경포대에 올라 사면의 경치에 찬사를 아끼지 않았고", 현재의 건물은 1745년(영조 21년) 부사 조하망이 세운 것이며, "낡은 건물

| 경포 가시연 습지

은 헐어낸 다음, 홍수로 사천면 근처 앞바다까지 떠내려 온 아름드리나무로 다시 지었다"고 한다. 경포대의 풍광도 멋질 뿐만 아니라, 〈중수기〉를 통해 경포대의 건축적 가치와 그 시대별 변화까지 잘 알 수 있다. 이러한 이유로 경포대는 2019년에 보물(제2046호)로 지정되었다.

경포대에 오르니 경포호와 동해, 해송 숲이 한눈에 들어온다. 경포호 인근에는 경포대 외에도 많은 누각과 정자가 있었지만, 세월의 풍파 속에서 터만 남은 것도 있고 아예 흔적이 사라진 것도 있다. 이를 대신하여 크고 작은 수많은 숙박 시설이 풍광을 채우고 있다. 평창 동계올림픽 때 북측 응원단이 묵었다는 숙소, 1998년에 소 떼를 이끌고 방북하여 금강산 관광을 실현한 정주영 회장이 세웠다가 현재는 전면 개축된 호텔이 멀리 우뚝 서 있다.

경포대에서 경포호로 내려가 속초의 영랑호, 고성의 송지호와 화진포 등을 떠올리며 산책로를 걷다 보니 어느덧 길은 가시연 습지로 이어진다. 그런데 경포호에서 습지는 조금 낯설다. 오래전부터 경포호는 유명한 관광지로 손꼽혔지만, 배후의 습지는 쓸모없는 땅이자, 인간이 경작하기 위한 농경지로 개발될 땅으로 여겨져 갈아엎어졌고 그 존재마저 잊혔던 탓이다. 경포호 일원의 습지를 복원하기 시작한 시기는 2000년대다. 시민들과 지방 자치 단체가 습지 자체에 주목하고 그 본연의 모습을 찾기 위해 노력했다. 그런 과정을 거치면서 농경지는 습지로 되돌아갔다. 그러자 멸종 위기종 생물들이 습지를 채우기 시작했다. 문헌 속에서만 전해지던 가시연이 비로소 되살아났고, 다양한 철새가 찾아오기 시작했으며, 삵과 맑은 물에서만 산다는 수달도 살기 시작했다. 습지에서 잔잔한 경포호를 바라보면 마음이 차분해지고 이름 모를 새소리에 머리가 맑아진다. 강릉의 숨은 제일경은 경포 가시연 습지라 칭해도 과언이 아닐 것이다.

'수복'과 실향민

강릉에서 7번 국도를 따라 북으로 향하면, 어느덧 양양에 다다른다. 양양은 1945년 일제 식민 지배로부터 해방됨과 동시에 미군과 소련군에 의해 삼팔선으로 양분되었던 지역이다. 현재의 38선휴게소에서 '3·1만세운동 유적비' 인근에 이르는 기사문리 일대가 바로 삼팔선이 관통한 지점이다. 이곳에는 38선휴게소를 포함해 38편의점, 38선교, 38횟집, 38파크, 38선교회, 38리조트, 38해변 등 삼팔선의 흔적이 여전히 가득하다.

그러나 당시 지도상에 존재하던 삼팔선은 주민의 삶을 양분했다. 하나의 역사문화와 삶이 공유되고 영위되던 곳이 갑자기 단절되었다. 이 일대의 사람들은 한편으로는 관성적으로 기존의 삶의 방식을 이어가려 했고, 다른 한편으로는 갈등의 중심축에 서기도 했다. 강릉과 양양 간에 남한의 광목, 의류, 유황과 북한의 명태, 비료, 펄프 등이 '남북 교역'이라는 이름으로 교환된 것은 필연적이었다. 무장 충돌도 벌어졌다. 1949년 2월에 발발한 '기사문리 포격 사건'은 삼팔선 무장 충돌 사건의 대표적인 사례다.

급기야 1950년부터 1953년까지 3년간 한국전쟁이 벌어졌고, 엄청난 인명 피해와 치열한 격전의 결과, 삼팔선 이북 중동부 일대가 남한에 편입되었다. 경기도 연천, 북부 포천, 강원도 철원, 김화, 화천, 양구, 인제, 양양, 속초, 고성 등이 여기에 해당한다. 이곳들은 모두 한국전쟁 전에 북한 체제가 구축되었던 '과거의 북한 지역'이다. 독일 통일 이후 과거 동독 지역을 여행하는 것이 특별한 경험이듯이, 이미 한반도에는 '과거의 북한 지역'을 여행하면서 그 변화상을 연구하고 생각해 볼 수 있는 아주 특별한 지역이 1950년대에 탄생했다. 이 일대는 1953년 7월 27일에 정전협정이 체결된 이후에도 1년 넘게 유엔군사령부가 점령했다가, 1954년 11월 17일에 대한민국 정부로 이양되었다. 한국 정부는 이 일대를 '수복 지구'라고 명명했다.

속초 동명동의 수복기념탑, 포천 이동면 도평리와 영북면 자일리의 수복기념탑 등이 그러한 역사의 흔적들로, 모두 1954년에서 1955년 사이에 세워졌다. 도평리의 기념탑은 수복 지구 행정권 이양을 앞둔 1954년 10월에 미군과 한국 제5군단이 같이 만들었고, 이승만의 친필 휘호가 새겨진 자일리 기념탑의 제막식(1955년 4월)에는 이승만이 직접 참석하여 수복을 기념했다.

속초의 수복기념탑은 1954년 5월에 세워졌다. 시기적으로 보면, 속초의 것이 제일 이르다. 이는 속초가 비교적 전선(戰線)에서 멀리 떨어져 있어 민간인의 정착이 빨랐던 데에서 연유한다. 속초의 기념탑은 포천의 기념탑과 달리 상단에 모자상이 서 있는데, 오른손에 보따리를 든 어머니와 북쪽을 가리키는 아들이 손을 잡고 어디론가 향하는 듯한, 결의에 찬 모습이다. 그런데 이 모자상은 1954년의 것이 아니라 1983년에 다시 만들어진 것이다. 처음 기념탑이 만들어졌을 때의 모자상은 지금과는 달랐다. 결의보다는 전쟁의 고단함과 고향에 대한 그리움이 더 진하게 묻어났다. 그런 애초의 모자상이 1983년 4월에 강풍으로 파손되어 그해 11월 17일에 다시 세워졌는데, 결기 넘치는 모습으로 변모한 것이다.

한편 속초에는 함경도가 고향인 월남민들이 정착한 마을이 있다. 바로 청호동 '아바이 마을'이다. 수복기념탑을 오른쪽으로 돌아 금강대교와 설악대교를 지나면 청호동에 이른다. 이곳 사람들은 한국전쟁 때 피란하여 월남했다가 고향과 가까운 속초에 모여들었고 분단이 고착되자 이곳에서 뿌리를 내린 이들이다. 전쟁 이후 속초에 유입된 월남민이 4만 8000여 명이었는데, 특히 청호동 거주민의 92.9퍼센트가 함경남도 출신이다. 이들과 함께 북강원도, 황해도, 평안도 출신의 월남민들과 속초 원주민들이 어울려서 살아가고 있다. 이런 점은 속초가 실향민 문화가 주를 이루는 월남 이주민 도시로 형성되면서도 여러 지방의 문화가 서로 융합될 수밖에 없는 배경이 되었다.

절경 속에 새겨진 아픔을 넘어

아바이 마을에서 오른편으로 청초호를 바라보며 다시 7번 국도로 접어들면 이제 길은 고성을 향한다. 고성 화진포에도 '수복'의 흔적이 남아 있다. '화진포의 성(城)'과 '이승만 별장' 등이 그런 예다. '화진포의 성'

은 1938년에 선교사 셔우드 홀의 의뢰로 독일인 건축가 베버에 의해 지어져 예배당으로 사용되었던 건물이다. 해방 이후에는 김일성 수상 가족이 여름휴가를 즐기던 곳이라 하여 '김일성 별장'으로 불리곤 한다. '이승만 별장'은 호수를 사이에 두고 '김일성 별장'과 마주하고 있다. '이승만 별장'은 한국전쟁 직후인 1954년에 건립되어 1960년까지 사용되었다. 1920년대에 외국인 선교사들에 의해 지어진 '이기붕 별장'은 해방 이후에 북한의 휴양소로 사용되다가 수복 이후 당시 이기붕 부통령과 그의 부인 박마리아가 개인 별장으로 사용했던 곳이다. 이렇듯 화진포는 해방 이전부터 아름다운 풍광을 즐기려는 외국인의 별장을 시작으로, 한국전쟁 전후 남북한 정치인들의 별장들이 지어진 곳이다. 화진포의 절경조차도 남북 간 경쟁의 대상이 되었던 모양이다.

이제 화진포는 자연 복원의 현장, 그와 관련된 전시관이자 교육의 현장이 되고 있다. 초도 습지가 조성되어 있을 뿐 아니라, 화진포의 생태와 해양 동식물 정보를 알아볼 수 있는 해양박물관, 생태박물관도 자리하고 있다.

이 여정은 이제 동해북부선 복원의 종착역인 제진역으로 향한다. 제진역은 동해선 남북출입사무소 안쪽에 있다. 동해선 남북출입사무소는 금강산 관광과 이산가족 상봉, 남북 통행을 위한 출입이 이루어지던 곳이다. 그런데 지금은 금강산 관광은 물론이고 모든 남북 교류가 단절된 탓에 한적하다 못해 쓸쓸할 정도다. 2000년대 초반 인파와 활기로 가득했던 곳이라고 상상하기 어렵다. 열차도 단 한 번 시험 운행을 한 뒤로 멈춰 선 상태다. 2007년 5월 17일, 남북 당국은 제진-금강산 구간의 철도를 연결해 열차를 시험 운행한 바 있다.

하지만 동해선 남북출입사무소와 제진역은 미래를 준비하고 있다. 제진역에 마련된 '통일로 가는 평화열차'라는 이름의 기관차와 객차는 금

제진역 |

강산 관광과 남북 교류를 위해 달릴 날을 기다리고 있는 듯하다. 이 열차는 당분간 전국의 학생들이 북한의 도시와 명승지 관광을 체험할 수 있는 공간으로 조성된다고 한다. 남북 간 교류와 출·입경을 직접 체험하고, 인접한 'DMZ 평화의 길'을 걸으며 통일과 평화로운 미래를 더 자유롭게 상상할 수 있기를 바란다. 언젠가는 기차를 타고 금강산과 원산을 수학여행으로 가고, 평라선으로 갈아타 두만강과 나진을 거쳐, 국경을 넘어 시베리아 횡단열차를 타고 유럽까지 여행할 수 있기를 꿈꿔 본다.

• 한모니까

대한민국
평화기행

2
서울

길에서 만난 평화,
길에서 만난 통일

화이부동(和而不同)

가깝게 지내되 다름을 인정하는 태도,

궁극적으로

평화의 염원이 담긴 건물,

황해도 출신 실향민이 기증한 서울 땅에

평화와 통일을 꿈꾸는 집이 세워졌답니다.

서울 종로

한양도성을 걸으며 만나는 '남북 분단과 나'

서울 한양도성은 조선의 수도였던 한성의 치안 유지와 군사적 방위 등을 위해 축조한 성곽이다. 그래서인지 사람들은 흔히 조선 시대의 역사 현장으로 생각하곤 한다. 하지만 그게 다가 아니다. 흔히 '한양도성 백악 구간'이라 부르는 길, 즉 창의문에서 백악산 정상과 숙정문을 지나 삼청동으로 내려오는 코스는 남북 사이에 벌어진 극한 대결과 그것이 한국 사회에 미친 영향을 확인할 수 있는 길이기도 하다. 말 그대로 현대사의 공간인 셈이다.

여정의 시작점으로 지하철 3호선 경복궁역에서 시내버스를 이용해 쉽게 접근할 수 있는 창의문을 추천한다. '자하문 고개' 정류장에 내리면 정면으로 과거에 종로경찰서장을 지낸 최규식 경무관과 정종수 경사의 동상이 보인다. 남북 간 갈등이 최고조로 높았던 1968년에 북한 특수부대와 교전을 벌이다 사망한 경찰관들의 동상이다.

그 북한 특수부대는 31명으로 구성된 북한 정찰국 제124군 소속의 무장 간첩이었다. 사건 날짜를 따서 '1·21사태', 유일하게 생포한 사람의

| 한양도성

이름에 빗대 '김신조 사태'라고 부르는 사건이다. 이 사건 이후 백악산과 인왕산에 대한 시민들의 접근이 일절 금지되었다. 변화의 조짐이 보이기 시작한 것은 그로부터 25년 정도 흐른 1993년부터다. '문민정부'를 표방한 김영삼 정부 이래 김대중·노무현·문재인 정부를 거치면서 인왕산을 시작으로 청와대 앞길, 백악산 등을 개방하기에 이르렀다.

열전의 한복판 1968년

그런데 1·21사태 하나 때문에 이 일대 전체가 금단의 영역으로 묶였을까? 사실 1·21사태는 시작에 불과했다. 그 사건 발발 이틀 뒤인 1월 23일, 이번에는 원산 앞바다에서 작전을 수행하던 미 해군 함정 푸에블로호가 북한군에게 납치되는 사건이 벌어졌다. 그것도 끝이 아니어서, 같은 해 10월 30일부터 11월 2일까지 무려 세 차례에 걸쳐 북한 특수부대원 120명이 울진과 삼척에 침투하는 일까지 터졌다. 진위 논란이 있는 '이승복 어린이'의 '나는 공산당이 싫어요' 일화를 남긴, 흔히 '울진·삼척 무장공비 사건'이라 불리는 사건이었다.

울진과 삼척은 후방 중의 후방이었다. 그런데 그곳이 북한군에게 뚫린 것이다. 심지어 이듬해 4월 15일에는 미군 조기경보기 EC-121 워닝스타가 동해상에서 북한 미그21 전투기에 의해 격추되어 미군 승무원 31명이 모두 사망하는 비극까지 발생했다.

이상한 것은 당시 미국의 반응이었다. 미국은 박정희 정권의 반발에도 불구하고 북한과 스물여덟 차례에 걸쳐 비밀 협상을 벌여 푸에블로

최규식(왼쪽), 정종수(오른쪽)의 동상 |

호에 타고 있다가 납치된 미군 82명과 시신 1구를 11개월 반에 판문점을 통해 송환받는다. 배와 장비는 모두 북한에 몰수되었기에 2021년 현재까지도 '전리품' 푸에블로호는 평양 보통강 변에 정박된 채 현장 박물관으로 활용되고 있다. 미국 정부에게는 수치일 수도 있는 풍경이다.

한국 정부로서는 답답하기만 한 노릇이었다. 국민들은 불안에 떨고 정권 지지도도 급전직하하는데, 작전권을 쥔 미국이 뜨뜻미지근한 데다 한국의 자체적인 강력 대응도 용인하지 않았기 때문이다. 더구나 독재를 이어가기 위한 '3선 개헌'을 전후한 시기였기에 학생 및 재야 세력을 중심으로 한 저항의 움직임도 맹렬했다. 박정희 정권으로서는 무언가 분위기 전환이 절실한 시점이었다.

미국은 도대체 왜 그런 모습을 보였을까? 1968년은 미국 정부로서는 기억하기 싫은 해였다. 1·21사태 하루 전인 1월 20일에 시작된 북베트남군의 '구정 대공세'가 미국을 구렁텅이로 빠져들게 했기 때문이다. 게다가 그해에 미국에서는 제37대 대통령을 뽑는 선거까지 있었다. 지칠 대로 지친 유권자들이 선택한 후보는 '베트남전 조기 종식'을 내걸고 나온 공화당의 리처드 닉슨이었다.

닉슨의 승리는 미국 국민들이 이제 더는 베트남에서의 무모한 전쟁을 원치 않는다는 의미로 받아들여졌다. 그런 시기였기에, 즉 1968년 초에는 '구정 대공세'에 대응하느라, 중순과 말기에는 대통령 선거를 치르느라, 그리고 대통령 선거가 끝난 뒤에는 베트남전 종식을 위해 애쓰느라 한반도에 신경 쓸 겨를이 없었던 것이다. 요컨대 미국 입장에서는 선불리 전선을 두 곳으로 늘릴 수 없는 상황이었다.

일련의 사건이 촉발한 온 사회의 군사화

백악산 정상에서 청운대 또는 숙정문 쪽으로 가는 길목에서 만나는 일명 '1·21사태 소나무'는 그런 면에서 더 인상적일 수밖에 없다. 1·21사태 때 한국 군경과 북한 특수부대 사이에 벌어진 치열한 교전으로 열다섯 발의 총탄이 박힌 소나무인데, 그 사실을 알리고자 안내판도 설치해 두었다. 안내판에는 "이 사건을 계기로 향토예비군이 창설되었다"라고 적혀 있다.

향토예비군은 평상시에는 사회생활을 하다가도 유사시에 소속된 직장이나 동네를 중심으로 소집되어 편성되는 국군 예비 전력이다. 1·21사태나 푸에블로호 납치 사건 때와 달리 울진·삼척 무장 공비 사건의 현장은 전방이 아닌 후방이라 할 수 있는 경북과 강원의 접경지였다. 혹

1·21사태 소나무 |

시 비슷한 사태가 또 생기면 주력 부대가 오기 전까지 침투 세력을 저지할 시간을 벌어야 한다고 판단했고, 그러기 위해서 향토예비군을 창설한 것이다.

심지어 청소년들에게까지도 군사 대비 태세를 요구했다. 안보 의식 함양과 전시 상황에서의 대처 능력을 높인다는 명분으로 교육 훈련, 줄여서 '교련'이라는 과목을 1969년부터 고등학교 필수 과목으로 지정해 매주 한 차례 이상 이론과 실습을 병행하여 학습시켰다. 사관학교도 두 곳이나 더 문을 열었다. 북한 무장 대원들을 소탕하는 과정에서 초급 장교, 즉 소대장급 장교들이 절실히 필요하다는 사실을 깨달았기 때문이라고 한다. 이것이 육군사관학교가 이미 있었는데도 육군 제2, 3사관학교를 추가로 개교한 까닭이다.

또 온 국민을 상대로 주민등록을 하도록 강제했다. 당시에는 딸의 경우 주민등록을 하지 않는 사람도 있었고, 아들이라 해도 곧바로 등록하지 않는 가정이 적지 않았다. 하지만 불심검문(不審檢問) 등을 통해 수상한 자를 걸러내기 위해서는 온 국민의 정보를 파악할 필요가 있었다. '반상회'에도 변화가 찾아왔다. 이웃 중에 혹시 '붉은 생각'을 가지고 있어서 적의 동조자가 될 만한 이가 없나 감시하는 제도로서 활용되었다. 이렇게 온 사회의 군사화 바람이 거세게 불어닥쳤다.

1968년부터 1969년까지 한반도를 둘러싸고 벌어진 일련의 사건이 한국 사회에 미친 영향은 여기서 끝나지 않았다. 김신조의 "박정희 목 따러 왔다"라는 말에 격분해 김일성을 비롯한 북한의 지도부를 직접 타격하기 위한 특수부대도 그때 창설했다. 이른바 '실미도 부대'인데, 보복 의지가 얼마나 대단했던지 구성원도 김신조 부대와 동일하게 31명이었다.

'자주 국방' 사업에 나서게 된 것도 앞서 말한 사건들 때문이었다. 박정희 정권은 군수 무기를 전적으로 미국에 의존해 왔던 이전과 다르게 스스로 개발하겠다며 정책 대전환을 표명했다. 당혹감 때문이었다. 비슷한 상황이 재발할 경우, 미국만 믿고 있다가는 위기에 봉착할 수도 있겠다고 생각했던 것이다. 제아무리 '피로 맺어진 동맹', 즉 혈맹이라 부르던 미국이라 해도 국내 정치 사정 때문에 한반도의 위기 상황을 등한시할 수도 있음을 이미 확인한 터였다.

밖으로 드러내지는 못 했지만 배신당했다는 느낌도 한몫했다. 베트남전 당시 전투부대 파병을 꺼려했던 다른 나라들과 달리, 미국 다음으로 많은 병사를 파병한 국가가 한국이었다. 그나마 전투병을 파병했던 호주의 경우, 주둔 병력이 가장 많을 때가 7600여 명이었던 데 반해, 한국은 거의 매년 4만 5000명 넘게 파병했고 공교롭게도 1968년에 파병한 수는 가장 많은 5만 명에 육박해, 누계가 32만 명에 이를 정도였다. 당혹감과 배신감은 끝내 1970년 자력으로 신무기를 개발하기 위한 기관인 국방과학연구소 창설로 이어졌다. 동북아 평화를 깬다며 미국이 견제해 왔으나 한국의 의지를 꺾지는 못했다.

남산터널, 유진상가, '서울 요새화 계획'

언제 다시 전쟁이 터져도 하등 이상하지 않게 느껴지던 상황과 시대였으니만큼 서울이란 도시 자체를 요새화하는 일에도 박차를 가했다. 먼저 백악산 북쪽을 동서로 잇는 6.7킬로미터 길이의 북악스카이웨이를 뚫었다. 현재는 가족들과 연인들의 드라이브에도 곧잘 이용되지만, 근본 용도는 청와대 북쪽에 주둔한 군부대들이 원활히 이동할 수 있게 하는 군사 작전용 도로였다. 이어 이전까지 깊은 산골이었던 평창동과 부암동 일대를 주거지로 개발했다. 인가를 조성함으로써 북한 특수부대가 산악 지대를 이용해 침투할 경우, 조기에 발각될 수 있게 하기 위한 조처였다.

평상시에는 상업 공간으로 쓰되 유사시에는 지하 대피 시설로 쓸 수 있는 지하도 설치 계획도 나왔고, 1969년 1월과 3월에는 각각 '서울 요새화 계획'과 '남산 요새화 계획'이 잇달아 발표되었다. 평상시에는 교통 소통의 목적으로 쓰되 필요할 때면 각각 15만 명을 수용할 수 있는 방공호로 활용하기 위해 남산에 두 개의 터널을 판다는 것이 그 골자였다. 지금의 남산 1, 2호 터널이 그렇게 건설되었다.

서울 이북과 휴전선 사이에는 도로 중간에 대전차장애물을 설치했다. 도로 양옆에 육중한 콘크리트 덩이를 올려뒀다가, 위급할 때 그걸 지탱하는 다리에 뚫어놓은 구멍 속에 폭약을 넣어 터뜨려서 도로를 차단하는 구조물이다. 주변 논밭에는 장애물과 평행하게 마치 토성처럼 생긴 둔덕을 쌓았고, 하천 바닥에는 방파제의 테트라포드를 닮은 용치(龍齒)를 박아두었다. 예를 들면, 서울 월드컵공원 옆 자유로를 지날 때에도 이것들을 볼 수 있는데, 모두 북한군의 기동 속도를 늦추기 위한 아이디어였다.

심지어 민간 건물을 건설할 때조차 전쟁 대비를 게을리하지 않았다. 대표적인 사례가 서울지하철 3호선 홍제역 옆에 있는 주상 복합 빌딩 유진상가다. 지금이야 서울 서쪽의 남북 간 왕래 도로가 자유로, 제2자유로 등 여럿이지만 1980년대 말까지만 해도 서울역에서 홍제역을 거쳐 고양 원당, 파주, 이어 개성과 평양으로 연결되는 통일로가 유일했다. 그 말은 반대로 다시 전쟁이 터지면 북한군이 밀고 내려올 길도 통일로라는 뜻이었다. 1970년에 완공된 유진상가 설계안에 대전차장애물의 성격을 가미했던 까닭이 바로 이것이다.

실제로 동서로 길게 들어선 유진상가에 가 보면 동시대에 지어진 다른 건물들과 사뭇 다르게 설계된 것을 확인할 수 있다. 유독 1층 북쪽 면이 기둥만 세우고 벽면을 없앤 필로티 구조로 되어 있다. 기둥 사이의 간격과 층고는 딱 탱크나 야포 한 대를 은폐하거나 엄폐할 수 있는 너비와 높이다. 그뿐만이 아니다. 지금은 철판으로 막아두긴 했으나 그 기둥들에는 작은 구멍이 뚫려 있었다. 도로에 만든 대전차장애물의 원리와 똑같다. 상황이 여의치 않으면 폭파해 주상 복합 빌딩을 거대한 대전차장애물로 삼으려는 것이었다. 이렇듯 건물 하나를 지을 때조차 북한이란 존재는 무겁게 계산되었다.

'명문고 이전'의 상징적 장소, 정독도서관

안보 위기와 관련한 또 다른 당면 과제는 급증하는 서울 인구를 분산하는 것이었다. 1945년에 90여만 명에서 1953년 100만 명으로 증가 속도가 느렸던 서울 인구가 1967년에는 이미 400만 명을 돌파하고 있었다. 수백만 서울 시민은 불안해할 수밖에 없었다. 1950년에 전쟁이 터지자마자 피란을 떠나지 못한 이들이 서울에 발이 묶여 3개월간 북한군 치하에서 고초를 겪어야 했고, 인천상륙작전으로 서울을 수복한 뒤에도 부역자 처벌이란 이름의 또 다른 비극이 펼쳐졌던 기억이 있었기 때문이다.

강남 개발이 본격화된 것이 그때다. 시작은 앞서 1966년에 착공했으나 지지부진하던 공사 속도를 끌어올려 1969년에 완공한 제3한강교였다. 지금은 한남대교라 부르는 이 다리 개통식에 박정희 부부가 직접 참석했을 정도로 정권의 사활이 걸린 사업이었다.

그런데 문제는 예상과 달리 정작 어느 시민도 강남으로 가려 하지 않았다는 점이다. 남북 간 충돌 양상이 두려워 보이기는 해도, 앞서 6·25로 모든 것이 파괴된 이래 재건 도상에 있던 당시 서울 시민들이 당장 중요하게 생각한 것은 내 아들딸의 교육이었기 때문이다. 당시에 명문고란 명문고는 모두 한강 이북 지역에 있었던 것이다. 다시 정부와 서울시가 나섰다. 명문 고등학교들의 강남 이전을 추진한 것이다.

이런 내막을 살펴볼 수 있는 곳을 백악산 하산길에 만날 수 있다. 한양도성 말바위 안내소에서 삼청공원 쪽으로 내려와 사람들과 차로 북적이는 삼청로를 따라 걸으면 정독도서관에 닿는다. 넓은 정원을 지나 본관 앞에 서면 '正讀圖書館(정독도서관)'이라고 쓰인 금빛 주물 글자가 눈에 들어온다. 박정희의 친필이다. 그가 쓴 실제 정독도서관 휘호는 국가기록원에 남아 있는데, 정독도서관 행정지원과에도 "책은 만인의 것"이라고 쓴 액자가 걸려 있다. 대통령으로서 이 도서관에 꽤 관심이 많았구나 싶은 대목인데, 그도 그럴 것이 정독도서관은 여러 명문고들 가운데 가

| 정독도서관

장 먼저 강남으로 이전해 간 경기고의 옛 건물과 터를 큰 변화 없이 그대로 활용하고 있는 공간이다.

1976년에 경기고가 강남구로 이전해 갔고, 그 이후 서울고와 배재고, 휘문고, 보성고, 중동고, 경기여고, 창덕여고 등도 앞서거니 뒤서거니 강남구와 서초구 일대로 옮겨 갔다. 효과는 확실했다. 1974년부터 시험 성적이 아닌 추첨으로 고등학교를 배정하는 '고교 평준화'까지 시행했던 터라 해당 고등학교 주변으로 이사를 가지 않는 한 명문고에 입학할 방법이 없었다. 명문고가 있는 지역을 중심으로 '강남 8학군'이라는 말이 입길에 올랐다. '말죽거리 신화'가 탄생하는 순간이었다.

남북 관계를 통해 본 역사와 나의 관계

마지막 답사지는 사람들로 붐비는 삼청동 골목이다. 정독도서관을 나와 삼청로 건너의 팔판길 16과 30, 31을 연이어 지나다 보면 전봇대처럼 보이지만 전봇대는 아닌, 10~15미터 높이의 지주를 여럿 만날 수 있다. 청와대 경비·경호를 위해 낮에는 연막탄을, 밤에는 조명탄을 쏘는 발사대 지주로 쓰려고 세운 시설물들이다. 내용을 모르고 보면 그것들이 남북 대결의 흔적일 거라고는 전혀 생각하지 못할 테지만, 우리 주변에는 인식하지 못하나 분명히 존재하는 것들이 있다. 바로 북한이란 존재와 남북 갈등이라는 상황, 그리고 여전히 지속되고 있는 남북 분단이 잉태한 부조리들 말이다.

대표적인 모순이 안보 위기를 구실로 삼은 독재의 공고화다. 1960년대 말 이후 박정희 정권이 취한 각종 대응책을 단순히 대북용으로만 봐서는 안 된다. 박정희 정권은 북한에 대응하는 한편 불안과 공포심을 빌미로 국민들의 정치적 저항을 억누르는 안보와 독재 병행 전략을 취했다. 남북 간 극한 대결은 전시에 버금가는 동원 체제를 구축함으로써 1969년 10월 21일에 3선 개헌안을 공포·시행하고 1972년에 유신, 즉 초헌법적 종신 독재로 직진해 가는 데 더없이 적확한 구실이었다.

시시때때로 재발한 남북 간 충돌과 오랜 기간 지속된 독재의 잔상은 지금도 여전하다. 아직도 남자들은 군 제대 뒤에도 예비군 훈련을 받아야 하고, 사회 전반에 퍼져 있는 상명하복식 군사 문화의 때도 다 빠지지 않은 듯하다. 역설적이게도 전후 유독 강하게 표출된 교육열이나 강남 집값 폭등 같은 현상을 살펴봐도 한국인의 일상이 6·25전쟁 및 남북 분단과 유기적으로 얽혀 있음을 알 수 있다. 2020년대를 살아가는 시민들의 일상도 정치도 남북 관계로부터 자유로울 수 없다는 것을 명징하게 깨달을 수밖에 없는 대목이다.

• 권기봉

서울 용산

'일제의 캔버스'에서 '시대의 인큐베이터'로

조선 왕조 이래 서울의 핵심 공간 중 하나였던 남산은 말 그대로 권력의 공간이었다. 조선 왕조의 개창과 함께 설치된 국사당은 남산의 정치적 위상을 웅변한다. 일제강점기에 세워진 조선신궁을 비롯해 경성신사, 노기신사, 호국신사 등 조선 지배에서 정신적 구심체 역할을 한 건물이 자리했던 곳도, 조선주차군이라 불렸던 일본군 기지와 사령관저 등 폭력적 지배의 핵심 역할을 맡은 곳들이 있었던 곳 역시 남산이다. 해방 이후에 들어선 안중근의사기념관 등은 남산의 상징성을 다시금 바꾸려는 시도의 일환이었다. 그만큼 이 공간이 지닌 정치적 의미는 실로 깊었다.

남산의 가치는 거기서 멈추지 않는다. 사회적 약자들을 보듬기 위한 인큐베이터 역할을 해온 곳 역시 이 일대다. 월남민과 피란민이 남한 사회에서 정착하기 위해 거친 곳이 남산이었으며, 전쟁고아와 남겨진 여인들을 보듬은 곳 역시 남산 자락에 있었다. '권력의 공간'으로 시작됐으나 '시대의 인큐베이터'로 거듭난 남산이 지닌 가치를 들여다보자.

골목길에 남아 있는 식민 지배의 흔적

먼저 남산에 오를 것을 추천한다. 정상까지 갈 필요 없이 중턱까지만 가도 주변 조망이 가능하다. 가장 먼저 찾아갈 곳은 용산도서관 옆에 위치한 일명 '후암동 전망대'다. 원래는 경사가 심한 지형 특성상 주민들의 편의를 위해 놓은 엘리베이터지만, 상부 승강장이 일대의 풍경을 조망할 수 있는 전망대 역할을 하기도 한다.

서울역 10번 출구로 나와 '지도 앱'을 켜고 '용산도서관'을 입력하면 1킬로미터도 안 된다고 뜬다. 하지만 거리는 짧아도 경사가 있으니 걸어서 20~30분 정도 걸린다는 점을 염두에 두자. 시내버스로도 갈 수 있는데, 서울역 버스환승센터에서 402번 버스가 숭례문을 돌아 용산도서관 앞을 지나간다.

전망대에 서면 관악산이 있는 남쪽 방향으로 전쟁기념관이 한눈에 들어온다. 그 주변 지역이 일본군 기지가 자리했던 공간이다. 그곳과 후암동 전망대 사이가 과거 일본인의 거주 구역이었다. 전국으로 뻗어 있는 철도망과 가까운 데다, 상업 시설이 모여 있던 지금의 명동과 충무로, 행정 중심지인 태평로와 세종대로로의 접근성도 좋았기에 그곳에 자리 잡았던 것이다. 더욱이 평지에 거주하는 것을 선호한 조선인들과 달리, 쓰나미 같은 자연재해 때문에 평지보다는 구릉이나 산 사면을 높이 쳐주는 일본 특유의 거주지 선호도도 이 일대가 일본인들의 주거지로 각광받게 하는 데 한몫했다.

실제로 골목을 걸어보면 견치식, 즉 개의 이빨 모양처럼 마름모꼴 돌로 쌓은 일본식 축대를 자주 만날 수 있다. 현재 게스트하우스로 이용되고 있는 '지월장'에 찾아가면 축대며 건물이며 일제강점기의 모습 그대로 남아 있는 것을 목격할 수 있다. 1920년대 초에 황해도에서 철도 관

| 지월장

련 사업을 했던 일본 서선(西鮮)식산철도주식회사의 상무이사 니시지마 신조의 별장으로 알려진 건물이다. 현재는 코로나-19 탓에 문이 닫힌 상태여서 안에 들어가 보기는 어려워도 밖에서 어느 정도 관찰이 가능한데, 당시 일본인 사업가의 위세를 가늠해 볼 수 있다.

광복과 전쟁의 혼란 속 이주민들의 보금자리로

광복 이후 가장 먼저 이 일대에 들어온 이들은 공산 정권의 탄압을 피해 내려온 월남민들이다. 황석영의 소설 《손님》을 읽어보면 그때 상황을 이해하는 데 도움을 얻을 수 있다. 당시 한반도에서 기독교 세가 강했던 곳은 평안도와 황해도 같은 이른바 서북 지방이었다. 그곳 기독교인들이 탄압을 피해 월남하여 집단적으로 거주했던 곳이 바로 후암동과 나중에 찾아갈 해방촌 주변이었다.

그 역사를 증언해 주는 시설이 멀지 않은 곳에 있다. 지월장에서 260여

미터 떨어진 곳에 있는 영락보린원이다. 이곳은 1903년에 평안남도 평원에서 태어난 한경직 목사가 1939년에 처음 신의주에 개원한 사회복지 시설이었다. 그런데 광복 직후 북한 지역에 속해 소련 군정 아래 놓이다 보니 활동에 제약이 적지 않았다고 한다. 더욱이 북에서는 기독교 탄압이 극심했기에 월남을 결정할 수밖에 없었다. 그리하여 1945년에 한 목사를 비롯해 직원과 원생 모두가 월남해 왔다.

이들이 남쪽으로 와서 가장 먼저 여장을 푼 곳은 서울 충무로2가 일대로, 거기에 월남민을 중심으로 베다니전도교회를 세웠다. 서북 지방의 월남 교인들이 몰려들면서 얼마 지나지 않아 이 교회는 서울 최대 규모의 교회가 되었다. 1946년에는 이름을 지금의 '영락교회'로 바꾸었는데, 1950년 확장 공사와 함께 교회당 주변 빈터에 천막을 치고 집 없는 피란민들에게 거처를 제공하기도 했다.

교회와 함께 있던 보린원이 후암동의 지금 자리로 이전한 것은 1947년경이다. 하지만 6·25전쟁은 이들을 더 남쪽으로 내몰아, 1·4후퇴 땐 아예 제주도로 피란을 떠났다가 서울 수복 뒤에야 다시 돌아올 수 있었다. 전쟁통에 수많은 고아가 생겨날 수밖에 없었는데 그들을 보듬은 사람들이 바로 전쟁으로 고향을 떠나와야만 했던 사람들이었다는 점에서, 그 극단적 폭력의 상황에서도 사랑이 힘을 발휘할 수 있다는 사실이 다시금 위대하게 느껴진다.

월남민들이 써 내려간 역사에서 어두운 면이 전연 없었던 것은 아니다. 월남한 실향민들 중 상당수가 탄압을 피해 내려온 이들이다 보니 태생적으로 반공 성향이 강했다. 광복 이듬해에 그런 의지가 응축되어 만들어진 단체가 서북청년회다.

서북청년회 회원들은 군이나 경찰이 나서기 애매한 순간에 나타나 정치적 반대자나 일반 시민들에게 테러를 일삼았다. 심지어 백범 김구를 암살한 현역 육군 소위 안두희도 평북 용천 출신의 서북청년회 소속이었다. 이들은 이승만 정권의 국가폭력에 동원되거나 스스로의 의지로 참여했다. 대표적인 사례가 제주 4·3이었다. 육지 군경과 함께 입도해 남녀노소 가리지 않고 죄 없는 제주도민들을 상대로 극한의 폭력을 휘둘렀다. 그들이 좌경분자 처단이라는 미명 아래 탄압하고 살해한 이들이 4·3 희생자를 포함해 30만 명에 달한다는 보고도 있다.

과연 무엇이 그들을 그런 극한으로 내몰았을까? 공산 정권에 의해 고향을 떠나 물 설고 땅 선 곳으로 와야 했던 이들의 심정을 100퍼센트 이해할 수는 없지만, 아마도 그 분노와 원망이 그들로 하여금 반공 성향을 끝 간 데 없이 벼리게 했던 것은 아닐까. 동시에 6·25전쟁 이전까지는 삼팔선만 그어져 있었지 지금처럼 완전히 단절되지는 않았기에 왕래도 가능했는데, 그런 상황에서 사투리나 말투 탓에 간첩으로 의심받을까 봐 더 극단적으로 나갔던 것은 아닐까.

영락보린원을 세운 한경직 목사도 서북청년회로부터 완전히 자유롭지는 않았다는 이야기가 있다. 김병희가 쓴 《한경직 목사》에는 한 목사의 증언이 나온다.

> 그때 공산당이 많아서 지방도 혼란하지 않았갔시오. 그때 '서북청년회'라고 우리 영락교회 청년들이 중심되어 조직을 했시오. 그 청년들이 제주도 반란 사건을 평정하기도 하고 그랬시오. 그러니까니 우리 영락교회 청년들이 미움도 많이 사게 됐지요.
>
> — 김병희, 《한경직 목사》에서

"미움도 많이 사게 됐지요"라는 말이 언뜻 보면 회한 섞인 표현 같기도 하지만, 말 한마디로 넘기기에는 비극의 규모가 너무 크고 또 깊었다.

'일제의 캔버스', 남산

영락보린원에서 나와 용산중학교 뒤쪽 삼거리를 지나면 '후암동 108계단'이라 불리는 계단을 만난다. 그런데 유심히 들여다보면 석질이 요즘 돌 같지 않다. 바로 일제강점기에 이곳에 있던 호국신사 진입용 돌계단이다. 그러고 보면 남산은 '일제의 캔버스' 같은 역할을 했다. 조선 시대에 봉수대가 있었을 정도로 사대문 안에서는 어디서나 잘 보였고, 인왕산이나 백악산 등에 비해 경사도가 낮고 면적이 넓은 데다 일본인들의 거주지와도 가까웠기 때문이다. 그래서 훗날 조선총독부로 확대 개편되는 통감부가 이곳에 들어섰다. 이토 히로부미를 기리기 위해 지은 박문사(博文寺)도 남산 동북쪽 사면에 있는 장충단 터에 지어졌다.

일본 본토에도 열다섯 개밖에 없는 신궁(神宮)이 한반도에서 유일하게 지어진 곳도 남산이었다. 조선 신궁은 숭례문 근처 밀레니엄힐튼호텔에서 시작해 백범광장을 지나 안중근의사기념관, 옛 남산식물원 터를 아우르는 광대한 면적을 자랑했다. 지금의 숭의여대 자리에는 경성신사도 들어섰다. 러일전쟁 당시 뤼순 전투에서 세운 공적으로 군신(軍神)으로까지 추앙받은 노기 마레스케를 기리기 위한 노기신사도 남산에 자리를 잡았다. 남산 북서쪽에 있는 사회복지 법인 남산원에 가보면 지금도 석등 받침을 비롯한 유구가 여럿 남아 있다.

이처럼 남산에는 일본의 실질적 지배 기구뿐만 아니라 박문사와 신사 등 정신적 지배를 위한 시설들이 배치되었다. 남산은 마치 일제가 조선 지배에 대한 의지를 담아 그림을 그리는 캔버스와 같은 역할을 했다. 전장에서 죽은 군인들을 기리는 호국신사도 당연히 남산에 세워졌다. 중일전쟁과 태평양전쟁 같은 침략전쟁으로 전사자가 늘어나자 그들을 기린다는 명분으로, 또한 전쟁에 대한 피로감을 낮춰 조선 청년 징집을 독

후암동 108계단 |

려하는 분위기를 고조하고자 1943년 말에 조성했던 시설이다. 일종의 '작은 야스쿠니 신사' 격이었다.

'배일운동의 본거지'이자 '불령선인의 소굴'이라는 훈장

후암동 108계단을 따라 올라가면 골목들 사이에 지금은 사회복지 법인 '백산 해오름빌'이라 불리는 곳이 나오는데, 옛 이름은 해방모자원이다. 정전협정 체결 직전인 1953년 3월에 모자(母子)만 남은 가정을 지원하기 위해 설립된 사회복지 시설이다. '해방과 함께 태어나 전쟁과 함께 자란' 해방촌의 성격을 가감 없이 설명해 주는 시설 중 하나다.

그런데 도대체 '해방촌'이란 말은 언제, 어디서, 왜 붙여진 걸까? 후암동 108계단이 있는 곳에서부터 옛 해방모자원을 포함해 언덕 건너편의 녹사평대로 사이에 위치한 용산동2가 일대를 콕 집어서 해방촌이라 부르곤 한다. 후암동에도 적지 않은 월남민들이 들어왔지만, 특히 이 일대는 일본군 제20사단의 사격장이 있던 곳으로, 해방 이후 비교할 수 없이 많은 월남민이 남부여대로 들어왔다. 그리고 주인 없는 나대지 같은 땅에 움막과 판잣집이 들어서면서 비로소 해방촌이 탄생했다.

후암동 쪽과는 다르게 이곳엔 월남민들이 세운 학교의 흔적도 여럿 남아 있다. 숭실학교가 대표적이다. 애초에 1897년 미국 북장로교 선교사 윌리엄 베어드가 주도해 평양에 설립했던 학교로, 숭실중학교, 숭의여학교, 숭실전문학교, 이른바 '3숭'으로 발전해 갔다.

숭실학교를 가리키는 별칭이 의미심장하다. 원한이나 불만을 품고 일본의 통치에 저항하는 조선인들의 근거지라며 '불령선인(不逞鮮人)의 소굴' 또는 '배일(排日)운동의 본거지'라 불리곤 했다. 을사늑약 반대운동을 시작으로 '105인 사건', 평양 3·1독립만세운동, 광주학생운동, 그리

| 해방촌 전경

고 신사참배 반대운동을 주도하는 등 일제의 식민 통치에 맞선 민족운동의 최전선에 늘 숭실학교 재학생이나 졸업생 혹은 교사 들이 있었다. 결국 시간이 갈수록 문제가 커졌다. 조선총독부가 신사 참배를 더욱 강하게 요구해 온 것이다. 이때 숭실학교가 택한 길은 '자진 폐교'였다. 다른 학교나 종교, 종교인 중 상당수가 일본의 억압에 결국 무릎을 꿇은 데 반해 숭실학교는 1938년에 신앙적 양심을 저버릴 수 없다며 자진 폐교로써 저항했다.

학교는 문을 닫았어도 진리와 봉사라는 건학 이념은 학교가 있을 때나 없을 때나 잊히지 않았다. '대한민국 임시정부의 파수꾼' 역할을 했던 차리석, 물산장려운동을 이끈 민족운동가 조만식, "학도야 학도야 저기 청산 바라보게/고목은 썩어지고 영목은 소생하네/동방의 대한의 우리 청년 학도들아/놀기를 좋아말고 학교로 나가보세"라는 〈학도〉가를 작사한 이 땅 최초의 서양 음악 교사이자 음악가인 김인식, 시대의 흐름을 수려한 문체로 그려낸 한국 현대 소설의 거목 황순원, 식민지 지식인으로서의 삶을 치열하게 고민하고 성찰한 민족시인 윤동주, 민주화운동과 통일운동의 거목 문익환 목사까지…. 숭실학교가 배출한 독립운동가와 사회 지도자, 문화예술가, 종교 지도자를 꼽자면 끝이 없을 정도다.

그런 숭실학교 구성원들이 종교와 사상과 언론의 자유를 찾아 서울로 내려온 시기는 해방 직후다. 그런데 공교롭게도 그들이 학교를 세운 터가 바로 호국신사 터다. 신사 참배를 거부하다 폐교했던 학교가 재개교한 자리가 신사 터라니…. 역사의 장난치고는 얄궂기만 한 풍경이다. 지금도 옛 학교 터에는 숭실학교의 역사와 학교가 낳은 걸출한 인물들을 소개하는 기념비와 전시물이 방문자를 맞이한다.

월남민들을 보듬은 시대의 인큐베이터, 해방촌

이제 신흥로를 건너 해방촌에서 가장 높은 곳으로 올라가 보자. 영락교회가 남산의 반대편 사면에 있는 데 반해 이곳에는 초기부터 터줏대감처럼 자리 잡은 교회가 있다. 1947년에 설립된 해방교회다. 멀리서 해방촌 일대를 바라볼 때 한복판 가장 높은 곳에 보이는 십자가가 바로 해방교회의 십자가다. 다른 교회들과 함께 월남민들을 품어주었던 교회 중 하나다.

물론 종교만이 인간을 구원할 수 있는 것은 아니다. 숭실학교가 그러했듯 교육이야말로 월남민들의 남한 사회 정착과 성장을 위해 더없이 절실한 도구였다. 해방교회 근처에도 학교들이 있는데 바로 보성여중과 보성여고다. 이 학교들 역시 앞서 1907년에 평북 선천에서 미국 선교사 노먼 휘트모어가 문을 열었는데, 1950년에 월남해 재개교했다.

영락교회나 해방교회가 월남민들의 정신적 지주 역할을 했다면 기독교계 학교인 숭실학교와 보성여중·고는 그들이 새로운 체제로 진입하는 데 징검다리 구실을 했다. 해방촌만이 아니라 서울 다른 지역에 사는 월남민들도 먼 등하굣길에 아랑곳하지 않고 자녀를 이 학교에 보내려 했다는 것을 보면, 전쟁 중에 북에서 남으로 내려온 사람들에게 이들 학교가 지닌 상징성을 어렵지 않게 상상해 볼 수 있다.

그리고 이 모든 것을 가능하게 한 것 중 하나, 그것은 입지다. 해방촌 남쪽에는 일본군 기지를 대체하고 들어선 미군 기지가, 북쪽으로 2킬로미터 밖에는 남대문시장이, 그리고 그보다 더 가까운 곳에는 장삼이사들이 들고나는 서울역이 있었다. 튼튼한 육신 말고는 별다른 자산이 없던 월남민들이 할 수 있는 일은 대부분 육체노동을 통한 벌이뿐이었다. 그들은 지리적 이점을 활용해 군복을 염색하거나 스웨터를 짜고, 담배를 말거나 날품을 팔아 생계를 꾸려나갔다. 해방촌 주민의 80퍼센트가 '사제' 연초 제조업에 종사해, 해방촌을 '제2의 전매청'이라 부를 정도였다고 한다. 해방촌이 다른 달동네들과 달리 도심에서 멀지 않은 곳에 위치했기에 가능했던 일들이다.

잎사귀가 떨어지면 제 뿌리로 돌아가듯 인간도 제 고향을 그리워한다는 혹은 돌아가고야 만다는 '낙엽귀근(落葉歸根)'의 이치가 아니라, 떨어진 자리에 적응해 살아가야 하는 '낙엽생지(落葉生地)'의 처지를 확인할 수 있는 공간 해방촌…. 실제로 분단과 전쟁은 수많은 이들을 고향에서 내몰았지만, 그로 인한 이주는 역설적이게도 물적 토대를 이루어 새 사회에 정착할 수 있는 기반이 되어주기도 했다. 후암동과 해방촌을 걸어보면 그 고된 삶의 애환들이 곳곳에 배어 있음을 알게 된다.

• 권기봉

서울 중구

정동과 서울광장, 열패감을 넘어 희망으로

1905년의 을사늑약에 이어 1910년 한일강제 병합조약, 그리고 이어진 일제강점기…. 거기에 해방 직후 친일 청산도 제대로 하지 못한 상황에서 터진 6·25전쟁, 그 이후 오랜 기간 지속된 독재의 역사…. 많은 한국인들이 근현대사를 생각할 때면 열패감에 젖곤 한다.

하지만 그것이 합당한 평가일까? 힘든 시간을 거쳐 온 것이 사실이긴 하다. 그러나 광복 이후 한국은 경제 성장과 함께 민주주의 발전에서 인류 역사상 유례없는 길을 개척하기도 했다. 그 점을 명실공히 느낄 수 있는 곳이 서울 한복판에 있다. 가본 적은 없을지 몰라도 한 번쯤 들어봤을 새문안로와 덕수궁 돌담길, 서울광장이 그런 곳들이다. 이제 지극히 익숙한 공간 속에 숨어 있는 낯선 이야기를 살펴보고 우리가 나아가야 할 길을 고민해 보자.

| 경희궁 방공호 입구

사대문 안 곳곳에 남아 있는 태평양전쟁의 흔적

서울에 일제강점기의 흔적이 남아 있다는 것은 이미 잘 알려진 사실이지만, 태평양전쟁기의 흔적을 특정해서 이야기하면 놀라는 시민이 적지 않다. 새문안로 중간쯤에 있는 서울역사박물관이 대표적인 경우다. 이 박물관 주차장 안쪽에는 이른바 '경희궁 방공호'로 불리는 시설이 숨어 있다.

태평양전쟁 당시에 일본은 미군의 폭격, 그중에서도 모든 것을 불살라 버리는 소이탄에 대한 공포가 가장 컸다. 그래서 만든 것이 '방공호(防空壕)'와 '소개공지(疏開空地)'다. 먼저 방공호를 살펴보자. 방공호는 폭격에 대비하기 위해 땅 밑을 파 중요 시설물과 인원을 은폐·엄폐하려고 만든 구조물이다. 전하는 바에 따르면, 왕과 왕비의 침전이었던 경희궁 융복전과 회상전 터에 자리 잡은 이 방공호는 1944년경에 통신 시설을 갖춘 군사령부로 쓰기 위해 만든 것이었다고 한다. 보통 땐 출입문을 잠가두지만, 서울역사박물관 직원의 도움을 받아 들어가 살펴보니 폭이

9.3미터, 높이가 5.3미터, 길이는 107미터에 달했다. 그리고 지하 2층 구조에 방은 열 칸 정도 있었다.

한편 소개공지는 한자 그대로 폭격으로 불이 나더라도 주변으로 번지는 것을 막기 위해 사이사이를 철거해서 비워둔 땅을 의미한다. 당시 주요 소개공지를 지금의 이름으로 바꾸어 살펴보면 다음과 같다.

① 서울역~신세계백화점 앞 퇴계로 일부: 너비 40미터, 길이 1080미터

② 필동~신당동: 너비 40미터, 길이 1680미터

③ 서울역(서부)~갈월동: 너비 30미터, 길이 800미터

④ 서울역~충정로: 너비 30미터, 길이 약 600미터

⑤ 종묘 앞~대한극장 앞: 너비 50미터, 길이 1180미터

하지만 철거 작업을 끝낸 지 채 두 달도 안 되어 일본이 패망하면서 6·25전쟁이 끝날 때까지도 그대로 방치되어 있었다. 그랬다가 ①~④는 퇴계로와 청파로, 중림로 등의 도로로 바뀌었고, ⑤에는 거대한 세운상가군이 들어서 오늘에 이르고 있다.

그러고 보면 등잔 밑이 어두웠다. 방공호는 대로인 새문안로에서 떨어진 안쪽 깊숙한 곳에 숨어 있어서, 소개공지들은 그동안 안내판 따위를 세워두지 않아서 오랫동안 서울에서 산 시민이라 해도 이런 공간이 있는지 아는 이가 거의 없었다. 그러나 알게 모르게 서울 사대문 안 곳곳에는 태평양전쟁의 흔적이, 즉 역사의 흔적이 산재해 있다. 다만 관심을 두지 않았기에 여태 보이지 않았을 뿐이다.

폭력적 권력과 '상징 전복'

방공호 철문 앞에 있는 계단을 통해 위로 올라가면 조선의 5대 궁궐 중

하나인 경희궁이 보인다. 1910년에 일본인들의 자녀 교육을 위해 경성중학교를 세운다며 거의 다 헐어버린 탓에 지금의 경희궁 전각들은 1980년대 후반에 다시 지은 것들이다. 다행히 옛 경희궁 건물 가운데 유일하게 남아 있는 건물이 있다. 정문인 흥화문이 그것이다. 하지만 원래의 자리를 그대로 지키고 있지는 않다. 1932년에 일제가 지금의 서울 장충동 신라호텔 자리에 있던 장충단 터에 이토 히로부미를 기린다며 박문사라는 사찰을 지은 적이 있는데, 그때 떼어다가 재조립해서 정문으로 쓰던 것을 광복 이후 다시 경희궁 터로 옮겨 온 것이다.

그런데 일본은 왜 굳이 흥화문을 이축해 박문사 정문으로 삼았을까? '상징 전복'의 의도가 있었다. 굳이 설명할 필요도 없이 건축물이나 공간의 용도를 변환함으로써 세상의 중심이 조선에서 일본으로 바뀌었음을 설파하려 했던 것이다. 이미 일본은 메이지 유신 과정에서도 에도 막부의 근거지를 우에노온시(上野恩賜) 공원으로 바꾸어 민간에 공개한 전례가 있었다. 이때 '온시'는 우리 발음으로 '은사'라 읽는다. 천황이 옛 권력의 독점 공간을 일반 백성에게 직접 내려주었다는 뜻이다. 다시 말해, 우에노온시 공원은 막부가 이끌던 옛 권력은 명을 다했고 이제 천황 중심의 새로운 중앙 집권적 국가로서의 일본국이 성립되었다는 정치적 프로파간다의 수단이었다.

일본은 비슷한 콘셉트의 행위를 식민지 조선에서도 했다. 많고 많은 공간 중에 일부러 조선 왕조의 중심 궁궐인 경복궁을 일본의 발전상을 선전하는 조선물산공진회와 조선박람회 등의 전시장으로 이용했고, 창경궁을 동물원으로 바꿔버린 것처럼 말이다. 박문사를 지을 때도 마찬가지였다. 역대 왕들의 어진을 봉안해 두던 경복궁 선원전과 그 부속 건물을 옮겨다가 승려들의 생활공간으로 삼았고, 고종의 위엄을 상징하던 석고각을 떼어다 종각으로 재활용했으며, 경희궁 흥화문을 사찰의 정문

| 경희궁 흥화문

으로 만들어버렸던 것이다. 역사적 상징성을 띤 건축물들이 폭력적 권력에 의해 어떻게 왜곡될 수 있는지를 보여주는 대목이다.

잊혔다 되살아난 경교장

경희궁 서쪽에는 강북삼성병원이 있다. 이 병원의 현관 역할을 했던 건물이 있는데 한번 유심히 들여다볼 필요가 있다. 모양도 소재도 주변 건물들과는 사뭇 다르다. 일제강점기에 죽첨장(竹添莊)이라는 이름으로 건설된 이래, 해방 이후에는 대한민국 임시정부의 마지막 청사이자 남북통일운동의 산실로서 이용된 경교장이다.

이 집의 원래 주인은 일제강점기에 금광업 등으로 막대한 부를 자랑한 최창학이라는 이였다. 국민정신총동원조선연맹 이사를 지내고 일본군에 군용기를 헌납하는 등 적극적인 친일 부역을 했던 것으로 보아, 자신은 조선인이 아니라 이미 일본인이 되었음을 강조하려 했던 것일까? 건물의 이름을 갑신정변을 전후한 시기에 주한 일본 공사로 있으면서 일본의 이익 관철을 위해 애쓴 다케조에 신이치로(竹添進一郎)의 성에서 따온 점이나, 바닥을 일부러 일본식 다다미로 한 점 등이 특이하다.

그런데 그가 미처 예상하지 못한 사건이 벌어진다. 1945년 8월 15일이 오고야 만 것이다. 권력의 향배에 민첩하게 반응하고 시류에 재빨리 올라타는 친일 부역자의 특성이 다시 한번 발휘된다. 자신의 전력을 세탁하기 위함이었는지 이 건물을 대한민국 임시정부가 사용할 수 있도록 내놓은 것이다. 재정 여건이 좋지 않던 임시정부는 환국 이후 결국 이 건물을 이용하게 되었는데, 계속 죽첨장이라는 이름을 쓸 수는 없었기에 근처의 다리 이름을 따 경교장이라 바꾸고 임시정부의 청사이자 통일운동의 근거지로 활용했다.

그러나 이 건물이 그러한 역사를 안고 있었다는 사실은 그 이후 오랜 기간 잊혔다. 그도 그럴 것이 백범 김구가 암살당한 곳이 바로 이 건물 2층 왼쪽 끝방이었으며, 김구의 사후 최창학이 건물을 되찾아간 이래 자유중국 대사관이나 베트남 대사관저 등으로 쓰였고, 1968년에는 강북삼성병원의 전신인 고려병원에 인수되면서 임시정부와 김구의 흔적은 사라져갈 수밖에 없었다. 생전 독립과 자주통일, 자유를 주창했던 김구는 이승만과 박정희, 전두환 등으로 이어지는 오랜 독재 기간 동안 눈엣가시 같은 존재로 여겨졌던 탓이다.

이 공간이 사람들의 관심을 받게 된 것은 그 후 시간이 한참 지나서였다. 절차적 차원의 민주화를 달성하고도 적잖은 시간이 흐른 2001년에야 서울유형문화재로 지정되었고 2005년 들어 사적으로 승격될 수 있었다. 그리고 드디어 2013년에 오랜 복구공사 끝에 박물관 겸 기념관의 형태로 일반에 공개되었다. 백범 사후 64년 만이었는데, 시민사회가 성숙해졌기에 가능한 일이었다. 경교장을 병원 원무과나 약품 조제실, 의사 휴게실 등으로만 쓰는 것은 문제가 있지 않느냐, 이 공간의 사회적·역사적 의미를 재해석해야 하지 않느냐는 민원이 정부 당국과 서울시, 강북삼성병원 등에 빗발친 결과였다.

부정적인 역사를 기억하려는 까닭

이와 같은 시대 변화가 바꿔낸 공간은 덕수궁 돌담길 안쪽에도 있다. 강북삼성병원에서 나와 한양도성의 서대문이었던 돈의문 터 사거리를 건너 정동으로 들어가면 정동극장 왼쪽 골목 안에 중명전이 있다.

중명전은 한반도 역사의 비극적 사건이 벌어졌던 곳이다. 바로 러일전쟁 직후인 1905년, 한반도에서의 주도권을 두고 더는 경쟁자가 없다는 것을 확인한 일본이 대한제국의 외교권을 박탈해 버린 을사늑약이 체결된 장소다. 말 그대로 부정적 역사의 현장으로서 '네거티브 헤리티지'의 상징 같은 건물이다.

그렇다 보니 광복 이후에도 오랜 기간 누구 하나 눈여겨보는 이가 없었다. 하지만 한국 시민사회의 힘이 성장하면서, 나아가 한국의 경제적·민주적 자긍심의 확대와 함께 비록 부정적인 역사기억이 있는 곳이라 해도 없애거나 잊어서는 안 된다는 공감대가 형성되기 시작했다. 마치 개인이 무슨 잘못을 했을 때 왜 그런 우를 범했는지 원인을 알고 재발방지를 위한 성찰을 하지 않으면 비슷한 실수를 되풀이할 가능성이 있듯이, 어두운 역사도 가리고 외면만 해서는 안 된다는 생각이 확대되기 시작했던 것이다. 그 결과 2009년에 부정적인 기억을 안고 있는 역사공

중명전 |

간 중에서 제일 먼저 중명전의 긴급 복구공사가 시작되어 지금과 같은 역사전시관으로 탈바꿈할 수 있었다.

이와 비슷한 차원에서 들여다볼 수 있는 곳이 한 군데 더 있다. 중명전을 나와 정동로터리로 향하다 보면 두 시 방향에 서울시립미술관으로 올라가는 언덕길이 보인다. 애초 일제강점기에 법원 건물로 지어져 또 하나의 통치 기구 역할을 했던 곳이다. 광복 뒤에는 대법원 건물로 이용되었는데, 대법원이 서초동 일대로 이전해 가면서는 이 건물의 용도를 둘러싸고 설왕설래가 있었다. 일제강점기에 판결을 통해 독립운동가들을 탄압했던 곳이니만큼 철거해야 한다는 주장과, 오히려 그런 공간이니만큼 남겨야 한다는 주장이 팽팽하게 맞섰다.

결론은 존치였다. 비슷한 시기에 옛 조선총독부 청사가 철거되었기에 존치 결정에는 남다른 의미가 담겨 있었다. 다만, 그대로 남겨두기만 해서는 현재적 쓰임새가 없다는 판단 아래 서울시립미술관으로 활용하자는 의견이 제시되었다. 문제는 현대 미술 작품들은 규모가 상당히 큰 것이 많은데, 옛 건물의 특성상 내부가 비좁다는 점이었다. 옛 법원 건물의 현관부와 앞쪽 벽면만 남겨두고 뒤쪽은 모두 헐어낸 뒤, 미술관 용도에 적합한 새 건물을 지어 마치 원래부터 하나의 건물인양 연결한 까닭이 거기에 있다. 내부에서 그 특성이 잘 느껴지지 않는다면 건물 밖으로 나와 옆에서 살펴보라. 약 1미터 두께의 시대적 경계가 뚜렷이 보인다. 부정적인 기억을 안고 있는 건물의 역사성도 보존하고 현재적 기능도 살려 재탄생시킨 보기 드문 사례다.

그런 면에서 옛것을 그대로 보존만 하는 게 능사는 아니다. 거기에만 집착하다간 도리어 답습에 머무를 수도 있어서다. 전면과 후면이 다른 서울시립미술관을 답사하다 보면 옛 역사를 기억하고 성찰의 계기로 삼으면서도 현재적 필요에 맞게 비판적으로 계승하는 행위의 가치를 곱씹어 보게 된다.

한국 민주주의 역사의 살아 있는 현장

정동이 일견 어둡고 슬프고 쓸쓸한 역사의 현장만은 아니었다. 공간은 고정적일지라도 그것을 어떻게 이용하느냐에 따라 그 의미는 달라질 수 있다. 서울광장이 특징적인 경우다. 적잖은 이들이 현재 서울도서관으로 쓰고 있는 옛 서울시청사, 이전 용도였던 경성부청사의 아우라 때문에 일제강점기에 조성된 것이 아닌가 짐작하지만, 그 앞 서울광장은 엄연히 대한제국의 탄생과 함께 설계된 이 땅 최초의 근대적 광장이다.

애초의 모델은 미국 워싱턴 D.C.의 의회의사당과 내셔널몰을 중심으로 한 도시 구조였다. 민의를 모아 정치를 펼쳐나가고자 하는 의지를 녹인 공간이었다. 사람들의 유입을 촉진하기 위해 없는 길을 뚫거나, 있는 길을 넓히기도 했다. 황토현이란 고개로 막혀 있던 곳이 이때 뚫려 태평로의 모태가 되었고, 을지로와 소공로 등도 광장 조성을 계기로 확장되었다. 그런 과정에서 실제로 만민공동회 같은 행사가 종로를 비롯한 이 일대에서 곧잘 열렸다.

놀라운 것은 그러한 새로운 정치적 상상력이 그 이후에도 이어졌다는 점이다. 잘못된 선택이 누적되면서 결국 대한제국은 멸망해 일본의 식민지로 전락했으나, 그 공간을 이용했던 사람들의 기억과 경험을 없애 버릴 수는 없었다. 1919년 3·1독립만세운동을 비롯해 이승만 독재를 끝장낸 4·19민주혁명, 18년 장기 독재를 했던 박정희의 사망 뒤 잠깐 동안이나마 펼쳐졌던 '서울의 봄', 그리고 전두환 독재에 들고일어나 지금의 헌법을 만들어낸 1987년 6·10민주항쟁, 거기에 근래의 촛불혁명까지. 한국 사회의 주요한 변곡점마다 민의가 모이는 장소는 늘 서울광장이었고, 그곳이 비좁게 느껴질 정도로 많은 군중이 모이면 광화문광장으로까지 확장되는 식이었다. 한마디로 한국 민주주의의 발전사와 맥을 같이한 알파이자 오메가가 바로 서울광장이다.

서울광장에 가보면 북동쪽 모서리 근처 바닥에 동판이 하나 박혀 있다. 지금은 그 가치를 잘 모른다 하더라도 후대인들이 서울의 역사, 나아가 한국의 역사를 알고자 한다면 들여다봐야 할 대상을 미리 살펴 보존하고 알리기 위해 만든 제도인 '서울미래유산'에 등재되었음을 명토 박아둔 동판이다.

이번 답사의 마지막 방문지로는 정동전망대를 추천한다. 별도의 건물이 있는 것이 아니라 서울시청 서소문별관 13층에 마련된 전망대다. 특별한 일이 없으면 연중무휴로 무료 개방한다. 주말에는 중앙현관을 닫아두어 발길을 돌리는 시민들이 있는데, 옆문은 늘 개방되어 있으니 그리로 들어가면 된다. 정동전망대에 왔다고 하면 특별한 절차 없이 출입문을 열어준다.

정동전망대는 사시사철 변화하는 덕수궁의 모습을 내려다보기에도 맞춤하고, 정치와 외교의 공간으로서만이 아니라 교육과 종교 등 근대의 다양한 면모가 시작된 곳으로서 정동을 한눈에 조망하기에도 더없이 훌륭한 곳이다. 특히 열패감에 젖게 하는 실패한 역사가 아니라, 식민 지배와 전쟁을 딛고 지금의 이 민주주의를 이룩한 한국 사회의 저력을 재확인할 수 있는 역사의 전망대이기도 하다. 우리가 걸어온 새문안로의 경희궁 방공호를 비롯해 경교장과 중명전, 서울시립미술관 일대, 서울광장이 모두 이곳에서 바라다보인다.

• 권기봉

| 정동전망대에서 내려다본 정동 일대

서울 용산

효창공원 답사의 숨은 가치

전철을 이용해 효창공원에 가는 방법은 크게 세 가지가 있다. 숙대입구역에서 내려 숙명여대 정문을 지나서 가는 방법, 효창공원앞역에서 내려 금양초등학교를 지나 효창운동장 쪽으로 들어가는 방법, 그리고 공덕역에서 만리재 방향으로 걷다가 공원으로 들어가는 방법이다. 그중 초행자에게 추천하는 것은 첫 번째 루트다. 큰길을 따라 올라가기만 하면 되니 어렵지 않게 찾을 수 있어서다.

군데군데 휴식을 취하는 시민도 보이고 운동하는 이들, 반려견과 산책을 나온 주민 등 효창공원에서 볼 수 있는 광경은 여느 공원의 모습과 다르지 않다. 그런데 조금만 더 알고 보면 단순한 공원이 아니다. 원래 이곳엔 조선 22대 왕인 정조의 맏아들 문효세자의 묘가 있었다. 또 정조의 후궁이자 문효세자의 생모이기도 한 의빈 성씨의 묘, 순조의 후궁인 숙의 박씨의 묘, 그리고 숙의 박씨의 소생인 영온옹주의 묘가 함께 있었다. 당시 명칭은 효창원이었으며, 묘역이 광활하고 송림이 울창했다고 전한다.

조선 왕조의 묘역에 들어선 공원과 운동장

일제가 이 일대에 관심을 둔 것은 1894년 청일전쟁이 발발했을 때 효창원 남쪽의 만리창 자리에 주둔하면서부터였다. 효창원의 역사적이며 경관적인 가치를 눈여겨본 것이다. 결국 30년 뒤인 1924년, 순환도로와 공중화장실 등을 설치하기 시작했다. 문효세자의 묘를 비롯한 이곳의 묘들은 지금의 경기도 고양시에 있는 서삼릉으로 옮겨버렸다. 그러고는 효창원 일대를 효창공원으로 바꾸어 일반인의 출입을 허용했다. 새 권력이 옛 권력의 독점 공간을 마치 시혜를 베풀 듯 민간에 열어젖힌 것이다. 조선이 사라진 왕조임을 재확인하는 행위로서, 역시 일종의 상징 전복이었다.

일제강점기에는 물론 광복 이후에도 박람회가 여러 차례 열린 경복궁과 마찬가지로 한번 무너진 효창원의 역사성도 회복되지 못했다. 1960년에 효창공원 한쪽에 들어선 한국 최초의 국제 규격 경기장인 효창운동장이 그 증거다. 효창운동장은 지금도 수용 인원이 1만 5000명 남짓 되는데, 1960년 아시안컵 축구 대회의 한국 대 남베트남 전이 열렸을 때는 무려 3만여 명이 모였다고 한다. 그것도 정식 표를 가지고 있는 사람들의 숫자였고, 실제로 경기장 주변에 운집한 인원은 족히 10만여 명에 이르렀다고 한다. 관중이 너무 많이 몰린 탓에 선수들은 전반전이 끝나고 라커룸에 들어가지도 못한 채 코치진의 작전 지시를 그라운드에서 받아야 했고, 심지어 어마어마한 인파로 인해 경기장 담벼락이 무너지면서 20여 명이 다치는 불상사까지 벌어졌다고 한다. 조선 왕조 내내 애지중지한 효창원의 역사가 일제강점기를 거치면서 영영 사라진 것처럼 보이는 광경이었다.

독립운동가 묘역으로 재탄생하다

왕정이나 황제정으로의 복고가 아닌 각성한 시민들이 이끌어가는 공화국임을 선포하며 탄생한 대한민국. 효창원의 맥을 이은 것은 조선 왕조의 묘들이 아니었다. 그 대신 독립운동사에서 아주 중요한 역할을 했던 인물들의 묘가 효창원 터에 자리 잡았다. 광복 직후 윤봉길, 이봉창, 백정기 등 '삼의사'가 모셔졌고, 그 뒤로는 김구 부부의 합장묘와 임시정부 요인들의 묘도 들어섰다.

1932년 1월 8일 도쿄에서 히로히토 천황에게 폭탄을 던진 이봉창 의사, 같은 해 4월 29일 중국 상하이 훙커우 공원에서 열린 쇼와 천황의 생일을 기념하는 천장절 행사장에 폭탄을 던진 윤봉길 의사, 이듬해 3월 상하이에서 동지들과 함께 주중 일본 대사 등을 처단하려다 체포되어 순국한 백정기 의사. 이 삼의사는 독립운동 최일선에서 활동했던 이들로, 모두 일본에서 사망했다는 공통점이 있다. 광복 직후 이들의 유해를 모셔와 안장한 곳이 바로 효창공원이다.

안중근 의사의 가묘(왼쪽 끝)와 '삼의사' 묘 |

물론 이분들의 유해를 모셔오는 일이 쉽지만은 않았다. 광복 이후부터 박정희 정권 집권 초기인 1965년에 수교를 하기 전까지 20년 가까이 한일 간에는 민간 교류는커녕 정부 간 교류도 미미한 실정이었다. 한국 정부 입장에서는 일본이 식민 지배에 대한 사과를 비롯해 배상은커녕 보상 의지도 없었기에, 전후 샌프란시스코 조약을 통해 일종의 '면죄부'를 받은 일본 입장에서는 국제법적으로 승전-패전 관계가 아닌 한국에 그럴 필요가 없다는 이유로 시간만 흘려보내고 있었기 때문이다.

이때, 해방 이후에도 일본에 남거나 남겨진 조선인들과 김구가 나섰다. 먼저 해방 이듬해인 1946년 초, 김구가 도쿄에 있던 신조선건설동맹위원장 박열에게 윤봉길 의사의 유해 봉환을 부탁했다. 의열단원이자 아나키스트였던 박열은 애인인 가네코 후미코와 함께 다이쇼 천황과 히로히토 황태자 등을 폭사시키기로 모의했던 독립운동가다.

참고로 박열과 가네코 후미코는 거사 직전에 붙잡혀 가네코는 옥중에서 사망했고, 박열은 22년 넘게 옥살이를 한 끝에 광복 뒤 환국했으나 6·25전쟁 때 납북되어 북한에서 사망했다. 특기할 만한 점은 가네코의 묘가 경북 문경 팔영리에 조성되어 있다는 것이다. 두 사람이 옥중에서 서류상 결혼을 했는데, 일본에서 그녀의 시신을 거두어줄 사람이 없자 박열의 친형이 유골을 인수해 형제의 고향땅에 안장했다. 그 뒤 2003년에 가네코의 묘는 원래 자리에서 10여 킬로미터 떨어진 지금의 위치로 이장되었고, 2012년에는 그 옆에 박열의사기념관이 문을 열었다. 특히 2018년에 제국주의 일본에 저항한 공을 기려 가네코 후미코에게 대한민국 건국훈장 애국장이 추서되었다. 조선인 독립운동가들을 지원한 변호사 후세 다쓰지에 이어 일본인으로서는 두 번째로 애국장을 받은 인물이다. 책 《나는 박열이다》나 영화 〈박열〉 등을 참고해 볼 만하다.

광복 이후 치러진 첫 국민장

앞서 하던 이야기로 돌아가자면, 김구의 부탁을 받자마자 박열은 대한순국열사유골봉환회(이하 '봉환회'로 줄임)를 조직했다. 이때 함께한 이들 중에 서상한이 있었다. 그 역시 영친왕 이은과 일본 황족 마사코(훗날 이방자로 개명)의 결혼식에서 폭탄 의거를 하려 계획했고, 일본 내무성과 외무성, 경시청 등도 폭파하려 했던 독립운동가로서 오랜 기간 옥고를 치른 인물이다. 그는 해방 이후에 일본에 남아 고단한 삶을 이어가던 독립운동가들을 지원했는데, 그러다 김구의 부탁으로 박열과 함께 윤봉길 의사의 유해 송환에 적극 나서게 되었다. 윤봉길 의사만이 아니라 가능하면 이봉창과 백정기까지 삼의사의 유해를 모두 함께 봉환하자고 발 벗고 나섰던 인물이 바로 그다.

다만 문제가 있었다. 일본 정부가 비협조적이어서 유해 발굴 작업이 쉽지 않았다. 이봉창, 백정기 의사 유해는 발굴할 수 있었지만, 윤봉길 의사는 일본 이시카와현 가나자와 형무소에서 순국했다는 사실만 알려졌을 뿐, 극비리에 암매장되어 유해 발굴이 가능한지조차 알 수 없었다. 결국 서상한을 필두로 봉환회는 윤봉길 의사가 순국한 현지로 직접 나가 조사하기로 결정했다. 1946년 3월에 가나자와시에 도착한 서상한은 조선인연맹 이시카와현 본부를 방문해 협조를 구하고 조선인을 중심으로 하는 발굴단을 구성했다.

예상대로 상황은 여의치 않았다. 말 그대로 노다산(野田山) 육군묘지 언저리에 묻혔을 것으로 추정만 될 뿐, 자그마한 단서 하나 없었기 때문이다. 유해 발굴은 물론 위치를 파악하는 일조차 난관에 빠져 있던 그때, 묘지 관리 사무소의 관리인 기무라 기요카즈 부부에게서 중요한 단서를 입수할 수 있었다. 기무라의 부인이 "전하는 말을 듣고 그분을 존경하게 되어 가끔 관리 사무소 안에서 향을 피웠다"며 "관리 사무소 근처에 매장된 것 같다"라고 알려준 것이다. 막연하긴 하나, 봉환회로서는 암매장 범위를 좁힐 수 있었다.

그래도 막막하기만 했던 상황…. 이곳저곳 파보아도 유해가 나오지 않는 답답한 시간이 이어졌고, 일본 당국도 비협조적이기만 했다. 결국 서상한은 최후 수단으로 레일을 깔고 밀차를 이용해 묘지 전체를 파헤치겠다고 공표했고, 그때서야 이들의 의지를 실감했는지 윤 의사 사형 집행 당시 간수였던 이가 암매장 장소를 알려주었다고 한다.

놀랍게도 그 장소는 관리 사무소에서 멀지 않은 통행로 근처였다. 서상한이 이곳에 온 지 나흘째 되던 3월 6일, 반신반의하며 그 간수가 알려준 장소에 술과 소금을 뿌리고 파기 시작했다. 한참을 파내려 가자 썩은 관이 나왔고 관 위에 십자가 모양의 목제 형틀이 놓여 있었다고 한다. 관 속에는 양복, 중절모, 구두, 머리카락 등이 들어 있었다. 드디어 윤봉길 의사의 유해를 찾은 것이다.

유해를 찾기도 어려웠지만 모시고 오기도 쉽지 않았다. 일본이 미군정의 지배 아래 있지 않았다면 불가능했을지도 모른다. 유해 발굴 이후 두 달여가 지난 1946년 5월 15일, 삼의사의 유해와 윤 의사의 형틀이 맥아더 사령부 군함 편에 실려 부산으로 봉환되었다. 그렇게 모셔온 유해를 우선 부산 용두산공원 밑에 있던 부산 제7국민학교(현 용두산공영주차장 자리)에 마련된 임시 유골 봉안소에 안치하여 시민들의 참배를 받았다. 그리고 6월 16일에 부산공설운동장에서 순국선열합동추도식을 열었고, 이튿날 임시특별열차에 유해를 싣고 서울로 향했다. 그 열차의 이름은 '해방자호'였는데, 주요역에 정차할 때마다 역은 추모하러 나온 이들이 인산인해를 이루었다. 효창공원에 마련한 묘역에 최종 안장한 날짜는 7월 7일이다. 광복 이후 처음으로 엄수된 국민장이었다.

여전히 찾지 못한 안중근 의사의 유해

효창공원을 걸어보면 알겠지만, 이곳에 이들 세 분의 의사만 모셔진 것은 아니다. 삼의사 묘역의 맨 왼쪽에는 안중근 의사의 묘도 있다. 다만 이 묘는 여전히 주인을 찾지 못한 가묘, 즉 임시묘다. 안 의사는 중국 뤼순 감옥에서 사형당한 뒤 근처에 매장되었다는데 여태 못 찾았기 때문이다.

필자는 지난 2000년대 초반에 안중근 의사가 사형된 뤼순 감옥을 개인적으로도 세 번 찾은 적이 있다. '뤼순 일본·러시아 감옥 옛터 박물관(旅順日俄監獄舊址博物館)' 측에서 안 의사만이 아니라 신채호 선생을 비롯해 당시 그곳에 투옥되어 고초를 겪은 독립운동가들을 한 국가나 한 민족의 독립을 위해 애쓴 운동가의 차원을 넘어 인류의 평화를 위한 운동가로서 기념하는 모습이 인상적이었다. 그런데 그런 점과는 별개로 사형장이 있던 주변 지역이 이미 아파트 단지로 개발된 점으로 미루어볼 때 유해 발굴은 요원한 일이 아닐까 하는 생각이 들어 씁쓸했다.

물론 대한민국 정부도 가만있지만은 않았다. 2005년 광복 60주년을 맞아 남북 화해를 위한 사업으로서 안중근 의사 유해 발굴 및 봉환 사업을 추진한 적이 있다. 남이나 북이 따로따로 추진하는 것보다 함께할 때 중국을 설득하기가 쉬우리라 기대했기 때문이다. 출발은 순조로운 듯했다. 장관급 회담이 실무 접촉으로 이어지며 유해 매장 추정지를 비롯한 관련 자료가 오가기도 했고, 2006년에는 매장 추정지 일대에서 공동 조사를 진행하기도 했다.

그러나 문제는 그 뒤로 남북 관계가 경색되어 버렸다는 점이다. 사업은 더 진전되지 못했고, 결국 2008년에 한국 정부가 단독으로 일을 추진할 수밖에 없었다. 결과는 효창공원의 묘가 지금도 가묘인 데서 알 수 있듯 안 의사의 유해는 아직 찾지 못했다.

매장 추정지가 개발되면서 유해 발굴이 현실적으로 불가능한 상황으로 보이기는 한다. 그러나 그렇다고 해서 다 끝난 일일까? 안중근 의사를 비롯한 독립운동가들이 꿈꾼 미래에 분단된 한반도는 없었을 것이다. 뤼순 감옥을 돌아보면서도 내내 그런 생각이 떠나질 않았다. 힘들더라도 남북 화해와 교류, 통일을 위한 발걸음을 한걸음씩 떼기 위해 노력하는 것이 당신들의 유지를 잇는 일이 아닐까 하는 생각이.

항일독립운동의 성지

그리고 꼭 한번 눈여겨볼 것이 있다. 삼의사와 안중근 의사의 묘 출입문으로 나가자마자 있는 화단이다. 공원 이용자들은 눈길을 잘 주지 않지만 화단 안에 무궁화나무가 여러 그루 자라고 있는 걸 볼 수 있다. 지난 2015년 광복 70주년을 맞아 효창공원에 묻힌 김구, 안중근, 삼의사의 고향이나 뜻깊은 사연이 있는 곳에서 기증을 받아 심은 것들이다.

예컨대 '김구 무궁화'는 백범이 일본군 장교를 죽인 뒤 피신하던 시절 그를 보듬어주었던 충남 공주의 마곡사에서, '안중근 무궁화'는 그가 가톨릭 신자인 점을 고려해 서울 명동성당에서, '윤봉길 무궁화'는 생가가 있는 충남 예산에서, '이봉창 무궁화'는 집터가 있던 서울 숙명여대에서, 그리고 '백정기 무궁화'는 그의 고향인 전북 정읍에서 옮겨 왔다. 비록 그들이 꿈꾼 완전한 독립으로서의 통일을 맞이하진 못했지만 여태 별다른 탈 없이 자라고 있는 모습에서 희망을 품어보게 된다.

이제 가볼 곳은 백범 김구의 묘다. 독립운동가들의 경우 국립현충원에 모셔진 분들이 적지 않지만 백범은 생전에 남긴 말처럼 그의 동지들 곁에 묻혔다. 효창운동장을 왼쪽에 끼고 더 서쪽으로 들어가면 백범기

효창공원 내의 무궁화나무들 |

념관도 조성되어 있다. 백범이 한국 역사에 미친 영향을 정리해 둔 곳이다. 그런데 놀랍게도 개관 시기가 2000년대에 들어서다. 대한민국 임시정부의 마지막 청사이자 남북 통일운동의 산실이었던 경교장의 문화재 등록 시기가 2000년대에 들어서야 가능했던 것처럼, 이 기념관 설립 시기도 한참 늦은 편이었다.

광복과 평화를 위해 헌신한 백범을 기리는 공간에 대한 관심이 왜 이렇게 늦게 발현되었을까? 사실 이곳은 김구, 윤봉길, 이봉창, 백정기 의사뿐만 아니라 임시정부의 국무총리 및 국무령, 주석, 내무총장 등을 두루 역임한 이동녕, 지금의 국방장관 격인 임시정부의 군무부장을 지낸 조성환, 임시정부 비서장을 지낸 차리석 등 여러 독립운동가가 모셔진, 그야말로 '항일독립운동의 성지'와도 같은 곳이다.

그럼에도 정부 차원의 관심이 크지 않은 편이었다. 3·1운동 100주년이자 대한민국 임시정부 수립 100주년이던 2019년 광복절, 문재인 대통

| 백범 김구와 부인 최준례의 합장묘

령이 효창공원 묘역을 참배했을 때의 장면이 그래서 지금도 기억에 뚜렷하게 남아 있는지 모르겠다. 1993년에 현직 대통령으로선 처음으로 김영삼 대통령이, 2000년에는 김대중 대통령이 참배한 이래 참 오랜만에 이루어진 현직 대통령의 세 번째 공식 참배였기 때문이다.

식민지역사박물관 그리고 기억해야 할 사실들

효창공원 답사를 마치면서 반드시 방문하기를 권하는 곳이 있다. 2018년에 문을 연 식민지역사박물관이다. 친일반민족행위자를 처벌하기 위해 만들어졌으나 1949년에 결국 와해된 반민특위(반민족행위특별조사위원회)의 정신을 계승하기 위해, 그리고 친일 문제 연구에 평생을 바친 시인이자 문학 평론가인 임종국의 유지를 잇기 위해 1991년 반민족문제연구소라는 이름으로 설립된 이래 정력적인 활동을 이어오고 있는 민족문제연구소가 주도해 세운 박물관이다.

시민을 비롯한 해외 동포들의 십시일반을 통해 건립된 점이 예사롭지 않은 이곳은 단순히 옛 사진이나 사료를 나열해 놓은 흔한 박물관이 아니다. 제국주의 역사와 그에 부역한 친일 부역자들의 죄상을 고발하고, 항일투쟁의 빛나는 역사를 기록하고 전시하는 최초의 일제강점기 전문 역사박물관이다.

특히 단순히 보여주는 데서 그치지 않고 도대체 제국주의란 무엇이며, 이 땅은 왜 식민지가 될 수밖에 없었는지, 그리고 비슷한 폭력과 억압의 시대를 되풀이하지 않기 위해 독립된 개인이자 사회의 구성원으로서 나는 어떻게 생각하고 판단해야 하는지 성찰하게 하는 곳이다. 나아가 독립운동의 궁극적 목표로서 분단 체제를 극복하고 남북통일을 완수하

식민지역사박물관 내부 전시실 |

기 위한 고민, 동아시아의 평화와 민주주의를 앞당기기 위한 관심을 유도하는 곳이기도 하다. 그냥 돌아봐도 되지만 미리 신청하면 열성적인 학예사나 활동가가 설명도 해주니, 가능하면 안내를 부탁하는 것이 좋다.

그리고 기억해야 할 사실도 있다. 지금 일본 가나자와시에 있는 이시카와현 전몰자 묘지 한쪽에 가면 윤봉길 의사와 관련한 비가 두 기 서 있다. 하나는 훙커우 공원 의거 60주년을 맞아 1992년에 세운 '윤봉길 의사 암장지적비(暗葬之跡碑)', 즉 윤 의사의 유해를 암매장한 곳을 알리기 위해 세운 것이다. 다른 하나는 그 비에서 남서쪽으로 약 130미터 떨어진 곳에 세운 '윤봉길 의사 순국 기념비'다. 한반도 방향으로 세워져 있어서 보고 있으면 숙연해질 수밖에 없다.

그중에서도 기억에 남는 것은 비를 세운 주체다. 암장지적비를 세운 사람들은 일본 시민단체인 '윤봉길 암장 유적을 생각하는 모임'과 재일조선인들이다. "암매장은 식민 지배로 인한 사건의 인멸과 역사의 말살"이라며 적잖은 일본인들이 국적을 초월해 나섰다는 점에서, 역사적 피해자이기도 한 재일조선인들의 경우에는 정작 본국에서 큰 도움을 주지도 못했는데 스스로 나섰다는 점에서 마음이 무거워질 수밖에 없다.

그런 면에서 효창공원 일대 답사는 지나온 과거에 다소 둔감했던 한국 사회의 어제와 오늘을 비판적으로 돌아보게 하고 새로운 남북 관계의 내일을 그려보게 하는 길이기도 하다. 그와 함께 폐쇄적인 민족주의와 국적이란 벽을 뛰어넘어 평화와 인권의 가치를 살펴보게 하는 가르침의 여정이기도 하다.

• 권기봉

서울 강북

북한산에서 함께 나누는 평화·통일 이야기

현장체험학습이 필요하고 효과적이라는 사실은 누구나 잘 안다. 문제는 시간, 비용, 안전 같은 조건들이다. 통일부가 실시한 2019년 학교 통일교육 실태 조사에서 청소년들은 가장 선호하는 평화·통일교육 방식으로 '현장견학 등의 체험학습'을 선택했다. 그런데 실제로 학교에서는 교사 강의와 동영상 시청 비율이 압도적으로 높다. 시간, 비용, 안전 같은 현장체험학습의 장애물 때문일 것이다.

교사들은 학교 평화·통일교육이 원활히 운영되지 않는 이유로 '시간 확보의 어려움'을 가장 많이 선택할 정도로 시간문제와 씨름하고 있다. 이런 와중에 다른 장애물까지 뛰어넘어 현장체험학습을 하기는 만만치 않은 일이다. 설상가상으로 코로나-19 때문에 학교에서 멀리 가야 하는 현장체험학습은 더욱더 어려워졌다.

그런데 만약 교실이나 강의실 밖으로 나오자마자 괜찮은 현장체험학습지가 있다면 얼마나 좋을까. 이동 시간도 많이 들지 않고, 튼튼한 두 다리로 돌아보니 돈도 안 들고, 멀리 가지 않아 안전하기까지 한 현장체험학습지 말이다. 평화·통일교육에 애쓰는 사람들에게는 고맙게도, 그런 곳이 있다. 서울시 강북구 북한산에 한데 모여 있는 국립통일교육원, 순국선열·애국지사 묘역, 근현대사기념관은 평화·통일 강의 장소이자, 강의실을 나서자마자 만날 수 있는 평화·통일 현장체험학습지다.

평화와 통일을 꿈꾸는 집

통일부 소속 기관인 국립통일교육원은 1972년 5월 1일에 '통일연수소'로 창설되었다. 기관 명칭은 1986년 통일연수원, 1996년 통일교육원, 2021년 국립통일교육원으로 세 차례 바뀌었다. 현재 위치에 청사를 신축하고 입주한 시기는 1991년 3월이다.

국립통일교육원(이하 '통일교육원'으로 줄임)이 주로 하는 일은 공무원, 교사, 사회단체, 대학생 등을 대상으로 한 평화·통일 강의다. 강의는 크게 통일교육원 내 강의실에서 이루어지는 원내강의, 언제 어디서나 인터넷에 연결해 들을 수 있는 사이버강의로 구분된다. 또한 시도 교육청, 학교 등과 힘을 합해 통일리더캠프, 현장체험학습 지원 등 다양한 교육 사업을 진행하고, 영상, 도서 등 교육 자료도 개발해 보급한다. 전국 각지의 지역 통일교육센터와 통일관을 기반으로 지역 주민에게 평화·통일교육을 실시하는 것도 통일교육원이 맡은 주요 역할이다.

통일교육원 원내강의 교육생들은 정문에 들어서자마자 북한산의 지세와 조화를 이룬 건물들과 공간 배치에 감탄한다. 특히 숙소인 생활관 테라스에서 아침에 본 교육원 정경과 북한산 풍경을 잊지 못할 추억이라고 말하는 이들이 많다. 인상적인 건물들과 공간 배치, 자연환경은 강의를 듣는 데도 힘이 되었을 것이다. 이런 멋진 곳이라면 강의가 조금 딱딱

생활관에서 바라본 국립통일교육원 |

하고 어렵게 느껴져도 버텨볼 이유가 충분하다고 생각하지 않았을까?

이렇게 원내강의 교육생이나, 북한산 자락에 있다 보니 지나가는 등산객 정도가 알고 사랑하던 통일교육원은 2020년 5월에 EBS 프로그램 〈건축탐구 집〉에 자세히 소개되면서 더 많은 사람들에게 주목받기 시작했다. 〈건축탐구 집〉은 진행자인 건축가가 집에 담긴 의미와 사연을 건축 지식을 접목해 소개하는 프로그램인데, 관공서로는 처음으로 통일교육원을 다루었다.

필자는 그전에도 예사롭지 않은 건물들과 공간 배치를 보며 나름으로 의미를 찾아보곤 했다. 예를 들면, 여섯 개 건물이 서로 다른 모습으로 떨어져 서 있으면서도 통일적인 인상을 주는 게 꼭 '화이부동(和而不同)'을 건축으로 표현한 것 같았다. 가깝게 지내되 다름을 인정하는 태도인 '화이부동'이야말로 남북 관계를 풀어가는 묘책이자 한반도 평화를 진전시키는 철학이라고 생각했는데, 통일교육원 건축에도 그런 뜻이 담겨 있는 듯했다.

작품에 대한 해석은 때로 작가의 애초 의도와 전혀 관계없는 방향으로 전개되기도 하지만, 그런 다양한 해석이 작품의 생명력과 대중성을 높여주기도 한다. 그래도 건축가가 통일교육원을 설계할 때 담으려 한 의미나 특별히 고려한 점 등이 무엇인지 직접 듣고 싶은 마음은 있었다. 그래서 〈건축탐구 집〉에서 이곳을 다룬다는 소식이 반가웠고, 이곳을 설계한 건축가 김원이 이 프로그램에 직접 나온 데다 몇 달 뒤에는 통일교육원 설계 과정과 완공 이후 평가 등을 담은 책까지 발간한 것이 반갑고 고마웠다.

1983년에 독립기념관, 1984년에 국립국악당을 설계한 김원은 1987년에 통일연수원 설계를 맡았다. 김원은 '연수원'이란 무엇인가에 대한 생각부터 정리하기 위해 자비로 세계 각국의 비슷한 시설을 둘러봤다고 한다. 결론은 일본 마쓰시타 정경의숙(政經義塾) 같은 편협한 국가주의가 담긴 건물이 아니라, 궁극적으로 평화의 염원이 담긴 건물을 짓자는 것이었다.

중심 시설인 '명상의 집'이라는 곳이 가장 눈길을 끌었는데 바닥에 다다미가 깔린 좌식의 큰 방이었다. 안내인이 나에게 방 한가운데 앉으라고 하더니 정면의 큰 커튼을 열자 대형 유리창에 일본의 상징인 후지산이 온통 눈 덮인 모습으로 나타났다. 정말 압권이었다. 바로 그런 광경이 보일 곳에 건물을 앉힌 것이다. 감탄할 수밖에 없는 절경이었다. 이런 상황을 연출한 의도를 이내 알 수 있었다. 마쓰시타 의숙은 일본의 차세대 정치 지도자를 기르자는 뜻으로 세워졌으므로 당연하게도 대단히 국수적(國粹的)일 수밖에 없는 것이다. 나는 서울에 돌아와 여행의 느낌들을 정리해 보았다. 우리에게 통일이라는 것은 분단 민족의 가슴 저리는 염원이다. 하지만 그것은 국수적이거나 국가 이기주의적인 입장이어서는 안 되는 것이다. 통일을 기원한다는 것은 평화를 염원하는 것이며 '나라 사랑'이라는 일념이 전쟁을 막아야 한다는 구체적 생각으로 나타나야 하는 것이다.

— 김원, 《통일교육원》에서

황해도 출신 실향민이 기증한 통일연수원 부지는 도봉산 연봉이 한눈에 들어오는 위치다. 이 봉우리들은 백두대간에서 가지를 친 한북정맥의 일부다. 김원은 이곳에서 남과 북의 경계 없이 이어진 산줄기를 상상하는 것이 바로 평화교육이자 통일교육이라 생각했고, 그러한 상상에 방해가 되지 않게 하려는 듯 건물들을 산자락의 일부로 만들었다.

실제로 도봉산은 백두산, 금강산, 설악산과 흐름을 함께하는 명산이자 명승이다. 따라서 도봉산 봉우리들의 존재는 후지산을 바라보는 일본인들의 국수적 명상보다는 한 차원이 높은 명상의 자료가 될 수 있겠다고 생각했다. 나는 건물들을 산자락의 일부로 만들고 싶었다. 건물들이 산자락에서 굴러온 바위의 일부처럼 느껴졌으면 했다. 지형이 가파르고 상당히 험한 땅이었지만 나는 크게 평탄 작업을 하지 않고 그 지형을 최대한 살리기

| 국립통일교육원 전경

로 했다. 그러다 보니 건물을 기능별로 잘게 쪼개어서 여러 개의 작은 덩어리로 분산할 수밖에 없었다. 그리고 그 분절된 건물 사이로 가끔가끔 지나면서 어디서나 도봉산의 아름다움을 바라보고 느끼도록 연출했다. 특정한 곳에 앉아서 산을 바라보며 명상을 하는 게 아니라 늘 생활 속에서 볼 수 있게 한 것이다.

— 김원, 《통일교육원》에서

자연을 보게 함으로써 우리 국토의 아름다움을 느끼게 하자, 직설적으로 통일 이야기가 아니라도. 북한산은요, 백두산, 금강산, 설악산하고 한줄기에서 내려온 세트예요. 저런 것을 보면서 사람들이 통일교육을 받고 연수를 하고 명상을 하면 건축가가 얻을 수 있는 덤이다, 그렇게 생각했죠.

— 김원, 〈건축탐구 집〉(2020년 5월 19일 방영) 인터뷰에서

공사 과정에서 조달청과 감사원으로부터 '공간의 낭비'가 커서 공사비 낭비도 크다는 지적을 받았고, 45도 경사진 지붕을 공사하며 무섭다고 인부들에게 타박도 들었지만, 김원과 시공사는 뚝심 있게 평화와 통일을 꿈꾸는 집을 세웠다.

골수 환경주의자인 김원이 경사진 산을 깎아낼 리 없다. 요구 면적이 5000평인데 경사진 지형에 따라 6개로 분할한다. 교육관, 전시관, 후생관, 생활관 전부 찢는다. 헬기를 타고 올라가 6동을 툭툭 던진다. 땅이 넓으니 아무 데나 던져도 아트다. 건폐율도 용적률도 주차장법도 이 넓은 산에서는 힘을 못 쓴다. 분동이다. 경사진 지형에 따라 옥외 계단으로 연결한다. 산의 모양에 맞게 휘어지고 비틀어진 계단을 오르내리다 보면 교육관이고 생활관이다. 등산이다. 맑은 공기 마시면서 나무 사이를 헤쳐가야 한다. 통

일, 통일, 통일. 주문을 외우다 보면 교육관이고 전시관이다.

— 이용재, 《이용재의 궁극의 문화기행 2—건축가 김원 편》에서

현재 통일교육원의 여섯 개 건물이 지닌 기능은 이렇다. 정문보다 앞쪽에 배치된 제2교육관은 준공 당시에는 전시관이었다. 국책 연구 기관인 통일연구원이 오랫동안 사용하다가 이전한 뒤, 2017년에 제2교육관으로 리모델링했다. 1층 통일교육자료센터에는 북한에서 발간한 책자와 신문, 통일부와 통일교육원 발간물, 평화·통일교육 관련 도서, 교양도서 등이 비치되어 있고, 영상 자료를 볼 수 있는 28석 규모 멀티미디어실도 있다. 정문 왼편 본관은 교육원 직원들의 행정 및 연구 공간으로, 1층부터 5층까지 나선 계단으로 연결된 모습이 인상적이다. 정문 오른편 건물은 교육생의 식사와 여가를 책임지는 후생관이다. 정문에서 정면으로 보이는 휘호석을 지나 계단을 내려가면 넓은 잔디밭이 펼쳐지면서 제1교육관과 생활관 두 개 동이 보인다. 직접 가서 보면 알겠지만, 대강당과 강의실, 세미나실 등이 있는 제1교육관은 요즘 유행어로 '햇볕 맛집'이고, 생활관은 '테라스 풍경 맛집'이다.

최근 통일교육원에서는 평화·통일 현장체험학습지로서 교육원 건물과 공간 배치가 지닌 가치에 주목해 '국립통일교육원 견학 프로그램'을 운영하기 시작했다. 전화나 홈페이지를 통해 누구나 신청할 수 있으니, 멀리 가지 말고 통일교육원에서 평화·통일 현장체험학습을 해보자. 교육원 바로 옆 순국선열·애국지사 묘역과 근현대사기념관까지 추가하면 평화·통일을 생각하며 하루를 보내기에 충분할 것이다.

북한산 순국선열·애국지사 묘역

'독립유공자예우에 관한 법률'은 '순국선열'을 "일제의 국권침탈 전후로부터 1945년 8월 14일까지 국내외에서 일제의 국권침탈을 반대하거나 독립운동을 위하여 일제에 항거하다가 그 반대나 항거로 인하여 순국한 자로서, 그 공로로 건국훈장·건국포장 또는 대통령 표창을 받은 자"로 정의하고, '애국지사'는 "일제의 국권침탈 전후로부터 1945년 8월 14일까지 국내외에서 일제의 국권침탈을 반대하거나 독립운동을 위하여 일제에 항거한 사실이 있는 자로서, 그 공로로 건국훈장·건국포장 또는 대통령 표창을 받은 자"로 정의한다. 요컨대 순국선열은 해방 전에 돌아가신 분들이고, 애국지사는 해방 후에 돌아가신 분들이다.

통일교육원 인근 북한산 자락에는 이러한 순국선열·애국지사 묘가 10여 기 이상 모여 있다. 국립묘지에 묻힐 자격이 차고 넘치는 분들이 이곳에 모이게 된 경위는 확실하지 않다. 유해가 국내로 송환된 연도나 사망 연도로 미루어볼 때 한 가지 추측이 가능하다. 국립서울현충원, 국립대전현충원 등 현재 국립묘지의 전신은 1957년에 준공된 국군묘지다. 국군묘지에는 전몰 군인만 묻힐 수 있었다. 그러다 1965년 국립묘지로 승격되어 안장 대상이 민간인까지 확대되었다. 북한산 자락 묘역의 주인공들은 1965년 이전에 사망한 분이 많다. 그러니 국립묘지가 아닌 이곳에 묻혔을 것이다. 또한 이들 중에는 구한말부터 임시정부 시절까지 함께 활동한 동지들이 많다. 그래서 지금처럼 모이게 된 게 아닐까?

북한산 순국선열·애국지사 묘역이 독립운동을 공부하기에 좋은 현장체험학습지인 건 분명하다. 그런데 왜 괜찮은 평화·통일 현장체험학습지도 될 수 있다며 추천하는 걸까?

평화·통일 현장체험학습의 발전을 막는 장애물 중 하나는 '독립운동 현장' 또는 '일제강점기 현장'과 평화·통일 현장을 의식적으로 나누는 관성이다. 평화·통일 현장으로는 대개 비무장지대(DMZ) 일원을 떠올릴 것이다. 그런데 한반도 분단에 대해 조금만 생각해 보면, 분단이 일제강점기에 '기원'을 두고 있다는 사실을 어렵지 않게 알 수 있다. 잘 알려져 있듯이, 북위 38도선을 경계로 한반도를 가른 나라는 미국과 소련이다. 하지만 일제의 강점이 없었다면 미국과 소련이 일본군을 무장 해제하기 위해 한반도를 가를 일도 없었다. 따라서 가까이에 있는 일제강점기나 독립운동 관련 유적·시설을 찾아 일제강점기에 고생한 이들, 일제 강점을 막기 위해 노력했거나 일제로부터 독립을 추구했던 이들과 '상상적 대화'를 통해 평화·통일을 생각해 보는 건 매우 자연스러운 교육 활동이다.

통일교육원도 이러한 문제의식을 가지고 2017년부터 원내강의와 순국선열·애국지사 묘역 견학을 결합한 과목인 '근현대사의 교훈과 평화·통일'을 개설해 운영하고 있다. 이 과목은 교육원 강의실에서 구한말부터 해방까지 한반도를 둘러싼 국제 관계를 학습한 뒤, 교육원 인근 순국선열·애국지사 묘소 중 이명룡 묘소, 이준 묘소, 이시영 묘소, 광복군 합동 묘소를 차례로 탐방하고 근현대사기념관 관람으로 마무리하는 순서로 진행된다.

이명룡 묘지는 본래 교육원 본관 자리에 있다가 1991년 청사를 신축할 때 제1교육관 앞으로 옮겨졌다. 춘헌 이명룡은 1873년 평북 철산에서 태어났다. 철산에서 정주로 삶의 터전을 옮겨 포목상으로 성공한 이명룡은 항일 비밀결사인 신민회 결성을 주도한 이승훈의 소개로 1908년 신민회에 가입했다. 인근에 묻혀 있는 이시영도 신민회 조직원이었다.

이명룡은 3·1운동 때 이승훈과 함께 '민족대표 33인'의 한 사람으로서 독립선언식에 참석해 또다시 2년 넘게 옥살이를 하고 출옥했다. 그 후에도 그는 정주에서 조선물산장려운동에 참여하고 사업계에서 활동하다 해방 직후 조만식이 창당한 조선민주당 최고고문으로 추대되었다. 하지만 가산을 몰수하는 등 북한 정권의 탄압이 심해지자 가족과 함께 월남했다. 그 이후로 안중근의사기념사업회 회장, 이준열사기념사업회 회장 등을 맡기도 했고, 이승만의 전횡이 심해지자 김창숙과 함께 야권 연합을 위해 노력하는 등 왕성하게 활동하다 1956년 11월에 자택에서 생을 마쳤다. 유림 출신 독립운동가 심산 김창숙(1879~1962)의 묘, 1956년에 야당 대통령 후보로 나섰다가 유세 도중에 사망한 독립운동가 해공 신익희(1892~1956)의 묘도 북한산 자락 묘역에 함께 있다.

민족대표 33인의 일원이었던 이명룡의 묘소가 3·1운동의 의미와 가치를 짚어보기에 좋은 장소라면, 다음 장소인 이준 묘소에서는 시간을 앞으로 돌려 구한말 반일투쟁의 역사를 되돌아보기에 좋다.

1859년에 함경도 북청에서 태어난 이준은 을사늑약 이후 본격적인 반일운동에 나섰다. 그의 대표적 활동은 국민교육회, 상동청년회 같은 기독교 단체를 기반으로 한 애국계몽 활동이다. 1906년 6월에서 1907년 3월까지 평리원 검사 시절에는 공평하고 강직하여 명성을 얻기도 했고, 검사에서 면직된 뒤에는 국채보상운동에 앞장서기도 했다. 황제의 밀명을 받고 1907년 4월 22일에 서울을 떠난 이준은 블라디보스토크에서 이상설, 상트페테르부르크에서 이위종과 결합했다. 6월 25일에 네덜란드 헤이그에 도착한 이준은 을사늑약의 불법성을 고발하고 국권 회복을 지지해 줄 것을 호소하다 7월 14일에 순국해 현지 공동묘지에 묻혔다.

이준의 유해는 1963년에 고국으로 돌아와 북한산 자락에 안장되었다. 당시 헤이그에서 함께 활약한 특사단 3인 중에 고국에 묻힌 사람은 부사(副使) 이준뿐이다. 정사(正使) 이상설(1870~1917)은 우수리스크 수이푼강에서 재가 되어 돌아갔다. 1907년 7월 9일, 외국 기자들에게 유창한 불어로 을사늑약의 무효성과 한국의 독립 지원을 호소했던 스물두 살

청년 이위종(1886~?)은 이후 연해주 의병운동을 후원하고, 러시아 혁명에 참여해 한인 부대를 이끌기도 했는데 언제, 어떻게, 어디에서 사망했는지 아직도 밝혀지지 않았다.

다음으로 발걸음이 향할 곳은 이시영 묘소와 광복군 합동 묘소다. 이 두 묘소는 오솔길을 오르다 보면 나타나는 탁 트인 곳에 함께 자리하고 있다.

이시영(1869~1953)은 대한제국 몰락 직후 이건영, 이석영, 이철영, 이회영, 이호영 등 형제와 함께 서간도로 망명해 한인 정착과 독립군 양성에 주력했고, 1919년 임시정부 수립 이래 주로 법무·재무를 책임지며 임시정부가 흔들릴 때마다 버팀목 역할을 했던 독립운동가다. 전 재산과 남은 생을 독립운동에 바치기로 하고 함께 떠난 여섯 형제 중에 이시영만 살아서 귀국했다는 사실은 잘 알려져 있다. 1948년 초대 부통령에 당선된 이시영은 1951년에 거창 민간인 학살 사건, 국민방위군 사건 등의 철저한 진상 규명을 촉구하며 부통령직을 사임했고, 이듬해 치러진 제2대 대통령 선거에서 이승만, 조봉암에 이어 3위를 차지하기도 했다. 그는 피란지 부산에서 1953년 4월 17일에 병으로 사망했다. 그의 유해는 국민장을 치른 뒤 서울 정릉 남쪽에 묻혔다가 1964년에 현재 위치에 안장되었다.

형제들과 함께 신흥강습소(신흥무관학교의 전신)를 세워 독립군을 키워낸 이시영의 묘소와 광복군 합동 묘소가 서로 가까이 있는 모습은 제법 잘 어울린다. 광복군 합동 묘소에는 중국 각지에서 전투나 광복군 모집 활동을 하다가 순국한 광복군 중에 후손이 없거나, 유해마저 찾지 못해 유품만 안장한 열일곱 분이 함께 묻혀 있다. 이 묘소는 1967년에 광복군 동지회에서 조성했고 1985년에 국가보훈처에서 단장했다. 2017년에는 강북구청에서 봉분 뒤편에 '광복군 전사상'을 세우기도 했다.

대한민국 정부는 2020년 3월 17일 국무회의에서 '국립묘지의 설치 및 운영에 관한 법률'을 개정해 국립묘지가 아닌 다른 장소에 안장된 독립유공자 등의 합동 묘역 57곳을 '국가 관리 묘역'으로 지정했다. 또한 유족이 없는 묘소를 국립묘지로 이장할 경우, 이장 비용을 지원할 수 있도록 했다. 이로써 북한산 순국선열·애국지사 묘역도 효창공원 독립유공자 묘역과 함께 국가가 상시로 점검하고, 훼손되면 복구하는 등 체계적으로 관리할 수 있게 되었다. 너무 늦었지만 정말 잘한 결정이다.

우리가 심어야 할 나무는?

순국선열·애국지사 묘역으로 들어서는 길 입구에는 강북구청이 2016년 5월에 세운 근현대사기념관이 있다. 기념관은 총 2층으로 규모가 크지는 않지만 1층 상설전시실에서 1894년 동학농민혁명부터 1960년 4·19 혁명까지 근현대사를 압축적으로 알려준다. 교육원을 견학한 뒤 묘역으로 바로 갔다가 기념관에 들러도 되고, 기념관에서 먼저 근현대사 흐름을 잡고 묘역으로 가도 좋다. 강북구청이 기념관 밖에 나란히 세운 순

| 근현대사기념관

국선열·애국지사 14인(양일동, 신하균, 신숙, 김도연, 김병로, 김창숙, 서상일, 유림, 이명룡, 신익희, 이시영, 여운형, 손병희, 이준)의 흉상과 약력을 꼼꼼히 읽어보고 가면 묘역에서 좀 더 많은 이야기를 나눌 수 있을 것이다.

기념관 밖에는 2016년 8월 15일 광복 71주년을 맞아 '독립민주기념비'도 세워졌다. 건립 기금은 '역사정의를 생각하는 네티즌들' 626명의 모금과 기념관 운영 기관인 민족문제연구소 회원들의 후원으로 마련되었고, 강북구청이 입지를 조성했다고 한다. '평화의 소녀상'의 작가 김운성·김서경이 제작한 기념비는 김구 흉상과 다섯 개 비석으로 이루어져 있다. 맨 왼쪽 비석에는 김구 어록이 새겨져 있고, 나머지 네 개 비석에는 앞면에 각각 구한말 의병, 3·1운동, 독립군, 4·19혁명이 그려져 있다. 3·1운동 비석 뒤에는 〈3·1독립선언서〉 동판이 붙어 있고, 독립군 비석 뒤에는 광복군 노래 〈압록강 행진곡〉이 새겨져 있다.

순국선열·애국지사 묘역과 근현대사기념관을 돌아보며 독립운동은 나무를 심고 키우는 일과 닮았다는 생각을 했다. 한 TV 프로그램에서 목재로 쓰기 위해 50년 전 심은 나무를 베고 새 나무를 심는 모습을 봤다. 작업자는 50년 전 선대가 심은 나무 덕을 지금 우리가 보듯이, 지금 자신이 심는 나무 덕은 후대가 볼 것이라고 말했다. 일제강점기의 독립운동

독립민주기념비 |

가도 그런 마음으로 저항과 투쟁을 멈추지 않았으리라. 그렇다면 오늘 우리는 어떤 나무를 심어야 할까? 남북이 통일과 분열의 갈림길에 서 있던 1948년 봄, 김구는 온갖 만류와 오해를 딛고 북행을 결행한 뒤 평양에서 '통일' 나무를 심자고 호소했다.

> 위도로서의 삼팔선은 영원히 존재할 것이지만 조국을 양단하는 외국 군대들의 경계선으로서의 삼팔선은 일각이라도 존속시킬 수 없는 것이다. 삼팔선 때문에 우리에게는 통일과 독립이 없고 자주와 민주도 없다. 어찌 그뿐이랴. 대중의 기아가 있고 가정의 이산이 있고 동족의 상잔까지 있게 되는 것이다. … 우리 겨레의 양해와 정성과 단결은 우리의 통일독립을 완성할 것이요, 우리의 통일독립의 완성은 미·소 간의 위기를 완화할 수 있으며 미·소 완화는 세계 평화의 초석이 될 수 있는 것이다.
>
> — 김구 평양 도착 성명 〈단결로 독립 완수〉에서

일제강점기에 고생하고 저항했던 선대는 우리에게 '독립'을 선물했지만 '분단'도 남겨주었다. 그들에게 부끄럽지 않은 후대가 되기 위해, 그리고 후대에게 부끄럽지 않은 선대가 되기 위해 우리도 무언가 해야 한다. 김구는 통일이 평화를 보장해 줄 것이라고 말했지만, 그 이후 전쟁을 치르고 여태 그 전쟁을 끝내지 못한 후대에게는 싸움부터 끝내는 일이 급선무다. 그러니 한반도 평화 진전이야말로 지금 바로 우리가 심어야 할 나무다. 싸움을 끝내야만 통일로도 갈 수 있다. 우리가 심고 키운 평화의 나무에서 언젠가 통일 열매도 맺힐 것이다. 그런 믿음을 품고 오늘도 국립통일교육원, 순국선열·애국지사 묘역, 근현대사기념관에서는 평화·통일교육이 한창이다.

• 김진환

대한민국
평화기행

3
충청
호남

쌀을 함께
나누는 게 평화다

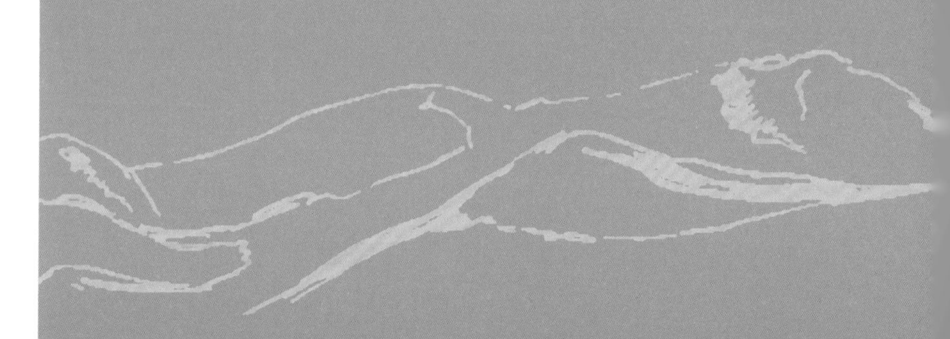

남북한 사이에 50년 이상 지속된

전쟁과 적대감을 극복하려고 노력했고,

그 결과 남북정상회담이 이루어졌어요.

그가 받은 노벨평화상 상장에는

햇살이 은은하게 비치는

한반도 모양 숲길을 걸어가는

'두 사람'이 그려져 있답니다.

충북
진천·청주

그들 앞에서 우리는 여전히 부끄럽다

2017년 7월, 대학생들과 함께 북·중 접경 지역 답사를 갔을 때 겪은 일이다. 연변 용정시 대성중학교 옛 교사(校舍)에서는 윤동주의 사진, 시, 책자 등을 전시해 윤동주를 기념하고 있었고, 바로 옆에는 2층짜리 '이상설 선생 역사 전람관'(이하 '전람관'으로 줄임)이 나란히 있었다. 두 건물은 2층 통로로 연결되어 있어서 연이어 관람하기 편하다. 이곳에 몇 차례 갔는데 그때마다 옛 대성중학교 교사는 꼼꼼히 둘러보고 설명도 열심히 듣던 이들이, 전람관은 대충 보고 나가서 '윤동주 시비(詩碑)' 앞에서 사진 찍기 바쁜 모습을 보곤 했다. 윤동주와 추억 하나라도 더 남기고 싶은 마음이 이해되지 않았던 건 아니다. 그래도 윤동주라는 '스타'의 그늘에 이상설이 가려지는 듯해 아쉬움은 있었다.

그래서 2017년 7월에 답사 사전 교육을 할 때, 용정에 가면 전람관도 자세히 봐달라는 부탁을 학생들에게 하고 출발했다. 그런데 막상 도착해 보니 옛 대성중학교 교사에서 전람관으로 가는 통로 문이 닫혀 있었다. 당황해서 관계자에게 이유를 물었더니 한국에서 오는 관광객이 급감하여 관리 부담 때문에 전람관은 닫아두었다고 했다. 그해 4월, 경북 성주에 사드(THAAD)를 배치하면서 한·중 관계가 악화되었고 그 여파가 답사에도 미친 셈이다. 수많은 독립운동가의 평전을 썼고 독립기념관 관장도 지낸 김삼웅이 "독립운동사에 그리고 역사교과서에 고딕체로 기록해야 하는 독립운동의 독보적 선구자"라고 격찬한 이상설은 그날 또 한 번 잊혔다.

헤이그 특사 이상설의 발자취를 찾아

보재 이상설은 1870년에 충북 진천군에서 태어났다. 7세 때 이용우의 양아들이 되어 서울로 옮겨 왔는데, 13세에 양부와 친부가, 14세에는 생모까지 세상을 뜨는 아픔을 겪는다. 삼년상을 치른 이상설은 1년 동안 강원도에서 지내며 건강을 회복한 뒤, 다시 서울로 돌아와 평생 동지가 되는 이시영·이회영 형제와 동문수학했다. 이시영의 회고에 따르면, 이상설은 한문뿐만 아니라 수학, 영어, 법학, 논리학 등 신학문도 공부했는데, 끈질긴 탐구열과 비상한 기억력으로 동학들의 리더 역할을 했다고 한다.

1894년에 치러진 조선의 마지막 과거에서 급제했으나 그가 관직에 머문 기간은 그리 길지 않았다. 을미사변부터 러일전쟁까지 급변하는 정세 속에서 관리로서 경력을 차분히 쌓아가는 건, 훗날 을사늑약 체결 때 이상설이 보인 결기로 미루어보면 그에게 그리 중요치 않았던 것 같다. 어쨌든 관직에 있던 1904년에 일본인의 황무지 개척권 요구에 내재한 침략성과 부당성을 폭로한 상소로 광무황제의 신임을 얻어, 1905년 11월 1일에 36세라는 젊은 나이에 의정부 참찬에 임명되었다. 그리고 나서 불과 얼마 뒤에 열린 대신회의(11월 17일)에서 일제가 을사늑약 체결을 강요할 때, 이상설은 대신회의 실무를 총람하는 참찬이면서도 일본군의 제지로 회의에 들어가지 못했다.

을사늑약 이후 이상설은 '울기'보다 '물기'를 택했다. 관직을 던지고 항일독립운동에 본격적으로 나선 것이다. 11월 19일, 황제에게 나라를 위해 죽을 각오[순사(殉死)]로 을사늑약을 거부하라며 그가 올린 상소는 그 뒤로 죽는 날까지 한시도 멈추지 않았던 항일독립운동의 출사표였다.

엎드려서 아뢰옵니다. 신이 어제 새벽 정부에서 일본과 약관을 체결하여 마침 조인까지 했다는 소식을 듣고 이르기를 천하사 다시 어찌할 수 없구나 하고 사저에 돌아와 다만 슬피 울고 힘써 자정(自靖)하기를 도모하고자 상소 진정하여 면직을 바랐습니다. 이제 듣자오니 그 약관('을사늑약'을 가리킨다—필자)이 아직 주준(奏准)을 거치지 아니하였다 하오니 신의 마음에 가득 찬 위행이옵고, 국가지계로서 아직 해볼 만한 길이 틔어 있구나 하고 기뻐하였습니다. 대저 그 약관이란 인준해도 나라는 망하고 인준을 아니해도 나라는 또한 망합니다. 이래도 망하고 저래도 망할 바에야 차라리 순사(殉死)의 뜻을 결정하여 단연코 거부하여 열조열종의 폐하께 부비하신 중임을 저버리지 않는 것이 낫지 않겠습니까? … 폐하께옵서 만약 신의 말이 그르다 하옵시거든 곧 신을 베어서 제적(諸敵)들(을사늑약 체결에 찬성한 학부대신 이완용, 내부대신 이지용, 외부대신 박제순, 군부대신 이근택, 농상공부대신 권중현을 가리킨다—필자)에 사(謝)하시고 신의 말이 옳다 하옵시거든 곧 제적을 베어서 국민들에게 사하시옵소서. 신의 말은 이뿐이오니 다시 더 말할 바를 모르겠나이다.

— 이상설의 을사늑약 거부 요청 상소문에서

을사늑약 폐기운동을 주도하던 이상설은 이회영, 장유순, 이동녕, 이시영 등과 상의하여 해외 망명을 결심한다. 그리고 1906년 봄에 이동녕, 정순만 등과 한국을 떠나 상하이, 블라디보스토크를 거쳐 그해 여름에 한인이 많이 살던 북간도 용정에 도착한다.

이상설은 용정에 자리 잡자마자 민족 교육에 나섰다. 망명할 때 가산을 정리한 자금으로 천주교당 회장 최병익의 집을 사서 학교로 개축했다. 이 학교를 '서전서숙(瑞甸書塾)'으로 이름 붙이고 초대 숙장을 맡았다. 이동녕, 정순만이 서전서숙 운영을 책임졌고, 교원은 이상설, 여준, 김우용, 황달영 4인이었다. 이들은 역사, 지리, 수학, 국제공법, 헌법 등 근대 교육과 함께 항일 민족 교육을 실시했다. 교원 월급, 교재 및 학용품 구입비 등 일체의 경비를 이상설이 사재로 부담했다.

서전서숙은 이상설이 헤이그 특사단 정사로 임명되어 블라디보스토크로 떠나면서 재정난을 겪은 데다 일제의 감시까지 강화되어 개교 1년여 만에 문을 닫았다. 하지만 근대 민족 교육의 맥은 끊기지 않고 1908년에 명동촌에 설립된 명동서숙으로 이어졌다. 명동서숙은 1909년에 명동학교로 이름을 바꾸고 김약연이 교장을 맡았다. 영화 〈동주〉(2016)로 그 이름이 널리 알려진 청년 문사 송몽규, 윤동주, 문익환 등이 모두 명동학교 출신이다.

한국에서 출발한 특사단 부사 이준과 블라디보스토크에서 합류한 이상설은 1907년 5월 21일에 시베리아 횡단열차를 타고 상트페테르부르크로 출발했다. 상트페테르부르크에는 6월 중순께 도착했는데 여기서 전 러시아 주재 공사 이범진의 아들인 이위종이 결합하면서 특사단이 완성되었다. 이위종은 유창한 외국어 실력으로 향후 특사단 대변인 역할을 한다. 만국평화회의 개회(6월 15일)가 열흘쯤 지난 시점에 헤이그에 도착한 특사단은 일제 침략 실상과 한국의 요구 사항을 담은 〈공고사

(控告詞: 고하는 글)〉와 일제의 강박으로 을사늑약이 체결되는 과정을 담은 〈부속문서〉를 프랑스어로 인쇄하여 회의 사무국에 제출했다. 하지만 회의 참석이 일제의 방해로 막히자, 적극적으로 장외 활동에 나섰다. 이위종이 평화회의장 광장에서 유창한 불어로 〈공고사〉와 〈부속문서〉를 배포하며 기자회견을 했고, 7월 9일에는 각국 신문기자단의 국제 협회에 참석해 한국의 비참한 실정을 알렸다.

장외 활동 중이던 7월 14일에 이준이 순국하자 이상설은 평화회의에 대한 기대를 접고 이위종과 함께 구미 열강 순방에 나섰다. 영국을 거쳐 그해 8월 1일에 뉴욕에 도착한 이상설은 9월 초까지 미국에 머물며 한국의 독립과 미국의 지원을 호소했다. 특히 미국 대통령 루스벨트를 만나 황제 친서를 전달하려 했으나, 이미 일본과 '가쓰라-태프트 밀약'을 맺은 루스벨트는 면담을 거절했다. 이상설, 이위종은 9월 5일에 다시 헤이그로 돌아와 임시로 매장했던 이준을 안장했다. 이준의 유해는 1963년에야 고국으로 돌아왔고 현재 서울 수유동 북한산 자락에 묻혀 있다.

1908년 2월, 당시 머물고 있던 영국을 떠나 다시 미국으로 간 이상설은 1909년 4월까지 미국에 머무르며 독립 지원을 호소하는 한편, 미국 각지에 흩어져 있던 동포들을 규합해 독립운동 조직을 만들어나갔다. 그사이 일제 통감부는 1908년 8월에 헤이그 특사단 궐석 재판을 열어 이상설에게 사형, 이위종에게 종신형을 선고했다. 미국에서 국민회를 창설하는 데 힘을 보탠 이상설은 국외 독립운동 기지를 창설하기 위해 1909년 4월 22일에 미국을 떠나 7월 14일에 연해주 블라디보스토크에 도착했다.

연해주로 오자마자 그는 이승희와 힘을 모아 '대한제국을 부흥한다'는 뜻을 지닌 첫 국외 독립운동 기지인 한흥동(韓興洞)을 건설했고, 1910년 6월에는 유인석, 이범윤을 비롯한 의병 지도자들과 뜻을 모아 연해주,

간도 일대에 단일 의병 부대인 '13도 의군'을 창설했다. 이 부대를 창설한 뒤, 일제에 의해 강제로 퇴위되어 덕수궁에 머물던 광무황제에게 군자금 지원과 러시아 망명을 요구하는 상소를 보내기도 했다.

경술국치 직후 유인석, 이범윤 등과 성명회를 조직해 병탄 반대 투쟁을 하던 이상설은 9월 12일에 일제의 압력을 받은 러시아 경찰에게 체포되었다. 니콜스크(우수리스크의 옛 이름)에 유폐되었다가 1911년에 풀려나 블라디보스토크로 돌아오자마자 그는 최재형과 새로운 독립운동 기관인 권업회를 창설했고, 권업회를 기반으로 대한광복군정부를 수립해 정도령을 맡는 등 독립운동을 이어나갔다.

1914년 1차 세계대전 발발로 전시 체제에 돌입한 러시아에서 독립운동을 펼치기가 어려워지자, 이상설은 중국으로 활동 무대를 옮긴다. 1915년에 중국 상하이에서 신한혁명단을 조직해 본부장으로 활동하다가 건강이 악화된 이상설은 1917년 3월 2일에 요양지인 니콜스크에서 모든 순간 치열했고 내내 신산했던 생을 마감했다. 그의 유해는 유언에 따라 화장되어 강물에 뿌려졌다.

> 동지들은 합세하여 조국광복을 기필코 이룩하라. 나는 조국광복을 이루지 못하고 이 세상을 떠나니 어찌 고혼인들 조국에 돌아갈 수 있으랴. 내 몸과 유품은 모두 불태우고 그 재마저 바다에 날린 후 제사도 지내지 말라.
>
> — 이상설의 유언

2017년 7월에 용정에서 겪은 일로 이상설에게 또 한 번 빚진 듯 무거웠던 필자의 마음은 2년 뒤에 조금이나마 가벼워졌다. 2019년 8월, 100명 넘는 교사들과 함께 이상설의 유해가 재가 되어 뿌려진 우수리스크 수이푼강을 찾아, 강가 유허비 앞에서 그의 삶과 업적을 이야기하고 추모

이상설 유허비(왼쪽)와 복원한 생가(오른쪽)

할 수 있었던 덕분이다. 그날 이상설을 함께 추모했던 교사들은 분명히 지금 이 순간에도 교실에서 독립운동가 이상설을 학생들에게 알려주고 있을 것이다.

이렇게 잠시나마 덜었던 부채감은 2020년 11월에 이상설 생가를 찾았을 때 다시 커지고 말았다. 이상설 생가는 제대로 된 고증 없이 복원되어 있었고, 생가 주위에는 뜬금없이 탱자나무가 심겨 있었다(이상설 생가는 복원 과정에서 건물 규모와 배치, 마당, 담장 등이 원형과 다르다는 점이 복원 직후부터 제기되었다). 유독 가시가 많은 탱자나무는 조선 시대에 유배 보낸 죄인이 집에서 벗어나지 못하게 하려고 주위에 울타리처럼 심던 나무다. 대체 왜 이상설 생가 주위를 탱자나무로 둘러싼 걸까? 그의 신산했던 삶을 상징하려 한 것 같기도 한데, 오히려 일제 식민지에 갇혔던 그가 죽어서도 탱자나무 울타리에 갇혀버린 것 같아 못내 씁쓸했다. 엎친 데 덮친 격으로 생가와 사당 옆에 있는 유물전시관은 지금까지 봤던 어떤 기념관보다 초라했고, 유물전시관 옆 이상설기념관 건립 예정지는 터만 닦은 채 몇 년째 방치되어 있었다. 이상설은 고향에서조차 여전히 잊힌 독립운동가다.

독립운동 동지, 신채호와 박자혜

이상설 유적지에서 차량으로 한 시간 정도 이동하면 이상설과 블라디보스토크에서《권업신문》을 함께 꾸렸던 단재 신채호의 유적지에 도착할 수 있다.《권업신문》은 권업회 기관지로 1912년 5월에 창간되었다. 국내에서《대한매일신보》주필로 필명을 날렸던 신채호를《권업신문》전신인《권업보》주필로 초빙한 이가 바로 이상설이다.

가는 길에 동학 3대 교주이자 3·1운동 때 '민족대표 33인'의 필두였던 의암 손병희 유적지도 둘러보면 좋다. 민족대표 33인을 상징하는 태극기 33개가 항상 게양되어 있는 손병희 유적지는 초라하고 쓸쓸한 느낌이 드는 이상설 유적지에 비하면 규모도 크고 관람객도 많다. 유적지 안에는 본래 자리에서 조금 떨어진 곳에 복원된 손병희 생가, 사당,

| 손병희 유적지

동상, 기념관 등이 있다. 손병희 묘소는 그가 천도교 간부 수련을 위해 1912년에 지었고 3·1운동 때는 거사를 준비하는 장소로 쓰이기도 했던 서울시 수유동의 봉황각 앞 언덕에 있다.

신채호는 이상설이 태어난 지 딱 10년 뒤인 1880년에 충청도 회덕현(현재 대전광역시 중구)에서 태어났다. 대전광역시 중구에는 주민들의 고증을 토대로 복원한 신채호 생가가 있고, 생가 앞에는 그의 동상이 세워져 있다. 세 살 때 가족이 청주시 낭성면으로 이사했고, 신채호는 거기서 신학문과 구학문을 모두 섭렵하다가 1898년 가을에 성균관에 입학했다. 성균관에 재학하며 고향에서 애국계몽운동을 펼치던 신채호는 1905년 낭성면 사돈집을 찾아온 장지연을 만났고, 그의 초청으로 1907년에《황성신문》논설 기자가 되었다. 같은 해에《대한매일신보》로 옮긴 신채호는 1910년 4월, 국외 독립운동을 위해 망명하기 전까지 수많은 시론과 사설로 국권 수호를 위한 민중 계몽과 배일사상을 고취하는 데 전력했다.

신채호는 1911년에 블라디보스토크에서 광복회를 조직해 부회장으로 활동했고, 1912년에《권업신문》주필로 활약하다가, 1913년부터 신규식, 박은식 등의 초청으로 상하이로 가 중국에서 활동했다. 그 이후 1928년 5월에 일제에 체포될 때까지 만주 일대 고구려 유적과 백두산 등을 답사하며 역사 연구에 매진하는 한편, 대한독립청년단 단장, 상하이 임시정부 임시의정원 의원,〈조선혁명선언〉으로 불리는 의열단 선언문 집필, 무정부주의동방연맹 가입, 신간회 중앙위원 활동 등 독립운동에 온몸을 던졌다.

독립운동 자금 마련을 위해 애쓰던 신채호는 1928년 5월에 타이완 지룽 항에서 '외국위체(외국환) 위조 사건' 관련자로 일제에 체포되어 다롄 형무소로 이송되었다. 그 후 2년 동안 이어진 재판 끝에 1930년 5월에 징역 10년형을 선고받고 뤼순 감옥에 투옥된다. 뤼순 감옥은 1910년

3월 26일 안중근 의사가 순국한 곳으로, 신채호가 투옥된 지 2년 뒤에는 신민회를 결성한 1907년부터 평생 동지였던 이회영이 뒤따라 갇혔다. 이회영은 이곳에서 일제의 가혹한 고문 끝에 1932년 11월에 순국했고, 신채호 역시 1936년 2월 18일에 뇌출혈로 쓰러져 사흘 뒤 차디찬 독방에서 생을 마감했다.

청주시 낭성면 신채호 유적지에는 신채호 묘소, 사당, 기념관, 동상 등이 있다. 신채호의 유해는 뤼순 감옥 화장장에서 화장된 뒤 기차로 고국으로 돌아와 같은 해 2월 24일에 고향에 암장되었다. 신채호가 일제 호적을 취득하지 않아 매장 허가를 받을 수 없었던 탓에 암장한 것이다. 기념관에서 신채호의 삶과 업적을 돌아본 뒤 사당과 묘소를 차례로 참배하고 동상으로 가면 또 한 명의 독립운동가 박자혜를 만나게 된다.

지금도 수많은 여성 독립운동가의 삶과 업적이 남성 독립운동가의 그늘에 가려져 제대로 알려지지 않고 평가받지 못하고 있는 실정이다. '여성 독립운동가 이름 대기' 같은 게임을 해본다면 독립운동가에 대한 우리의 인식이 얼마나 편향되었는지 금세 알아챌 수 있을 것이다. 유관순 말고 대답할 수 있는 사람이 얼마나 될까? 문재인 대통령이 2018년 3·1절 기념사에서 여성 독립운동가 이름을 하나하나 부르며 쓴 '건국의 어머니'라는 표현은 '건국의 아버지'에 비하면 아직 사람들에게 익숙하지 않다.

천안 아우내장터에서 만세시위를 주도한 열여덟 살 유관순 열사는 지하 독방에서 고문과 영양실조로 순국했습니다. 열일곱 꽃다운 나이의 동풍신 열사는 함경북도 명천 만세시위에 참가했고 이곳 서대문형무소에서 순국했습니다. 밤을 지새우며 태극기를 그린 부산 일신여학교 학생들, 최초 여성 의병장 윤희순 여사, 백범 김구 선생의 강직한 어머니 곽낙원 여사, 3·1 운동 직후인 3월 9일 46세의 나이에 압록강을 건너 서로군정서에 가입한 독립군의 어머니 남자현 여사, 근우회 사건을 주도한 후 중국으로 망명하여 의열단 활동을 한 박차정 열사, 대한민국 임시정부의 독립자금을 마련하기 위해 국경을 6차례나 넘나든 정정화 의사, 우리에게는 3·1운동의 정신으로 대한민국을 세운 건국의 어머니들도 있었습니다.

— 문재인 대통령 '2018년 3·1절 기념사'에서

다행히 건국의 어머니들 중 한 명인 박자혜는 신채호와 함께 당당히 서 있었다. 구한말 일제의 침탈에 맞선 청춘들의 투쟁과 사랑을 그린 드라마 〈미스터 션샤인〉(2018)에는 다양한 인물이 나오는데, 그중 박자혜를 모델로 했을 법한 인물이 있다. 잠시 드라마로 들어가 보자. 일본인 병원에서 일하던 한국인 간호사는 일제의 대한제국 군대 해산 과정에서 다친 한국인 부상자들을 치료하고 있다. 그때 병원으로 밀고 들어온 일본군이 다른 부상자를 그 자리에서 총으로 쏴

박자혜와 신채호 동상 |

죽이면서까지 일본인 부상병을 먼저 치료하라며 윽박지른다. "뭐해? 부상병들이 고통스러워하고 있잖아. 뭐라도 해봐!" 한국인 간호사는 "네, 뭐라도 해보는 게 맞습니다"라고 짧게 답한 뒤 바로 의약품을 챙겨 나와 의병 부대에 합류한다. 구한말 저항의 주체로 깨어나던 민중의 모습을 극적으로 보여준 명장면이다.

박자혜가 독립운동에 나서는 모습도 드라마 속 인물과 닮았다. 1895년 12월 11일에 경기도에서 태어난 박자혜는 어린 나이에 나인으로 입궁했다가 대한제국이 망하자 궁을 나왔다. 그 뒤 숙명여학교를 졸업하고 사립 조산부 양성소를 다녔다. 조산부 자격증을 얻어 조선총독부의원 산부인과 간호사로 일하던 박자혜는 3·1운동 때 병원에 실려 온 부상자를 치료하며, 바로 앞에서 말한 드라마 속 간호사처럼 뭐라도 해야겠다는 생각을 하게 되었다. 그는 민족대표 33인 중 한 사람인 이필주 목사와 연결되어 간우회를 조직했고, 간호사들에게 동맹파업에 참여할 것을 독려했다. 또한 뜻을 같이한 간호사들과 3월 10일 만세운동에 동참했고 이 사건으로 일제 경찰에게 체포되었다. 더는 일본을 위해 병원에서 근무할 수 없다고 생각한 박자혜는 펑톈을 거쳐 베이징으로 가 1919년에 옌징 대학 의예과에 입학했다.

그러다가 1920년에 중국에서 신채호와 결혼했고, 생활고를 감당하기 어려워지자 1922년에 둘째 아들을 임신한 채 첫째 아들 수범과 함께 국내로 돌아왔다. 그 후 서울 인사동에서 '산파 박자혜'라는 간판을 내걸고 생계를 꾸려가는 한편, 나석주의 동양척식주식회사 폭파 의거(1926년 12월 28일) 때 사전에 위치와 지리를 안내하는 등 의열단 활동을 지원했다. 일제 경찰의 감시 속에서 고초를 겪던 박자혜는 신채호의 순국 이후 둘째 아들마저 영양실조로 잃었고(1942년), 그 자신은 1943년 10월 16일에 쓸쓸히 병사했다. 박자혜의 유해는 당시 만주에 있던 첫째 아들이 미처 도착하기도 전에 화장되어 한강에 뿌려졌다. 단재기념사업회와 유족 등은 2007년에 신채호 묘소를 새로 단장하면서 박자혜의 위패를 함께 묻어 부부의 사후 해로를 기원했다. 정부는 1990년에 박자혜에게 건국 훈장 애족장을 추서했다.

그들이 상상조차 하지 못했을 미래

마음속 부채감은 때로 세상을 조금이라도 더 낫게 만드는 힘이 되기도 한다. 저 멀리 연해주 수이푼강에 재가 되어 뿌려진 이상설도, 뤼순 감옥 차디찬 독방에서 펜과 목숨을 함께 놓친 신채호도, 일제 경찰의 감시 속에서 쓸쓸하게 생을 마치고 한 줌 재로 한강으로 돌아간 박자혜도, 결코 오늘의 '분단'을 상상조차 하지 못했을 것이다. 광무황제를 망명시켜 후일을 도모하려 했던 이상설과, 아나키스트 신채호가 꿈꾸던 독립 이후 한반도의 모습은 달랐을 수 있지만, 누구도 둘로 나뉜 한반도를 머릿속에 떠올리진 못했을 것이다. 그들의 멈춤 없는 투쟁 덕분에 '독립'이라는 귀한 선물을 받아놓고는, 여전히 갈라진 채 그들의 삶과 업적도 제대로 기억하고 기리지 못하고 있는 우리는 어떻게 하면 이 부채감을 덜 수 있을까? 용정을 시작으로 우수리스크를 거쳐 진천과 청주로 이어진 3년 동안의 여정 내내 필자가 스스로 묻고 또 물은 질문이다.

• 김진환

충남 천안

함께 고생하고 함께 싸웠던 시절의 기억들을 찾아

남북 정상이 2018년 9월 19일에 발표한 '평양공동선언'에는 이런 합의가 담겨 있다. "남과 북은 10·4선언 11주년을 뜻깊게 기념하기 위한 행사들을 의의 있게 개최하며, 3·1운동 100주년을 남북이 공동으로 기념하기로 하고, 그를 위한 실무적인 방안을 협의해 나가기로 하였다." 남한 사회에서는 3·1운동을 독립 의지를 세계에 알리고 임시정부 수립을 가시화한 '성공한' 운동으로 평가하는 게 일반적이다. 이와 달리 북한 사회에서는 3·1운동을 부르주아 민족운동의 한계를 드러낸 '실패한' 운동으로 바라본다. 그럼에도 불구하고 일제 강점으로 고통받던 식민지 민중이 3월 1일을 기점으로 일제에 맞서 만세를 부르며 싸웠다는 '사실'은 누구도 시비할 수 없다. 그리고 당연한 얘기지만, 그 시절에는 남북도 없었다.

100년 전 오늘, 남과 북도 없었습니다. 서울과 평양, 진남포와 안주, 선천과 의주, 원산까지 같은 날 만세의 함성이 터져 나왔고 전국 곳곳으로 들불처럼 퍼져나갔습니다. 3월 1일부터 두 달 동안 남북한 지역을 가리지 않고 전국 220개 시군 중 211개 시군에서 만세시위가 일어났습니다. 만세의 함성은 5월까지 계속되었습니다. 당시 한반도 전체 인구의 10퍼센트나 되는 202만여 명이 만세시위에 참여했습니다. 7500여 명의 조선인이 살해됐고 1만6000여 명이 부상당했습니다. 체포·구금된 수는 무려 4만 6000여 명에 달했습니다.

— 문재인 대통령 '2019년 3·1절 기념사'에서

3·1운동에 대한 평가 차이에도 불구하고 남북 당국이 함께 기념하기로 한 건 바로 앞에서 말한 명백한 사실인 '일제에 맞선 저항과 투쟁'일 것이다. 북한 당국도 '3·1운동'을 '3·1인민봉기'라고 부르며(북한 당국이 2018년 9월 20일자《로동신문》에 실은 '평양공동선언' 전문에는 '3·1인민봉기'라고 적혀 있다) "일제에게 빼앗긴 나라와 민족의 자주권을 되찾기 위한 애국항쟁"이라고 규정한다.

안타깝게도 2019년 공동 기념행사는 북한 당국이 그해 2월 21일에 시기적으로 준비하기 어렵겠다고 통보해 무산되었다. 비록 2019년에는 현실로 만들지 못했지만, 남북이 함께 경험한 역사 속에서 뜻깊은 일이나 훌륭한 인물을 찾아 함께 기억하고 마음에 간직하는 노력을 계속해야 한다. 그런 노력이 한반도 평화를 진전시키는 데 도움이 되기 때문이다. 왜 그런지 좀 더 생각해 보자.

남북 주민 모두에게 공부가 필요한 이유

평화를 원한다면 대화를 해야 한다. 남북 대화는 한반도 평화를 만들어가는 가장 힘 있는 수단이다. 그런데 군사적 긴장 완화, 도로·철도 연결, 산림 협력 같은 명확한 의제를 가지고 만나는 남북 당국자들이 아니라, 일반적인 남북 주민들이 만나면 어떤 이야깃거리를 가지고 대화할 수 있을까?

먼저 만국 공통 소재인 날씨 이야기로 시작할 가능성이 높다. 첨예한 논쟁을 앞둔 당국자들도 처음 만나면 대부분 날씨를 소재로 덕담을 주고받는다. 날씨 이야기를 마치면 아마도 앞에 놓여 있는 음식, 함께 보고 있는 풍경 등이 이야깃거리가 될 것이다. 그 뒤에는? 남한 주민들끼리라면 대개 영화, 드라마, 예능, 연예인, 책, 운동, 여행 이야기를 가볍게 주고받으며 공감대를 넓혀 갈 텐데, 안타깝게도 아직 남한 주민들은 북한 주민들이 접하고 즐기는 영화, 드라마, 예능, 연예인, 책, 운동, 여행 등에 대해 잘 알지 못한다. 북한 주민들도 남한 주민들의 대중문화를 잘 모르긴 마찬가지다.

사정이 이렇다 보니 실제 남북 주민들의 대화는 현재 삶을 건너뛰고 '미래'나 '과거'로 직행하는 편이다. 남북 화해·협력이 가져다줄 것 같은 여러 이점을 얘기하거나, 민족문화유산이 참 풍부하고 자랑스럽다는 식으로 대화 방향을 잡는 것이다. 그렇게 해도 대화는 얼마 못 가서 끊긴다. 아직 남북 화해·협력 경험이 많지 않은 탓에 이야기가 다분히 뜬구름 잡듯 흘러가거나, 서로 상대 지역에 가볼 기회가 별로 없었던 탓에 석굴암과 첨성대가 얼마나 근사한지, 강서대묘의 〈사신도〉가 얼마나 경이로운지 잘 와 닿지 않기 때문이다. 그렇다고 '먼' 과거가 아닌 '가까운' 과거, 곧 분단 이후 역사를 소재로 얘기하다가는 워낙 다툰 일이 많았기에 친해지기는커녕 감정 상할 가능성이 크지 않을까?

이렇게 생각이 이어질 때마다 필자는 구한말 이래 광복까지 민족 '수난과 저항의 역사'를 떠올린다. 남북으로 갈라지기 전 우리 민족이 함께 고생하고 함께 싸웠던 '수난과 저항의 기억'은 오랜 분단에도 불구하고 남북 주민들의 의식에 새겨져 있다. 구한말 이래 광복까지가 우리 민족에게 지극히 고통스러운 시기였고, 수많은 민중과 애국지사가 해방을 위해 싸웠다는 사실을 부정하는 사람들은 남에서든 북에서든 찾아보기 어렵다. 이러한 공통 인식이 있기에 식민 지배를 진정으로 반성하고 사죄하지 않는 일본에 공통적으로 반감을 보이는 것이다. 요컨대 이 시대는 남북 주민들이 함께 가슴 아프게, 그리고 쉼 없이 저항했으니 자랑스럽게 돌아보고 이러한 고통을 반복하지 않으려면 무엇이 필요한지 함께 이야기하기에 좋은 시대다. 달리 말하면, 이 시기 '수난과 저항의 기억'은 남북 주민들의 대화를 이어주는 튼튼한 끈이 될 수 있다.

그런데 이 시대를 소재로 무리 없이 대화하기 위해서는 반드시 넘어야 할 장애물이 있다. 바로 이 시대에 대한 '지식' 부족이다. 지식이 있어야 나름의 평가도 할 수 있고 지식이 있어야 나름의 교훈도 찾을 수 있을 텐데, 솔직히 우리는 이 시대에 대해 아는 게 충분하지 않다. '을사오적' 중에서 이완용밖에 이름이 떠오르지 않고, 일제강점기에 도대체 몇 명이나 작업장과 전쟁터로 끌려갔는지 대략적인 수치도 잘 생각나지 않는다. 독립운동가의 이름과 얼굴을 연결하는 일도 쉽지 않다. 북한 주민들도 비슷할 것이다. 김일성 일가의 항일투쟁을 중심으로 구한말과 일제강점기를 배우다 보니, 아무래도 김일성 일가와 관계없는 사건이나 인물에 대해서는 잘 모를 수 있다. 그러니 남북 주민들 모두 일제강점기 '수난과 저항의 역사'를 폭넓게 공부해야 한다. 이것이 바로 우리가 천안에 가는 이유다.

유관순과 동풍신에게는 남북이 따로 없었다

첫 견학 장소로는 유관순 유적지가 좋을 것 같다. 남북이 함께 기념하기로 한 3·1운동의 상징적 인물이 유관순인 데다가, 이어서 찾을 이동녕 유적지에서 3·1운동의 영향으로 수립된 임시정부에 대해 공부하는 것이 시간 흐름으로 보면 자연스러우니 말이다.

유관순 유적지는 충청남도 천안시 병천면에 있다. '병천 순대'로 이름난 병천은 알아도 아우내는 모르는 사람이 많다. '아우를 병(竝)' 자와 '내천(川)' 자가 합해진 '병천(竝川)'의 우리말 지명이 '아우내'이고, 유관순이 1919년 4월 1일에 만세시위를 한 곳이 바로 '아우내장터'다. 유관순 유적지를 돌아본 뒤 병천 순대를 먹으면 자랑스러운 역사와 호흡하고 왔다는 뿌듯한 마음에 더 맛있을 테고, 병천 순대를 먹고 난 뒤 유관순 유적지를 돌아보면 소화에도 도움이 되고 마음의 양식까지 채울 수 있을 것이다.

유관순은 1902년 12월 16일 충남 목천군 이동면(현재 충남 천안시 병천면)에서 태어났다. 생가는 1991년에 복원되었다. 유관순 유적지는 야트막

| 유관순 생가

한 매봉산을 사이에 두고 유관순기념관, 추모각 등과 유관순 생가가 반대편에 자리 잡은 모습이다. 2020년 11월에 필자가 찾았을 때는 2003년에 개관한 기념관을 새롭게 단장하는 공사가 한창이었다.

1915년부터 서울 이화학당에 다니던 유관순은 일요일이면 정동교회 예배에 참석해 훗날 상하이 임시정부, 길림(지린)시 등지에서 활약한 독립운동가 손정도 목사의 설교를 들었다. 이렇게 이화학당과 정동교회에서 독립 의지를 키워가던 유관순은 1919년 3월 1일 시위에 이어 5일 남대문역(현재 서울역)시위에 참여했다가 남산 경무총감부로 잡혀갔다. 거기서 외국인 선교사들의 강력한 항의로 풀려났으나, 10일에 조선총독부가 이화학당을 강제로 휴교하자 귀향한다.

고향에 온 유관순은 아버지 유중권, 작은아버지 유중무, 마을 지도자 조인원 등과 4월 1일 장날 아우내장터 만세시위를 계획했다. 천안 지역에서도 만세시위가 3월 14일 목천보통학교 학생 120명의 시위를 시작으로 불붙고 있는 상황이었다. 3월 29일에 천안 읍내에서는 3000여 명의 군중이 만세 시위를 벌였다. 아우내장터 만세시위 때 쓸 태극기를 만들었던 곳이 지령리교회인데, 이 교회는 일제의 핍박과 압력으로 1932년에 끝내 문을 닫았고 그 자리는 현재 논으로 변했다. 유관순 생가 바로 옆에는 지령리 교회를 계승해 1967년에 세워진 매

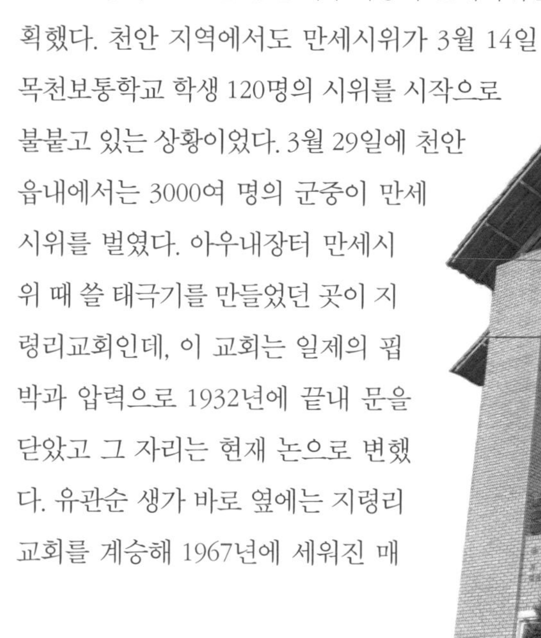
| 매봉교회

봉교회가 있다. 매봉교회에 가면 교회 역사, 유관순과 3·1운동 관련 내용 등을 소개하는 전시실도 꼭 들르자. "시대적 사명을 다한 매봉교회"라는 글귀의 울림이 큰, 소박한 전시실이다.

만세시위 준비가 끝나자 유중권, 유중무 등은 만세시위를 알리기 위해 3월 31일 자정에 동서남북 곳곳에서 횃불을 올리기로 했고, 유관순도 동생 유인석과 매봉산 정상에 올라 횃불을 들었다. 현재 매봉산 정상에는 '유관순 열사 봉화탑'이, 산 중턱에는 유관순의 혼백을 봉안한 '유관순 열사 초혼묘'가 있다. 유관순의 유해는 정동교회에서 장례식을 치른 뒤 이태원 공동묘지에 안장됐는데, 그곳은 일제강점기에 도시 개발로 사라지고 말았다. 봉화탑과 초혼묘는 유적지 주차장에 차를 세워두고 걸어가야만 볼 수 있다.

드디어 4월 1일 아우내장터에 3000여 명이 집결했다. 오후 1시 조인원이 태극기를 들고 〈독립선언서〉를 낭독한 뒤 "대한 독립 만세"를 선창했다. 조인원, 유중권, 김구응, 김상헌, 김구헌, 김교선, 조병호 등이 만세시위 선두에 섰다. 출동한 일제 헌병들은 총을 쏘고 칼을 휘두르며 군중을 강제로 해산했다. 유관순의 아버지 유중권과 어머니 이소제를 포함해 19명이 일제 총칼에 목숨을 잃었고 30여 명이 중상을 입었다. 유관순 유적지에는 아우내장터에서 순국한 19명과 그 뒤 옥고를 치르거나 부상으로 순국한 28명 등 총 47명(11명은 신원 확인 불가)의 넋을 기리는 '순국자 추모각'이 있다. 널리 알려진 유관순뿐만 아니라 이름이 잘 알려지지 않은 순국자도 함께 기념하는 마음이 고맙고 따뜻하다.

피신했던 유관순은 얼마 뒤에 체포되어 공주형무소로 끌려갔다. 5월 19일, 공주지방법원은 만세시위 주동자 유관순, 유중무, 조인원에게 징역 5년을 선고했다. 유관순 등은 그 판결에 불복해 경성복심법원에 항소했고, 경성복심법원은 6월 30일에 징역 3년을 선고했다. 유관순은 서대문감옥에서 1920년 3월 1일에 옥중 만세시위를 주도하는 등 투쟁을 계속하다 고문 후유증으로 그해 9월 28일 오전에 순국했다.

천안 아우내장터에 유관순이 있었다면, 명천 화대장터에는 동풍신(1904~1921)이 있었다. 천안 목천보통학교 학생들이 만세시위를 했던 1919년 3월 14일, 함경북도 명천 화대리의 헌병 분견대 앞에서도 5000여 명이 참가한 만세시위가 벌어졌다. 이때 일제 헌병들의 발포로 다섯 명이 현장에서 목숨을 잃었다. 분노한 주민 5000여 명이 15일에 다시 모여 화대장터에서 만세시위를 이어갔다.

동풍신의 아버지 동민수도 아픈 몸을 이끌고 15일 시위에 나갔다. 시위대는 일제 앞잡이로 주민들을 괴롭히던 면장 동필한을 끌어내 만세를 부르라고 강요했다. 동필한이 인근 헌병 분견대로 도망치자 시위대는 헌병 분견대 앞으로 가 동필한을 내놓으라고 요구했다. 그 순간 길주 헌병대에서 지원 나온 일제 기마헌병 열세 명이 군중을 향해 무차별 발포했다. 동민수를 비롯해 다섯 명이 현장에서 숨졌고 열한 명이 중경상을 입었다.

아버지의 비보를 들은 열다섯 살 동풍신은 현장으로 달려가 아버지를 끌어안고 대성통곡했다. 하지만 동풍신은 울고만 있지 않았다. 한동안 땅바닥에 엎드려 울던 동풍신은 자리에서 벌떡 일어나 "대한 독립 만세"를 외치기 시작했다. 헌병 발포로 골목에 피해 있던 시위대는 동풍신의 만세 소리에 고무되어 다시 만세시위를 이어갔고, 동필한의 집과 면사무소를 불태웠다.

현장에서 체포된 동풍신은 함흥형무소로 끌려갔다. 그 뒤 함흥지방법원은 동풍신에게 징역 2년 6개월을 선고했다. 동풍신은 상소했고 경성복심법원에서 2심 재판을 받기 위해 서대문감옥으로 이송되었다. 일제는 감옥에서 거짓말로 동풍신을 회유하려 했다. 명천 출신 여성을 같은 감방에 넣어 어머니가 상심 끝에 돌아가셨다고 거짓말을 하게 한 것이다. 충격을 받은 동풍신은 식음을 전폐하다 건강을 잃었고, 1921년에 안타깝게 옥중에서 순국했다.

대한민국 정부는 1991년에 동민수와 동풍신에게 건국훈장 애국장을 추서했고, 문재인 대통령은 2018년 3·1절 기념사에서 "동풍신 열사는 함경북도 명천 만세시위에 참가했고 이곳 서대문형무소에서 순국했습니다"라며 그의 이름을 또 한 번 사람들에게 알렸다.

'산에서 흐르는 물이 바위를 뚫는다'

유관순 유적지에서 차량으로 20분 정도 가면 '임시정부의 정신적 지주'로 불리는 이동녕 유적지에 도착한다. 이동녕 유적지에는 생가, 기념관,

| 이동녕기념관(왼쪽)과 상하이 임시정부 청사(오른쪽)

이동녕의 친필 휘호 '산류천석'을 새긴 휘호석 등이 있다. 2010년에 개관한 기념관의 겉모습은 '임시정부의 정신적 지주'였던 이동녕 기념 시설답게 상하이 임시정부 청사의 외관과 많이 닮았다. 그가 즐겨 썼다는 '산류천석(山溜穿石)'은 '산에서 흐르는 물이 바위를 뚫는다'는 뜻이다. 작은 노력이라도 끈기 있게 계속 하면 큰일을 할 수 있다는 의미가 담긴 말이다. 한순간도 포기하지 않고 일제와 부딪쳤던 이동녕의 삶과 꼭 닮은 사자성어다.

이동녕은 1869년 충남 목천군 읍내면(현재 천안시 목천읍)에서 태어났다. 1890년대 후반에 독립협회, 《제국신문》 등에 가담하며 독립운동에 본격적으로 나섰고, 만민공동회 강제 해산 때 체포되어 첫 옥고를 치렀다. 1904년에 상동교회에서 이동휘, 이회영, 이시영, 조성환, 주시경 등 평생 동지들을 만난 이동녕은 을사늑약 체결 직후 이준, 김구, 이시영 등과 덕수궁 대안문(현재 대한문) 앞에서 늑약 반대 연좌시위를 하다 체포되어 또다시 옥에 갇혔다.

이동녕은 일제의 감시가 강화되어 국내 활동이 어려워지자 북간도 용정으로 망명해 이상설과 함께 서전서숙에서 민족 교육을 펼쳤다. 이상설이 헤이그로 떠난 뒤 국내로 돌아온 이동녕은 1907년 초에 조직된 비밀결사 신민회의 총무로 활동하며 국외 독립군 기지를 개척하자고 주장했다. 대한제국이 몰락하자 1910년 10월에 서간도로 망명해 신흥강습소 소장을 맡으며 그의 지론이었던 독립전쟁을 준비하기 시작했다. 1914년에 블라디보스토크에서 이상설, 이동휘 등과 대한광복군정부를 조직한 것도 독립전쟁 준비의 일환이었다. 하지만 1차 세계대전 발발 이후 러시아와 일제가 동맹이 되면서 독립전쟁 계획은 좌절되었다.

1차 세계대전이 끝나자 이동녕은 만주와 연해주 일대 독립운동가들과 〈대한독립선언서〉를 발표한 뒤 3·1운동 직후 상하이로 와 임시정부 수립의 산파 역할을 했다. 임시정부 수립을 위한 임시의정원 초대 의장을 맡아 4월 10, 11일에 열린 첫 회의에서 전문 10조로 된 '대한민국 임시헌장'을 제정·통과시키고 임시정부 수립을 내외에 선포한 이가 바로 이동녕이다.

그 뒤 이동녕은 임시정부가 흔들릴 때마다 책임을 피하지 않고 임시정부를 지켜나갔다. 상하이 임시정부를 수립할 때 국무총리로 추대된 이승만이 워싱턴에 체류하면서 상하이로 부임하지 않자, 임시의정원 의장을 손정도에게 맡기고 자신은 국무총리 대리로서 임시정부의 터전을 다져 나갔다. 그해 9월 11일에 출범한 통합 임시정부 내무총장에 임명된 이동녕은 대통령 이승만과 국무총리 이동휘의 갈등으로 이동휘가 러시아로 떠나버리자 국무총리 대리를 겸하기도 했다. 그러다가 1924년 4월에 국무총리에 정식 취임해 임시정부 쇄신을 주도했고, 1927년부터는 집단 지도 체제인 국무위원제에서 국무위원 호선(互選)으로 임명하는 '주석'을 김구, 송병조 등과 번갈아 맡으며 임시정부를 이끌었다. 김구와 함께 이봉창·윤봉길 의거를 결행한 것도 이동녕의 업적 중 하나다.

임시정부는 1937년 7월에 중일전쟁의 불길을 피해 난징, 창사, 광저우, 류저우를 거쳐 치장(綦江)까지 왔다. 임시정부가 치장에 있던 1939년 10월, 이동녕은 71세 고령으로 네 번째 주석 임무를 맡아 한국광복군 창설을 추진하며 독립전쟁 의지를 불태웠다. 또한 중일전쟁이 발발한 이후에는 김구, 김원봉 등과 함께 중국 관내 민족주의 계열, 사회주의 계열, 아나키스트 계열을 통합해 단일한 항일전선을 세우려는 노력을 지속적으로 펼쳤다. 김구와 김원봉이 좌우 통합을 추진하며 1939년 5월 10일에 함께 발표한 〈동지동포들에게 보내는 공개신(公開信)〉에는 일제강점기 수난과 저항의 역사를 돌아보며 우리가 꼭 새겨야 할 교훈이 담겨 있다.

주의와 사상이 같지 않다는 이유에서 각 단체의 분립을 주장하는 이론(理論)이 있는 것을 우리는 본다. 그러나 주의와 사상이 다르다고 반다시 한 정치조직을 이루지 못한다는 원리는 없는 것이다. 주의와 사상이 부동(不同)하다 할지라도 동일한 대적(大敵)의 앞에서 동일한 정치강령 밑에서는 한 조직의 구성원이 될 수 있는 것이다. (원문의 한자를 한글로 바꿔 인용함.)

고령에도 건강을 돌보지 않고 독립전쟁 준비와 좌우 통합에 매진하던 이동녕은 결국 급성 폐렴으로 1940년 3월 13일에 치장에서 순국했다. 이동녕은 민족의 대동단결만이 광복을 앞당길 수 있다는 유언을 남겼다. 동지들은 그의 유언에 부응하듯 1940년 9월에 충칭에서 한국광복군을 창설했고, 1944년 4월에 마침내 좌우 연합 정부를 구성했다. 이동녕의 장례는 임시정부 국장으로 치러졌고, 김구가 1948년 9월에 고국으로 모셔와 사회장을 치른 뒤 서울 효창공원에 안장했다.

이동녕기념관은 이동녕의 독립운동 여정을 임시정부 역사와 엮어 잘 소개하고 있고, 이동녕의 편지, 휘호, 사진 등도 전시해 놓았다. 기념관 맞은편에는 '신흥 독립군 학교'라는 간판을 단 소박하고 정성스러운 어린이 체험 시설도 마련되어 있다. 이동녕을 닮은 종이인형 만들기는 놓치기 아까운 프로그램이다. 복원된 생가 바로 옆에는 500살쯤 되었다는 은행나무가 있다. '은행나무 어르신'은 이동녕의 어린 시절도 지켜봤을 게 분명하다. 이동녕이 태어난 집은 복원되었는데, 그가 생의 마지막을 보낸 집은 어떤 상태일까? 직접 보고 온 이의 고마운 글을 인용해 본다.

사전 조사를 통해 알고는 있었지만 생각보다 유적을 찾기가 어려워 난감한 가운데 그나마 흔적이 남아 있는 이동녕 주석의 집으로 향했다. 야트막한 이층집은 작고 초라해 한 나라의 주석을 지냈던 인사가 살던 집이라고 하기가 민망했다. 그래도 초라한 것이야 예상한 바이지만 위태로움은 예상을 뛰어넘었다. 마치 철거 직전에 멈춘 것 같은, 그러니까 중장비를 동원해 작업하던 중 딱 멈추고 어디 점심을 먹으러 간 것 같은 모습이라서 당황스러울 뿐이다. 집과 닿아 있는 담장도 잘린 면이 거칠게 드러나 있다. 덩그러니 남아 있는 집 벽에 '한국 임시정부 주석 이동녕 구거유지'라는 빛바랜 표지판이 있는데 그나마도 몇 글자는 훼손되어 있다. 이 일대를 재건축하기 위해 건물을 철거하다가 갑작스럽게 한국의 임시정부 유적을 보존하라는 지시를 들은 것만 같다. 이동녕 주석의 집은 우리가 조금이라도 관심을 늦춘다면 임시정부 유적지가 곧 사라질 수도 있다는 것을 경고하는 듯하다.

— 박광일 글·신춘호 사진,《제국에서 민국으로 가는 길》에서

질문하기 시작한 독립기념관

가봤던 사람들은 고개가 끄덕여질 것이다. 1987년에 천안에 세워진 독립기념관은 방대한 면적과 방대한 전시물 때문에 결코 짧은 시간 안에 돌아볼 수 있는 곳이 아니라는 말에. 서로 가까이 있다는 이유로 유관순 유적지, 이동녕 유적지와 독립기념관을 하루에 묶어 견학하려는 계획을 세운다면, 계획대로 실행하기가 쉽지 않을 것이다. 마치 독립운동사 교과서가 2차원에서 3차원으로 나온 것처럼 볼거리가 많은 독립기념관에서는 하루를 온전히 보내는 것도 괜찮다. 게다가 최근 독립기념관은 볼거리뿐 아니라 적극적으로 '생각할 거리'까지 주고 있으니 견학 시간을 더 넉넉하게 잡아야 할 듯하다.

솔직히 이전까지 독립기념관 견학은 전형적인 암기식 수업 같았다.

무거운 다리를 끌고 다니며 전시물을 보고 읽다 보면 감동도 많이 받고 머리에 '구체적인' 지식이 많이 쌓이기도 했다. 그러면서도 한편으로는 독립운동의 의미나 가치 같은 '추상적인' 문제도 생각해 보거나 토론할 여지가 있으면 좋겠다는 생각이 들었다. 교육 현장에서는 암기 일변도 수업에서 벗어나 지식과 토론을 결합한 수업을 한 지 오래되었는데 독립기념관의 변화는 조금 더딘 듯해 아쉬웠다는 얘기다.

그런데 2020년 11월, 오랜만에 독립기념관을 찾았을 때 몇 가지 달라진 모습을 봤고, 그 덕분에 그동안의 아쉬움이 어느 정도 가셨다. 기존 독립기념관 상설전시는, 제1관 '겨레의 뿌리'에서는 선사 시대부터 조선 후기까지 민족문화유산과 국난 극복사, 제2관 '겨레의 시련'에서는 개항기에서 일제강점기까지의 시련, 제3관 '나라 지키기'에서는 의병전쟁과 애국계몽운동으로 대표되는 구한말 국권회복운동, 제4관 '겨레의 함성'에서는 3·1운동, 제5관 '나라 되찾기'에서는 일제강점기 국내외 각지에서 전개된 항일무장투쟁, 제6관 '새나라 세우기'에서는 일제강점기 민족문화 수호운동과 민중의 항일운동, 대한민국 임시정부 활동을 알아보는 순서로 이루어져 있었다.

눈에 띄게 달라진 건 크게 두 가지였다. 하나는 제4관 '겨레의 함성'이 제3관으로 옮겨 가면서 3·1운동 관련 내용이 좀 더 간결해지고 그림이나 입체 전시물이 많아졌다는 점이다. 많은 걸 알려주고 싶은 의욕을 조금 내려놓고, 관람객에게 3·1운동에 대해 생각할 여지를 주는 것 같았다. 다른 하나는 제4관을 '평화누리'로 새롭게 단장하면서 관람객이 독립운동의 의미와 가치를 스스로 찾아보도록 했다는 점이다. 아래 문장은 독립기념관 홈페이지에서 제4관을 소개하는 대목이다.

제4관 '평화누리'는 민족의 자유와 독립을 위한 투쟁이자 인류 보편의

| 독립기념관 내 전시물

가치인 자유와 정의 그리고 진정한 평화를 지향한 독립운동의 참뜻을 공감하고 나누는 전시관입니다. 시공간을 초월하여 미래까지 계승되어야 하는 소중한 정신적 가치인 독립운동의 의미와 가치를 어떻게 기억하고 계승해야 하는지 함께 생각해 볼 수 있습니다.

이런 의도라면 현재 제5관, 제6관을 제4관, 제5관으로 하고 평화누리를 마지막 제6관으로 하는 것도 괜찮지 않았을까? 독립기념관 측은 상설전시관의 가운데 위치인 제4관을 평화누리로 하는 게 이 공간을 만든 의미를 더 잘 드러내리라고 판단한 것 같다. 아무튼 평화누리는 보고 듣기보다는 생각하는 공간이다. 앞의 소개문처럼 평화누리는 '민족의 자유와 독립'이라는 익숙한 의미와 가치 외에도 '인류 보편의 가치인 자유와 정의' '진정한 평화'와 같은 의미와 가치를 독립운동가가 남긴 말들을 매개로 생각해 보자고 제안한다.

동양 평화를 실현하는 길은 서로 독립한 중국, 한국, 일본 세 나라가 평화를 부르짖고 서로 화합하고 유럽과 세계 여러 나라와 더불어 평화를 위해 힘을 다하는 것이다. — 안중근

동양의 평화를 위해 세계 대세의 균형을 위해 동양이 단결하여 세계 문화에 공헌하기 위해 한국은 하루바삐 독립되어야 한다. — 여운형

우리 민족의 나라를 다시 세우기 위한 노력은 세계 평화의 실현이라는 궁극적 목적을 이루기 위해서다. — 조소앙

우리의 대목표인 완전 독립 그리고 세계 평화와 일치의 완성을 위해 국내외에서 우리의 힘을 더욱 통일하고 강화시켜야 한다. — 김규식

참된 자유는 반드시 평화를 동반하고, 참된 평화는 반드시 자유와 함께 해야 한다. 실로 자유와 평화는 전 인류의 요구이다. — 한용운

나는 진정한 세계의 평화가 우리나라에서, 우리나라로 말미암아 세계에 실현되기를 원한다. — 김구

물론 일제강점기 독립운동이 어떤 의미와 가치를 지닌 운동이었는지 결론 내리는 건 관람객 각자의 몫이다. 평화누리에서 유독 마음을 움직

이는 말을 만난다면, 그 말에 왜 공감했는지 이야기를 나눠보는 것도 좋을 듯하다. 유관순 유적지, 이동녕 유적지, 독립기념관 견학은 구한말부터 광복 때까지 '수난과 저항의 역사'에 대한 지식과 생각을 키우고 넓히는 좋은 기회가 될 것이다.

• 김진환

충남
홍성·예산

저마다의 방법으로 '사람을 향한' 사람들

일본 최서남단의 오키나와현은 일본 전체 면적의 0.6퍼센트에 불과하다. 그런데 주일 미군 기지의 75퍼센트가, 주일 미 해병대 병력의 약 3분의 1이 이 작은 현 면적의 25퍼센트를 차지하며 배치되어 있다. 이 같은 차별적 상황 탓에 '내부 식민지'라 불릴 정도다. 심지어 기노완시의 경우, 한복판에 미 해병대의 후텐마 기지가 자리 잡고 있다 보니 도시 자체가 도넛 모양으로 생겼다.

그런 후텐마 기지의 외벽을 끼고 신기하게도 미술관이 하나 들어서 있다. 1994년에 개관한 사키마 미술관이다. 조상 대대로 살아온 땅이 미군 기지에 수용되자, 사키마 미치오라는 한 개인이 그렇게 받은 지대를 이용해 평화운동을 위해 세운 미술관이다. 컬렉션 주제는 삶과 죽음, 고뇌와 구제, 인간과 전쟁, 그리고 평화와 인권이다. 케테 콜비츠와 조르주 루오를 비롯한 세계적인 미술가들의 작품을 여럿 소장하고 있는데 한국 미술가 중에서는 홍성담 화백과 이윤엽 판화가 등의 초대전이 열렸다.

그런데 뭐니 뭐니 해도 이 미술관의 주인공은 마루키 이리, 마루키 토시 부부가 그린 〈오키나와 전쟁도〉다. 태평양전쟁 말기의 일본 내 유일한 지상전이었던 오키나와 전투를 그린 초대형 작품인데, 이 작품이 유독 기억에 남는 까닭은 고통받는 재일조선인들도 등장하기 때문이다. 게다가 그 옆에서는 마루키 부부와 고암 이응노 화백 부부가 교유하던 영상도 상영됐다. 영상에서, 둘의 작업 스타일은 달랐지만 방향은 같은 곳, 즉 인간과 자유를 향하고 있다는 데 작가들은 동의하고 있었다.

뜨거운 삶을 산 화가 이응노의 집

오랜 기간 국내에서 이응노에 대해 이야기하거나 그의 작품을 보기란 쉽지 않았다. 남북 대결과 독재 정권의 서슬이 시퍼렇던 1967년 '동백림 사건' 때 한국으로 강제 소환되어 무기 징역을 선고받았던 탓이다. 6·25 전쟁 때 납북된 아들을 만날 수 있으리라는 기대에 동베를린에 간 것이 화근이었다. 그 뒤 1977년에는 유고슬라비아(현 크로아티아) 자그레브에서 발생한 피아니스트 백건우와 영화배우 윤정희 부부의 북한 납치 미수 사건에 연루되어 한국 정부와의 관계에서 재차 곤욕을 치러야 했다. 이어 1986년에는 평양에서 개인전이 열리면서 영영 돌아올 수 없는 다리를 건너는 듯했다.

그랬던 그의 작품이 다시금 조명되기 시작한 것은 그의 사후에 김영삼 정부가 들어서면서부터다. 1994년에 서울에서 5주기 전시회가 열렸고, 2000년에는 서울에 이응노미술관이 문을 연 데 이어, 2007년에는 대전으로 옮겨 재개관했고, 2011년에는 충남 홍성에 '이응노의 집'이 문을 열었다. 그중에서도 '이응노의 집'은 생가 터에 들어선 데다 건축가 조성룡의 나지막한 건물 디자인이 매혹적이어서 특히 많은 이들의 발길을 불러 모으고 있다.

'이응노의 집'에서는 한국 전통의 서예 기법을 차용한 서화를 시작으로, 일본 유학 시절에 접한 일본화와 서양화를 통한 변화상을 살펴볼 수 있다. 개인적인 감상이야 다들 다르겠지만, 여러 작품 중에서 특히 내 눈길을 끄는 것은 1980년 광주 5·18 이후 그리기 시작한 〈군상(群像)〉 시리즈다. 이 작품들을 보면 인간을 상징하는 단순화한 도형들이 제각기 다른 모습으로 반복 나열되어 있는데, 그것이 끝내 군집을 이루어 민주와 자유를 외치는 듯한 느낌을 준다. 때로는 마치 통일의 날처럼 거대한 축제 판이 벌어진 듯 흥겨운 모습으로, 때로는 통일을 향한 응어리진 외침을 가열하게 쏟아내는 것처럼 보인다.

열일곱의 나이에 상경해 해강 김규진에게 그림을 배운 뒤 도쿄를 거쳐 다시 서울로, 그리고 나이 쉰이 넘어서는 파리 유학을 떠났을 정도로 이응노는 삶에 긍정적이었고 뜨거웠다. 그런데 '이응노의 집'이 자리한 홍성군 일대를 비롯해 예산과 당진 등을 가리키는 '내포(內浦)' 지역에는 일찍이 집을 떠난 이들이 한둘이 아니었다. 내용과 시기는 달랐을지언정 '인간을 향한다'는 목표는 비슷해 보였다고 하면 지나친 말일까. 아홉 살에서 열 살 터울의 한용운, 김좌진, 윤봉길 등의 생가도 이응노의 생가에서 멀지 않은 곳에 있다.

| 이응노의 집

'님'을 향한 평생의 헌신

먼저 '이응노의 집'에서 차로 20여 분 거리에 있는 만해 한용운의 생가 터로 가보자. 독립운동의 최일선에서 뛰었으니만큼 생가가 한옥이든 초가든 원형대로 남아 있을 수는 없다. 실제로 지금은 생가 터라고 알려진 곳에 초가집을 재현해 두었고 그 옆에 만해문학체험관이 들어서 있다. 한용운이라는 이름자에 비해서는 턱없이 부실해 보이나 당신 스스로가 으리으리한 집을 원하지는 않았을 것이란 상상을 해본다.

1879년에 몰락한 양반 집안에서 태어난 한용운은 1900년대 초반에 출가해 설악산 백담사에서 수계를 받아 승려의 길을 걸었다. 그런데 그는 단순히 교리나 설법에만 치중하는 승려가 아니었다. 현실의 모순을 깨뜨려 중생을 구제하려는 의지가 충만한 운동가이기도 했다. 동시에 일제와의 타협을 완강하게 거부한 민족주의자이자 새로운 불교로의 전환을 주창한 개혁가였다. 예컨대 그는 조선 불교가 교리와 허례허식에 얽매이지 말고 산사를 나와 도시로 들어가야 한다고 보았다. 승려가 아닌

| 새로 지은 한용운 생가

신자 중심으로 바뀌어야 하며, 은둔적이고 독선적인 불교가 아니라 사회적이며 경제적 자립을 할 수 있는 불교여야 한다고 주장했다. 그런 차원에서 승려도 최소한 자신이 먹을 곡식은 스스로 생산해야 한다는 주장도 잊지 않았다.

그의 종교는 법당 안에만 머물지 않았다. 불교가 근본적으로 향해야 할 곳은 인간 세상이라 보고 사회적 참여를 게을리하지 않았다. 대표적인 활동이 1919년 3·1독립만세운동 당시 〈독립선언서〉 기초에 나선 것이다. 이 일로 서대문형무소에서 3년간 옥고를 치렀지만, 그의 적극적인 참여 의지와 정신은 출옥 이후에도 변함이 없었다. 특히 1927년에 좌우합작으로 신간회를 창설할 때 발기인으로 나서서 경성 지회장을 맡아 최일선에 섰으며, 1930년에는 불교 항일운동 단체인 만당(卍黨)의 당수로 추대되기도 했다. 이른바 민족대표들 가운데 변절하는 이들이 속출하던 1930~40년대에도 올곧은 모습을 견지했다. 창씨개명을 하지 않은 것을 넘어 반대운동에 나섰으며, 태평양전쟁이 벌어졌을 때에는 조선인 학병 출정 반대운동을 펴기도 했다.

안타깝게도 만해는 광복을 1년여 앞둔 1944년 6월에 서울 성북동의 심우장에서 입적해 망우리 공원에 안장되었다. 그가 늘 항일의 최전선에 선 이유는 과연 무엇이었을까? 그에게 '님'은 절대자이기도 했지만 잃어버린 조국, 나아가 함께 오늘을 살아가는 주변의 중생이 아니었을까?

무장독립운동가의 또 다른 면모

한용운의 생가 터에서 자동차로 10여 분 달리면 이번에는 백야 김좌진 장군의 기념관과 사당, 새로 지은 생가가 나온다. 김좌진은 한용운보다

10년 늦은 1889년에 태어났는데, 아버지를 일찍 여의기는 했으나 집안은 상대적으로 넉넉했던 것으로 알려져 있다. 그런데 그 부를 자신이나 집안을 위해서만 쓰지 않았다는 점이 놀랍다. 더욱이 요즘 청소년과 비교하면 상상도 안 되는 파격을 발휘했다. 열일곱 살 되던 1905년에 스스로의 결단으로 솔거노비들을 해방하고 전답과 재산을 분배해 주었던 것이다. 1907년부터는 본격적으로 대외 활동을 시작했다. "새로운 지식을 알아야 나라를 구할 수 있다"라며 호명학교를 세워 근대 교육에 나섰고, 스무 살에는 기호흥학회 홍주 지회에 가입해 장학 사업에 나서는 등 근대 교육의 중요성에 누구보다 일찍 눈을 떴다.

교육을 통한 자강과 독립에는 시간이 오래 걸린다고 판단했던 것일까? 경술국치 이듬해에는 서울로 상경해 본격적인 독립투쟁을 위한 군자금 모금에 나섰다. 경찰에 체포되어 2년 6개월간 서대문형무소에서 옥고를 치르기도 했는데, 출소한 뒤에도 비밀결사인 대한광복회에 들어가 군자금 모금을 이어갔다. 그러다 결국 요주의 인물로 감시를 받자 만주 망명에 나섰다.

김좌진은 만주에서 직접적인 무장독립투쟁에 뛰어든다. 북로군정서

| 김좌진 장군을 기리는 사당 백야사

사령관 자격으로 1920년 10월 21일부터 26일까지 엿새 동안 일본군 1개 사단을 격파하고 포위망을 뚫은 청산리 전투…. 김좌진 하면 누구나 떠올리는 전승을 거두었지만, 무장력과 보급 등 여러 면에서 상황이 여의치만은 않았다. 보복 작전에 나선 일본군의 압박에 굴복한 러시아가 독립군의 무장 해제를 요구하면서 1921년에 지금의 러시아 스보보드니에서 '자유시 참변'이 발생해 궤멸적인 타격을 입고 말았다.

그러나 김좌진을 비롯한 독립운동가들의 의지마저 꺾을 수는 없었다. 개별적으로 싸우기보다는 함께 싸우는 것이 효과적일 것이라는 판단 아래 신민부에 이어 한족총연합회 등을 통합하는 데 앞장서기도 했다. 그러다 끝내 1930년에 암살되어 42년간의 삶을 마쳤다.

독립운동사에 김좌진이 남긴 발자취는 뚜렷했다. 1894년 동학의 갑오농민전쟁 이래 을미사변으로 일어난 의병전쟁이 독립군전쟁으로 전환되기까지 걸린 20여 년, 그리고 그 이후 개별적인 독립군을 거쳐 광복군으로 대미를 장식할 때까지, 구한말부터 일제 36년 동안 빼앗긴 나라를 되찾기 위한 실질적인 무장투쟁의 중추에 그가 있었다. 그리고 노비해방과 학교 설립, 장학 재단 운영을 통해서는 '인간 존중'이라는 교훈을 후대에게 남겼다.

독립운동의 핵심은 애민

김좌진 장군 생가 터에서 매헌 윤봉길 의사 생가 터까지도 그리 멀지 않다. 자동차로 약 20분 거리인 예산군 덕산면에 있는데, 도로 하나를 사이에 두고 다시 지은 생가와 기념관, 그를 기리는 사당인 충의사도 함께 있다.

윤봉길은 이미 열두 살 때부터 사회 문제에 눈뜨기 시작했다고 한다.

1919년 3·1독립만세운동을 계기로 덕산공립보통학교를 자퇴하고 오치서숙에서 한학을 공부하며 스스로 청년들을 가르치기 시작했는데, 그때 이른바 '공동묘지 묘표 사건'이 그를 일깨웠다고 한다. 글을 모르는 한 청년이 동네 근처 공동묘지에서 망자의 이름을 써서 박아둔 묘표를 잔뜩 뽑아 와서는 매헌에게 자기 아버지의 묘표를 찾아달라고 부탁했다고 한다. 그거야 얼마든지 도와줄 수 있었지만, 문제는 표식을 남기지 않고 모두 뽑아 왔기 때문에 기존 묘의 주인도 알 수 없게 되고 말았다. 이때 매헌의 눈에 글을 모르는 농민들의 비참한 처지가 들어왔다.

매헌은 일제의 식민 통치도 무섭지만 문맹과 무지는 더 위험하다고 보고 곧바로 야학을 일으켜 문맹 퇴치를 위한 농민운동에 나섰다. 어린 아이들은 물론이거니와 청·장년과 학부형 등 글을 배우고 싶어 하는 이라면 누구라도 가리지 않고 받았다. 그리고 거기서 멈추지 않고 일제의 착취로 피폐해진 농촌 부흥을 위해 '부흥원'을 설립했으며, 농민 계몽과

| 윤봉길 의사 의거기념탑

문맹 퇴치를 위해 《농민독본》(본래 세 권으로 구성되어 있었으나 두 권만 전해짐)을 출간했다. 또한 증산운동과 부업 장려, 구매조합 설립, 민족의식 교육에도 열심이었다.

그러나 그런 활동은 일본 당국의 눈에 불편을 넘어 경계해야 하는 일로 비쳐졌다. 일본의 감시가 이어지던 1930년, 결국 "장부출가생불환(丈夫出家生不還)", 즉 "장부가 뜻을 품고 집을 나서면 살아 돌아오지 않는다"라는 글을 남긴 채 중국으로 떠났다. 그 이후에는 잘 알려진 대로 1932년 4월 29일, 상하이 훙커우 공원에서 일본 천황 생일인 천장절과 일본군의 상하이 점령 축하식을 겸한 기념식장에 폭탄을 던져 일본군 수장을 비롯한 여러 인사를 폭사시키는 의거에 성공했다. 일본은 물론 조선과 중국 모두를 들었다 놓은 대사건이었다.

보통 윤봉길 의사라고 하면 훙커우 의거를 떠올린 뒤 거기서 멈추는 경우가 많다. 하지만 그 의거는 여러 면에서 그의 최종적 행위였지 그것 자체가 목표는 아니었다. 한용운과 김좌진이 그러했듯, 그가 훙커우 의거까지 가는 출발점과 과정에는 동포에 대한 연민이 있었다. 사람에 대한 애정이 없었다면, 또 사람이 사람답게 살아갈 수 있는 세상에 대한 열정이 없었다면 그의 의거는 존재하지 않았을 것이다.

보이지 않는 곳에서 묵묵히 활동한 독립운동가

생가도 기념관도 사당도 없지만 내포에 왔다면 기억해야 할 인물이 한 명 더 있다. 윤봉길 의사 생가 터에서 자동차로 20~30분 거리에 있는 예산군 대술면 시산리, 그곳이 고향이라는 사실만 알려져 있을 뿐 정확한 주소가 어디인지조차 알려지지 않은 독립운동가 정정화가 그 주인공이다.

한용운은 말과 글로, 김좌진은 총포로서, 그리고 윤봉길은 말과 책과 폭탄으로 독립운동을 했다. 의지가 있다면 저마다 가진 힘을 모아 독립운동에 나섰다. 정정화 역시 마찬가지였다. 그동안은 상하이로 망명해 독립운동을 펼쳤던 김가진의 며느리이자 남편 김의한의 부인으로서만 널리 알려져 있었으나, 그 자신도 대한민국 임시정부에 없어서는 안 될 또 한 명의 구성원이었다.

정정화는 보이지 않는 곳에서 대한민국 임시정부의 살림을 도맡았고, 여섯 차례나 사선을 넘나들며 국내로 잠입해 독립운동 자금을 중국으로 날랐으며, 1943년 이후에는 여성들을 중심으로 "전민족해방과 남녀평등이 실현되는 민주주의 신공화국 건설에 적극 참가하여 분투하자"라며 한국애국부인회를 결성했던 독립운동가다. 보급 부대가 없다면 제아무리 강력한 기갑 부대도 작전을 수행하기 힘든 것과 마찬가지로, 정정화는 임시정부가 제 역할을 할 수 있게 보이지 않는 곳에서 뒷받침했던 독립운동가였다. 그 기간이 1920년부터 1946년 환국할 때까지 무려 26년으로, 그가 없었다면 대한민국 임시정부도 명맥을 이어가기가 쉽지만은 않았을 것이다.

물론 이 넓은 내포 땅에 이응노와 한용운, 김좌진, 윤봉길 그리고 정정화만 있는 것은 아니다. 대중적으로 잘 알려지지 않은 인물과 아예 알려지지 않은 인물에 대해 미처 말하지 못한 이야기가 너무나 많다. 그러나 그들을 관통하는 한 가지 핵심 사항은 뚜렷해 보인다. 바로 무엇보다 그들은 '사람을 향했던' 이들이라는 점이다. 그 방법은 서로 달랐을지라도 이들에게서는 동시대를 살아가는 이웃에 대한 무한한 관심과 이타심을 엿볼 수 있다.

• 권기봉

전북 정읍

100년이 더 지나도 원심력은 사라지지 않는다

동학농민혁명은 1894년에 봉건 제도를 개혁하고 일제 침략으로부터 국권을 수호하기 위해 일어난 민중혁명이다. 그로부터 무려 110년이 지난 2004년 '동학농민혁명 참여자 등의 명예회복에 관한 특별법'이 제정되어 동학농민혁명 참여자의 명예회복과 기념사업을 본격화했고, 2019년에는 국무 회의에서 5월 11일을 '동학농민혁명 기념일'로 제정했다. 5월 11일(음력 4월 7일)은 동학농민군이 관군을 상대로 대승을 거둔 황토현 전투일이다.

동학농민혁명 기념일에는 문화체육관광부 주관으로 기념식이 개최된다. 기념은 뜻깊은 일이나 훌륭한 인물을 오래도록 잊지 않고 마음에 간직하는 행위다. 오늘을 사는 우리는 동학농민혁명에서 어떤 사건과 인물을 기억하고 마음에 새겨야 할까? 오늘을 사는 우리의 절실한 소망인 '한반도 평화'와 동학농민혁명은 어떤 관계가 있을까? 정읍 일대 동학농민혁명 유적 답사는 이 질문들에 대한 답을 찾는 시간이었다.

봉건 제도에 맞서 싸우다

답사 출발지는 전라북도가 2004년에 개관한 동학농민혁명기념관으로 정했다. 기념관의 상설전시실은 두 곳이다. 1층 제1전시실에서는 '19세기 조선과 자각하는 농민들'이라는 주제로 동학농민혁명의 배경을 알려주고, 2층 제2전시실에서는 동학농민혁명의 전개 과정을 시간 순으로 따라가며 '동학농민혁명을 향하여' '고부에서 전주성까지' '무르익은 혁명의 희망' '폭풍우 몰아치는 조선 산하' '일본군에 가로막힌 꿈' '끝나지 않는 함성' '농민들이 꿈꾼 세상' 등 세부 주제 전시가 이어진다.

기념관 1층 로비에는 1894년 1월(이하 이 글의 월일은 모두 음력이다. 양력 월일이 필요한 경우에는 괄호 안에 표기했다) 고부 봉기 때 전봉준과 농민군을 지켜본 말목장터 감나무가 서 있다. 이 감나무는 2003년에 태풍으로 쓰러진 뒤 보존 처리되어 이곳으로 옮겨졌다고 한다. 감나무가 말을 할 수 있다면 관람객에게 어떤 이야기를 전해 줄지 궁금하다. 감나무 앞에서 나무가 전할 이야기를 상상해 보는 것도 재미있을 것 같다.

이어서 제1전시실로 들어서면 가운데에 무명 농민군의 넋을 달래는 공간이 있고, 그 공간 바깥 면에 동학농민혁명 주요 인물들의 사진이 전시되어 있다. 모두가 최후의 순간에도 형형한 눈빛을 잃지 않은 당당한 모습이다. 그중에서도 특히 김개남의 강렬한 표정에 눈길이 간다. 김개남은 전봉준과 함께 호남 지역 농민군을 이끌었다. 그런데 심문부터 죽음에 이르기까지 기록이 남은 전봉준과 달리, 서울로 끌려가던 도중에 전주성에서 유언 한마디 없이 참수되는 바람에 오랫동안 잊힌 비운의 혁명가다. 그의 수급(首級)은 서울과 전주에서 두 번이나 효수되었으며, 그 시신은 사라져버렸다. 현재 정읍시 산외면에는 시신이 들어 있지 않은 허묘(虛墓)가 조성되어 있고, 1999년에 전주시 덕진공원에 추모비가 세워졌다.

동학농민혁명기념관 1층으로 옮겨진 말목장터 감나무 |

동학농민혁명의 전개 과정은 크게 두 단계로 구분할 수 있다. 1단계는 세도 정치 아래 탐관오리에게 시달리던 농민들이 사람답게 사는 세상을 만들기 위해 일어났던 반봉건 항쟁기다. 당시 탐관오리의 폭정과 만행을 대표하는 사건이 바로 고부 군수 조병갑의 만석보 수세(水稅)다. 댐이나 대형 저수지를 만들기 쉽지 않던 시절, 농민들은 농사에 필요한 물을 저장하기 위해 흐르는 하천을 가로질러 나무와 돌로 보(洑)를 만들었다. 1892년 당시 정읍천에도 농민들이 쌓아놓은 보가 있었다. 이 보는 마을 이름을 따서 예당보나 광산보 또는 아무리 가물어도 흉년 없이 농사를 지을 수 있게 해준다고 해서 만석보로 불렸다.

그런데 조병갑은 농민들을 강제로 동원해 만석보 아래쪽, 정읍천과 태인천이 합류하는 지점에 새 만석보를 쌓게 하더니, 보를 쌓은 첫해에는 수세를 물리지 않겠다는 약속을 어기고 관아 창고가 넘치도록 수세를 거둬들였다. 생활고를 겪던 농민들이 수세를 감면해 달라고 고부 관아를 찾아가기도 했지만, 조병갑은 요지부동이었다. 결국 동학 고부 접주 전봉준이 이끈 농민들은 1894년 1월 10일에 고부 관아를 점령하고, 새 만석보를 부숴버리면서 동학농민혁명이 시작되었다.

동학농민혁명의 배경과 시작을 말해 주는 만석보 터는 동학농민혁명 기념관에서 차량으로 15분이면 도착한다. 부서져 방치되어 있던 만석보는 고부 군수 안수길이 1898년에 완전히 없애버렸다. 동진강 변에 세워진 만석보유지비, 양성우 시인의 만석보시비 등을 살펴본 뒤 만석대교를 건너 '만석보 쉼터' 언덕에 오르니, 새 만석보가 있던 위치를 알려주는 안내판이 나타났다. 배들 평야가 한눈에 들어오는 언덕에는 이 안내판 외에도 말목장터, 전봉준 유적지, 황토현 전적지, 부안 백산(白山) 등의 설명문과 사진, 언덕에서 그곳까지의 거리 등이 적힌 안내판들이 있다.

만석보 터로 가기 전에 전봉준 고택 및 단소(壇所)를 돌아봐도 좋고, 만

전봉준 단소 |

석보 터에서 황토현 전적지로 이동하면서 그곳들을 돌아보는 것도 괜찮다. 전봉준 고택은 전봉준이 1894년 당시에 살았던 집으로, 1974년에 보수되었다. 고부 봉기 때 안핵사(按覈使: 조선 후기 지방에서 사건이 발생했을 때 사건 처리를 하기 위해 파견한 임시 관직) 이용태가 내려와 동학교도로 지명된 사람들의 집을 불태웠는데, 전봉준의 집은 완전히 불타지 않았다고 한다. 전봉준 고택 인근에는 1954년에 천안 전씨 문중에서 전봉준 가묘로 조성한 뒤 1994년과 2004년에 정비한 '전봉준 단소'가 있다.

호남 동학농민군 4000여 명은 1894년 3월에 부안 백산에 모여 전봉준을 총대장으로, 손화중과 김개남을 총관령으로 추대하며 조직을 갖춘 뒤, 4월 7일(양력 5월 11일) 황토현에서 전라 감영군을 상대로 대승을 거두었다. 이러한 사실을 기념하는 황토현 전적지에는 동학농민혁명 관련 최초 조형물인 갑오동학혁명기념탑(1963년 건립), 전봉준 동상, 사당과 기념관 등이 있다.

황토현 전적지에서 백산으로 가는 길에는 고부 관아 터, 1893년 11월 전봉준을 비롯한 20여 명이 고부 봉기를 계획하며 '사발통문'을 작성한 집, 무명동학농민군위령탑 등이 있다. 물산이 풍부해 탐관오리들이 부임을 자처했다는 고부 관아는 일제강점기에 사라졌고, 지금은 그 자리에 고부초등학교가 들어서 있다. 입구에 '동학농민혁명 모의 장소'라는 간판이 붙은 '사발통문 작성의 집'은 현재 개인 소유 주택이라 들어가지 못하고 밖에서만 살펴볼 수 있다. 사발통문은 이 집 마루 밑에 묻혀 있던 족보 속에서 1968년에 발견되었다고 한다.

'사발통문 작성의 집' 인근에는 '대뫼 마을 동학농민혁명 홍보관'이 있고 바로 그 앞에 무명동학농민군위령탑이 세워져 있다. 오전에 답사를 도와준 해설사는 점심 때 헤어지면서 대뫼 마을에 이한열 열사가 떠오르는 기념물이 있으니 꼭 보라고 말했다. 위령탑을 직접 보니 왜 그렇게 말했는지 이해가 되었다.

정읍동학농민혁명계승사업회가 1994년에 시민 모금으로 건립한 이 위령탑은 사발통문 모양 둘레석 안에 높이 5미터짜리 주탑과 이를 둘러

| 무명동학농민군위령탑

싼 높이 1~2미터짜리 탑 32개를 세워놓은 모양이다. 주탑에는 왼손에 죽창을 들고 오른손으로는 동지를 부축하는 농민군이 그려져 있는데, 1987년 6월민주항쟁의 상징적 장면 중 하나인 이한열 열사의 최루탄 피격 직후 모습이 바로 떠올랐다. 주탑 주위에 놓인 탑들에는 이름이 알려지지 않은 농민군을 상징하는 얼굴과 밥공기, 농기구 등이 새겨져 있다. 위령탑을 만든 조각가는 '평화의 소녀상' 작가 김운성·김서경이다.

황토현 전투 승리로 사기가 오른 동학농민군은 곧바로 전주성 공격에 나서 전주성을 장악했다. 동학농민혁명 1단계는 새로 부임한 전라 감사 김학진과 전봉준이 1894년 5월에 '전주화약(全州和約)'을 맺으면서 일단락되었다. 전주화약의 골자는 동학농민군은 해산해 본업으로 돌아가고, 관군은 해산하는 농민군을 추격하지 않으며, 동학농민군과 관군이 서로 협력해 폐정(弊政: 폐단이 많은 정치)을 개혁해 나간다는 것이다.

당시 동학농민군이 제시한 '폐정개혁 12개조' 중에는 "왜(倭)와 간통(奸通)하는 자는 엄징할 것"(제10조)이라는 조항이 있는데, 돌이켜보면 바로 이 조항이 동학농민혁명 2단계의 불씨였다. 동학농민군은 반봉건 항쟁을 펼치면서도 외세 개입을 우려했던 것이다. 전주성을 떠났던 전봉준이 7월에 다시 전주성에 돌아온 것도 조정을 장악한 일본에 맞서 전주성을 함께 지키자는 김학진의 요청 때문이었다. 동학농민혁명은 이렇게 반봉건 항쟁에서 반외세 항쟁으로 전환되었다.

외세에 맞서 싸우다

외교사학자들이 한반도의 지정학과 관련해 자주 쓰는 비유가 있다. 한반도가 대륙 세력에 포함되면 '해양을 겨누는 칼'이 되고, 해양 세력에 포함되면 '대륙으로 진출하는 다리'가 된다는 것이다. 이러한 지정학적 위치 탓에 지난 수백 년 동안 한반도 주변 강대국들은 한반도를 자신의 세력권 안에 편입시키려고 애를 썼다. 곧 한반도는 지정학적 '원심력'이 강하게 작동하는 땅이었다.

조선 시대 지식인들도 한반도의 지정학적 처지를 잘 알고 있었고, 이를 '복배수적(腹背受敵)'이라는 단어로 표현했다. '배[腹]와 등[背] 양쪽에서 적이 몰려오는 형국'이라는 뜻이다. 그들이 보기에 조선은 '정면'인 중국 대륙과 '배후'인 일본열도 사이에 '끼인 자'였다. 평화로운 시기에는 문제가 없지만 정면이나 배후에서 기존 질서의 판이 바뀌면 '끼인 자'인 한반도의 처지는 심각해진다.• 실제 조선은 임진왜란이라는 대륙과 해양 사이의 분쟁에 휩쓸리다가 결국 청의 속국으로 전락하고 말았다.

메이지 유신 이후 대륙에 진출하려는 야심을 키워가던 일본은 조선에 강화도조약(1876년)을 강요하며 한반도를 '다리'로 삼으려는 행보를 본격화했다. 일본이 강화도조약 제1조에서 "조선은 자주지방(自主之邦)", 곧 조선은 자주국가라고 표현한 것도 대륙 세력 청의 간섭을 배제하기 위해서였다.

동학농민군의 전주성 점령에 두려움을 느낀 민씨 정권은 청군 출병을 요청했고, 이는 일본에게도 다시 찾아오기 힘든 기회였다. 민씨 정권이 청군을 불러들이려 생각한 건 1882년 임오군란, 1884년 갑신정변을 모두 청군의 도움으로 진압한 경험이 있었기 때문이다. 결국 민영준이 고종의 재가를 받아 서울에 머물던 위안스카이를 찾아가 출병을 요청했고, 청군 선발대 910명이 5월 5일에 충청도 아산만에 상륙했다. 그러자 일본은 파병 요청이 없었는데도 제물포 앞바다에 미리 정박하고 있던

• 한명기, 《병자호란 2》, 푸른역사, 2013, 365쪽.

군함 세 척에서 4500명이 5월 6일에 전격 상륙했고, 그날로 선발대 420명이 한양에 입성했다. 5월 7일에는 육전대 정예요원 488명이 인천에 상륙했다.

이처럼 외세 개입이 본격화되는 걸 우려한 동학농민군은 5월 8일부터 전주성에서 철군했다(전주화약). 동학농민군이 전주성을 떠나자 조선 조정은 청군과 일본군 모두에게 철병을 요구했다. 그러나 일본군은 파병을 이어갔다. 9일에는 혼성여단 선발대(보병 1개 대대 1000여 명, 공병 50명), 11일에는 보병 제21연대 제3중대 255명, 12일에는 지연대 제2대대 780명이 조선에 들어왔다. 18일에는 혼성여단 4000여 명이 한양과 인천 사이의 요충지를 점거했고, 마침내 19일에는 한양과 경기 일대에서 주둔하고 있던 일본군 3000명이 전격적으로 한양의 주요 장소를 점거했다.

일본군은 한양 장악에 그치지 않고 6월 21일 새벽, 보병 1개 연대와 포병, 공병을 동원해 경복궁을 포위하고 궁내로 진입했다. 궁궐수비대가 저항했지만 다른 문으로 진입한 일본군이 고종을 감금하고 궁궐수비대에게 전투 중지 어명을 내리도록 했다. 6월 23일에는 김홍집 친일 정권을 강압해 일본군에게 청군을 격퇴시켜 달라고 요청하게 했고, 바로 그날 아산만 입구 풍도 앞바다에서 정박하고 있던 청국 함대를 기습 공격했다. 청군은 그 이후 육지와 바다에서 일본군에게 연패하며 조선에서 밀려났다.

김학진에게 전권을 위임받고 대일 항전을 준비하던 전봉준은 9월 8일에 직속 동학농민군 4000여 명을 삼례에 소집해 다시 봉기했다. 재봉기 목표는 '척왜(斥倭)'였다. 9월 18일에는 호서(충청)에서도 동학 교주 최시형이 봉기 명령을 내렸다. 당시 동학 내 양대 세력은 호서 북접과 호남 남접이었는데, 북접은 남접의 무장투쟁 노선에 반대해 왔다. 그러다 북접 안에서도 정부가 아닌 일본군을 상대로 한 싸움이니 나서야 한다는 목소리가 커졌고, 결국 남접과 뜻을 같이하기로 한 것이다. 북접 통령은 손병희가 맡았다. 전봉준은 10월 14일에 북상하기 시작했고, 16일 논산에서 남접 부대와 북접 부대가 만났다.

청군을 한반도 밖으로 몰아내며 청일전쟁의 승기를 잡은 일본군은 동학농민군을 향해 총구를 돌렸다. 서울로 북상하던 전봉준·손병희 연합부대는 11월 8일에서 11일까지 공주 관문인 우금치 일대에서 일본군 및 관군과 수십 차례 공방전을 벌였지만, 끝내 공주로 들어서지 못하고 패배했다. 전봉준 부대원 1만여 명 중 살아남은 이가 500여 명에 불과한 참패였다. 대포, 기관포, 스나이더 소총, 무라다 소총 등 최신 무기로 무장한 일본군과 재래식 화승총, 죽창, 칼, 활을 든 동학농민군의 싸움은 애초부터 승패가 결정된 싸움이었는지도 모른다.

후퇴한 전봉준은 11월 12일에 관군을 향해 동족끼리 싸우지 말고 힘을 합하자는 간절한 호소문을 띄웠다. 그러나 "같이 척왜척화(斥倭斥華)하여 조선으로 왜국(倭國)이 되지 아니케하고 동심합력(同心合力)하여 대사를 이루게" 하자는 전봉준의 호소는 "일본군의 손아귀에 쥐어져 있던 관군 및 조선 관리, 그리고 보수 양반 세력으로부터 아무런 반향도 얻지 못하고, 냉혹한 겨울바람 속에 묻히고 말았다."•

우금치 전투로 동학농민군의 기세를 꺾은 일본군은 한반도 밖에서는 청의 영토까지 쳐들어가 청의 항복을 받아냈고(1895년 시모노세키 조약), 한반도 안에서는 패주하는 동학농민군을 이듬해 1월까지 잔혹하게 토벌했다. 전봉준은 1894년 12월 2일에 순창에서 체포되어 재판을 받은 뒤, 1895년 3월 30일에 손화중, 김덕명, 최경선, 성두한 등과 함께 교수형에 처해졌다. 그의 죽음 이후에도 여전히 동심합력하지 못한 조선은 불과

• 김삼웅, 《개남, 새 세상을 열다: 동학농민혁명과 김개남》, 모시는사람들, 2020, 306~307쪽.

15년 뒤 '왜국'의 식민지가 되었다.

지정학적 숙명이란 없다

동학농민혁명이 끝난 지 100년도 더 지난 21세기에도 한반도 주변의 지정학적 원심력은 여전하다. 소련의 자리를 물려받은 대륙의 신흥 강국 중국은 21세기에 들어서면서 본격적으로 부상하기 시작했고, 이로 인해 한반도의 지정학적 처지가 다시 곤란해지고 있다. 대륙과 해양 사이에서 선택을 요구받는 일이 잦아진다는 뜻이다.

이런 시절을 살아가는 우리에게 정읍 일대 동학농민혁명 유적이나, 공주 우금치 답사는 어떤 교훈을 줄 수 있을까? 봉건 제도의 기득권자 전라 감사 김학진과 반봉건 항쟁의 지도자 전봉준은 반외세 항쟁을 위해 손잡는 걸 주저하지 않았다. 노선 차이로 갈등하던 남접과 북접도 반외세 항쟁을 위해 손잡고 함께 우금치로 진격했다. 그들은 한반도의 곤란한 지정학적 처지가 숙명이 되지 않도록 하는 길은 오직 하나, 기득권과 차이에 매이지 않고 단결하는 것밖에 없다는 걸 깨닫고 실천했다. 김학진은 국권 상실 뒤 일제에게 남작 작위와 은사공채 2만 5000원을 받으며 친일의 길을 걸었다. 친일반민족행위진상규명위원회는 2006년에 김학진을 친일파로 공인했다. 하지만 전라 감사 시절 김학진의 행적은, 당시 지배 세력 대다수가 기득권을 지키려 외세와 손잡고 동학농민군을 진압한 것과는 분명히 다른 모습이었다.

이런 기념할 만한 장면들에도 불구하고, 19세기 말에 우리는 '구심력'을 키우는 데 끝내 실패했다. 조선 지배 세력은 청에 의지한 민씨 정권, 일본을 등에 업은 김홍집 정권, 그리고 을미사변과 아관파천 이후에는 친러 정권으로 끊임없이 분열했고, 한반도는 결국 일제 식민지로 전락했다. 해방 직후에도 구심력은 원심력에 맞서기에 너무 약했고, 그로 인해 어떤 역사가 펼쳐졌는지 우리는 이미 잘 알고 있다. 칼과 다리 비유를 다시 쓰면, 미국과 소련이 2차 세계대전 직후 냉전으로 돌입하면서 북위 삼팔도선 이북은 대륙 세력권에, 이남은 해양 세력권에 포함되어 칼이건 다리건 어느 한쪽에서도 온전하게 사용할 수 없는 '부러진 칼' '동강 난 다리'로 지내왔다.•

남북 정상이 2000년에 드디어 만나 한반도 평화 진전과 통일을 향한 노력을 합의한 게 유난히 빛났던 건 바로 이런 안타까운 과거 때문이다. 분단 이후 오랜 시간 남북이 다투다 보니 '우리는 어쩔 수 없다'는 지정학적 숙명론이 설득력을 얻었던 게 사실이다. 2000년 남북정상회담은 바로 이런 지정학적 숙명론에 대한 반론이었다. 2007년에도, 2018년에도 남북은 그런 빛나는 모습을 또다시 보여주었다. 앞으로 100년이 더 지나도 한반도 주변의 지정학적 원심력은 사라지지 않을 것이다. 그러므로 남과 북은 아무리 힘들더라도 멈추지 말고 구심력을 키우기 위해 노력해야 한다. 이게 바로 1894년 동학농민혁명이, 지나온 20세기 역사가 우리에게 주는 교훈이다.

• 김진환

• 강만길, 《분단고통과 통일전망의 역사》, 선인, 2013, 40쪽.

전북
군산·김제

눈물의 쌀, 희망의 쌀

식민지 시대에 쌀은 애증의 이름이었다. 수탈량을 늘리기 위해 증산을 계획했고, 증산을 하면 할수록 수탈은 가혹해졌다. 최근 전북의 주요 여행지로 각광받고 있는 군산은 알고 보면 슬프기 그지없는 수탈의 창구였다. 그 쌀은 만경강과 동진강 유역의 호남평야에서 왔다. 이 일대는 한반도에서 유일하게 지평선이 펼쳐질 정도로 넓은 농토가 있으나 제국주의에 의해 인간의 인식이 얼마나 뒤틀릴 수 있는지를 보여주는 공간이기도 하다.

그래서 그런지 채만식의《탁류》를 비롯해 조정래의《아리랑》과 임영춘의《갯들》처럼 이 일대를 배경으로 쓴 소설들은 하나같이 묵직하고 처절한 인간사를 다루고 있는 듯하다. 그러나 과연 이 지역이 그렇게 비극적이기만 할까? 쌀 소출량이 늘어날수록 도리어 고통도 가중되었던, 지난 20세기 초 이 땅의 사람들이 감내해야 했던 역사를 응축하고 있는 현장으로 떠나보자.

수출일까, 수탈일까

군산은 '근대 건축물의 테마파크'라고 일컬어도 손색이 없을 만큼 일제강점기를 전후한 시기에 지은 건물이 많이 남아 있다. 굳이 유명한 건물이 아니더라도 일반 살림집이나 상가 중에도 옛 흔적을 안고 있는 건물이 많은데, 특이한 것은 철도나 도로망 같은 도시 구조의 중심이 장미동 일대라는 점이다. 장미동의 '장미(藏米)'는 쌀을 보관한다는 의미인데, 일제강점기에 일본으로 쌀을 반출해 가던 부두가 거기에 있었다.

지금도 그곳에 가면 부잔교(浮棧橋)를 볼 수 있다. 조수간만의 차가 큰 항구의 경우 접안 시설이 고정적이면 이용하기가 어렵기 때문에 수위에 따라 오르락내리락하게 만드는데, 그것을 부잔교라 한다. 지금의 부잔교야 여러 차례 개보수를 했기에 예전 모습 그대로는 아니지만 옛 풍경을 머릿속으로 그려볼 수는 있다.

당시 군산에서 일본으로 가는 쌀의 양은 상상을 초월했다. 1899년 개

| 부잔교

항한 이래 한 해 평균 200만 석 이상이 반출되었다고 하는데, 많을 때는 300만 석이 넘었다고 한다. 1900년에는 오사카까지 가는 정기 직항 노선까지 생겨, 군산은 물론 근처 김제나 강경 등에서 추수한 쌀까지 모두 이곳을 거쳐 일본으로 향했다.

부잔교 바로 뒤에 있는 주차장과 진포해양테마공원 일대는 당시에 반출해 갈 쌀가마니를 미리 쌓아두던 하역장 자리다. 군산 쌀 수탈을 이야기할 때 곧잘 등장하는 이른바 '쌀가마니 탑'들이 거기에 쌓였다. 그리고 그 주변으로는 철도 레일이 깔려 있고 창고가 산재해 있다. 지금은 이용하지 않는 것들이긴 하나 역시 옛 역사를 증언해 주는 유산들이다.

1908년에 완공해 1993년까지 약 85년 동안 이용해 온 옛 군산 해관(海關)도 인상적이다. 요즈음으로 치면 세관 격의 건물인데 초창기에는 이렇듯 해관이라고 불렀다. 무역이라는 것이 바다를 통해 이루어지던 시대를 방증하는 이름이다.

그런데 당시 군산 해관을 통해 일본으로 간 쌀은 수출 상품이었을까, 아니면 수탈의 증거물이었을까? 바로 옆 군산근대역사박물관 전시 패널의 설명에서 이상한 대목이 눈에 띄어 든 의문이다. 한글로는 '군산항의 쌀 수탈'인데, 영문 번역을 처음에는 'Rice exports(쌀 수출)'로 해놓았다가 다시 그 위에 'Rice plundering(쌀 수탈)'이라 쓴 스티커를 붙여놓은 것이다. 물론 법적으로나 행정적으로나 수출이라고 해도 맞을 것이다. 무상으로 가져간 것이 아니라 그래도 값을 지불하고 가져갔으니 말이다. 그러나 수출과 수탈은 엄연히 다르다. 수출의 주체는 조선이지만 수탈의 주체는 일본이니 말이다. 사실 1910년 이전이나 이후나 평등한 무역이 이루어지기가 불가능한 상황이었다. 1876년 강화도조약을 통해 일본이 무관세 무역을 관철시킨 이후 조선이 관세권을 되찾아오는 듯했으나, 1905년에 체결된 을사늑약으로 다시금 관세권을 상실했기 때문이다.

군산 근대건축관에 가면 수출이 어불성설이라는 게 더욱 명확해진다. 쌀에게는 의지도 없고 정의로움도 없다. 그저 가격에 의해 움직일 뿐이다. 그런 상황에서, 즉 조세 정책을 통해 일본 쌀을 조선으로 가져와 파는 것보다 조선 쌀을 일본으로 반출해 파는 것이 유리한 상황인데 그 어떤 쌀이 한반도 안에 머물 수 있었을까. 더욱이 일본 본토와 식민지 조선 사이에는 생산 비용의 차이도 확연했다. 예컨대 전시 자료에 따르면, 조선 논의 지가만 따져도 일본의 13분의 1밖에 안 되다 보니 소출량이 적어도 경작을 통한 이윤율이 4배를 상회했다. 결국 쌀은 상대적으로 싸게 경작해서 비싸게 팔 수 있는 일본으로 나갈 수밖에 없었다. 겉으로는 수출처럼 보이지만 알고 보면 수탈과 다르지 않았다. 세상만사가 그렇듯 '사실'과 '진실'은 때로 일치하지 않는 법이다.

고율의 소작료와 고리대금업으로 늘린 농토

현재 군산 근대건축관으로 이용되고 있는 옛 조선은행 군산 지점 건물을 비롯해 군산 근대미술관으로 쓰고 있는 옛 나가사키 18은행 군산 지점 건물 등이 지닌 화려함과 웅장함은 당시 '무역'이라는 것이 얼마나 일방적이었는지를 보여주는 증거물들이다. 민간의 삶도 크게 다르지 않았다. '신흥동 일본식 가옥'이라고 순화해서(?) 부르는 '히로쓰 가옥' 방문을 권하고 싶다. 영화 〈타짜〉와 〈장군의 아들〉을 촬영한 장소로도 알려져 있는데, 군산에서 쌀 무역업을 했던 히로쓰 기치사부로가 1935년에 자신의 집으로 지은 건물이다. 백두산의 금강송을 가져다 지었다는 소문이 있었을 정도로 그 완성도나 규모가 상당하다.

교외로 나가면 더 강렬한 흔적들이 남아 있다. 무려 3000가구 2만여 명의 소작농을 거느렸던 일본인 지주 구마모토 리헤이의 집이 남아 있다. 2021년 1월, 국립완주문화재연구소가 발간한 보고서 〈일제강점기 농촌 수탈의 기억—화호리 I〉을 보면, 1931년 기준으로 그가 군산 일대에 소유했던 전답만 자그마치 3517정보(약 34.8제곱킬로미터)에 달했다고 한다. 면적 비교에 곧잘 이용되는 여의도 면적(2.9제곱킬로미터)에 비해 열두 배에 달하는 규모였다. 하나의 제국이나 다름없었던 셈이다. 물론 구마모토가 처음에 한반도로 넘어온 1903년부터 대농이었던 것은 아니다. 일본 정부의 이민 권유에 따라 막 이주했을 때 그가 소유했던 땅은 1909년 말에 225정보(약 2.2제곱킬로미터) 정도였으나 1931년에는 열여섯 배 가까이 늘어나 있었다. 비결은 '고율의 소작료'와 '고리대금업'이었다.

구마모토는 소작료로 수확량의 60~70퍼센트를 받았다고 알려져 있다. 다시 말해 소작농들이 구마모토의 논을 빌려 100킬로그램의 벼를 생산했다면 그중 60~70킬로그램을 땅값으로 내야 했다는 뜻이다. 거기에 더해 평당 1.1~1.3근의 벼를 받던 다른 농장들과 달리 그는 1.35근을 받아 소작료 비율도 상대적으로 높았다. 더욱이 조선식산은행이 일본인들에게 싼 이자로 빌려주던 대출금은 아주 좋은 돈놀이 도구였다. 위 보고

| '히로쓰 가옥'이라 불리곤 하는 신흥동 일본식 가옥

서에 따르면, 당시 일본인의 80~90퍼센트가 고리대금업을 할 정도였다고 하는데, 이는 조선인 자영농을 소작농으로 전락시키는 데 핵심 수단이 되었다.

그뿐 아니라 비료나 농기구도 이익을 계산하여 빌려주었으며, 행여 농장주의 지시를 어기는 경우에는 폭행까지 가해졌다고 한다. 그런데 이런 식으로 경작해 일본으로 넘기는 쌀을 수탈이나 약탈이 아니라 수출이라 표현한다? 다시 한번 말하지만 '겉으로 드러난' 사실과 '속에 숨어 있는' 진실이 늘 같지는 않다.

그런데 의아한 점이 있다. 지금은 구마모토의 집을 '이영춘 가옥'이라고 부르는 것이다. 전라북도 유형문화재로 지정된 이름도 '이영춘 가옥'이다. 이유가 있다. 구마모토는 특이하게 농장 내에 자혜진료소라는 의료원을 두고 소작인들의 건강 상태를 돌본 것으로 알려져 있는데, 1935년부터 거기서 일했던 조선인 의사 중 한 명이 이영춘 박사다. 이영춘 박사는 국내 최초의 의학 박사이기도 한데, 해방 뒤에도 기존 진료소를 개정중앙병원으로 확장·개편한 뒤 지역 주민들을 상대로 50원씩 조합비를 받고 무료 진료를 시행한 한국 의료보험제도의 창시자로 알려져 있다. 이영춘 가옥은 그 의미에 집중하여 붙여진 이름이다.

아무튼 구마모토가 진료소를 운영한 것이 소작인들의 건강과 복지를 위해서였을까? 사실 일제강점기에 조선총독부의원 등이 중심이 되어 각종 예방 접종을 시행한 이유 중 가장 중요한 것은 '건강한 노동력의 지속적인 확보'에 있었다. 구마모토가 고율의 소작료와 고리대금업에 열심이었던 점을 다시 생각해 보면, 소작인들의 건강 유지라는 '목적'보다는 소작쟁의를 비롯한 조선인들의 저항을 미연에 방지하고 건강한 노동력을 안정적으로 확보하기 위한 '수단'으로서 자혜진료소를 운영했던 것이 아닐까 싶다.

제자리를 떠나온 보물 두 점

구마모토의 집에서 5킬로미터 정도 떨어진 발산초등학교 뒤뜰에 가면 기이한 풍경을 볼 수 있다. 일본인 시마타니 야소야가 지은, '시마타니 금고'라고 불리는 시설이 있다. 말이 금고지 반지하 1층, 지상 2층짜리 거대한 철근 콘크리트 건축물이다. 그에겐 독특한 취미가 있었다. 바로 조선의 문화재를 비롯한 귀중품을 수집하는 것이었다. 이 건물은 그렇게 모은 것들을 보관하기 위해 지은 것으로 알려져 있다. 실제로 반지하에는 음식물과 의류가, 1층에는 현금 및 중요 서류가, 그리고 2층에는 고미술품이 다수 보관되어 있었다고 한다.

자세히 살펴보면 용도에 걸맞게(?) 10센티미터 폭의 육중한 미국산 철문이 위압적이다. 창에는 쇠창살을 달았고, 그 바깥에 완전 밀폐를 위한 철문을 하나 더 달아 이중으로 안전장치를 확보해 두었다. 한눈에 봐도 견고한 건물이었기에 6·25전쟁 때는 북한군이 이 지역의 우익 인사들을 가두는 데 이용하기도 했다고 알려져 있다.

그런데 시마타니에게도 1945년 8월 15일은 찾아왔다. 그날 정오, 쇼와 천황이 이른바 '옥음방송'을 통해 "제국 정부로 하여금 미국, 영국, 지나(중국), 소련 4개국의 공동 선언을 수락한다는 뜻을 통고하도록 하였다"라는 내용의 연설을 한 것이다. 앞서 7월에 열린 포츠담 회담에서 연합국이 요구한 "일본군의 무조건적 항복" 요구를 수락하는 발언이었다. 구마모토를 비롯한 다른 일본인 지주들은 현금과 들고 갈 수 있는 귀중품을 싸들고 일본행 배에 오를 수 있었지만, 그러나 시마타니가 가지고 갈 수 있는 물품에는 한계가 많았다. 너무 크고 또 무거웠기 때문이다. 금고 옆 잔디밭에 있는 석탑과 석등, 부도, 석수 등 30여 점의 석물이 바로 그가 수집하거나 훔쳐 온 것들이다. 심미안은 있었던지, 군산에는 현

| 시마타니 야소야가 소장했던 문화재들

재 국보급 문화재는 없고 보물로 지정된 문화재가 석 점 있는데, 그 중 두 점이 여기에 있다. '군산 발산리 오층석탑'과 '군산 발산리 석등'이 그것이다.

결국 그가 선택한 방법은 미 군정청에 귀화를 신청하는 것이었다. 조선의 문화재들과 땅을 두고서는 돌아갈 수 없었던 모양이다. 다른 이들은 다 일본으로 돌아가는데도 귀국을 거부한 까닭에 그는 '군산의 마지막 일본인 농장주'로 불리기도 했다고 한다. 조선어를 배우려고 하는 등 열의를 보였다고는 하지만 끝내 미 군정청은 그의 잔류를 허용하지 않았고, 그는 마침내 가방 두 개만 들고 부산항을 거쳐 귀국선에 오를 수밖에 없었다.

지평선에 녹아 있는 옛사람들의 노고

일본인 지주들이 경영했던, 그러나 정작 조선인 소작인들이 피땀으로 부쳐야 했던 농토는 군산과 김제 사이의 만경강, 김제와 부안과 정읍 사이의 동진강 유역을 끼고 넓게 펼쳐져 있다. 흔히 김제만경평야 혹은 호남평야라고 부르는 영역이다. 이곳은 한반도에서 가장 넓은 평야 지대이자 곡창 지대다.

그렇다 보니 앞서 말했듯이 국내에서 유일하게 지평선을 볼 수 있는 곳이기도 하다. 남포산에서 봉화산 사이 702번 지방도를 한번 달려볼 것을 추천한다. 동서남북 어디로 고개를 돌려도 끝없는 지평선을 볼 수 있을 것이다. 심지어 이 지역에서 하는 대표적인 축제의 이름도 '지평선 축제'다. 코로나-19로 2020년에만 온라인으로 대체됐을 뿐, 1999년 이래 한 해도 거르지 않고 추수철만 되면 지평선이라는 이국적인 풍경을 배경으로 한판 축제를 벌여왔다.

여기서 생각해 볼 문제가 있다. 이 평야가 원래부터 이렇게 넓었을까? 근대 이전까지는 갯벌이 깊숙하고도 넓게 펼쳐져 있어서 논이 차지하는 면적이 지금보다 훨씬 작았다. 일제가 식민 지배를 시작함과 동시에 간척과 개간을 통한 농지 확보 사업에 열을 올렸던 이유가 바로 이것이다. 그나마 경작지를 넓혔다고 해도 동진강의 수량이 부족한 점이 문제였다. 그래서 찾은 방법이 섬진강 상류를 둑으로 막아 호수처럼 만든 뒤, 지하 수로를 뚫어 동진강 쪽으로 물길을 돌리는 것이었다. 그렇게 해서 운암제를 건설했고 그에 따라 옥정호도 생겨났다. 그리고 옥정호에서 정읍시 산외면 종산리 쪽으로 1킬로미터 남짓한 지하 수로를 뚫어 동진강 유역으로 물길을 끌어들였다. 이 모든 것, 즉 지금의 한국 시민들이 먹는 쌀의 상당량이 나오는 호남평야에 갯벌을 간척하고 지하 수로를 파고 물길을 낸 것은 조선인들의 피와 땀이었다. 역사와 우리는 단절되어 있지 않다.

군산·김제 답사의 마지막 지점은 지금까지 지나온 길들을 돌아볼 수 있는 곳이다. 내비게이션에 '김제시 진봉면 심포리 산34-2'를 찍고 가보자. 김제 망해사 못 미치는 지점인데, 거기에 차를 대고 산 위쪽으로 100여 미터 올라가면 '진봉망해대' 또는 '심포관망대'라고 불리는 곳이 나온다. 남쪽으로는 동진강 유역과 김제평야, 북쪽으로는 만경강과 만경평야 일대, 멀리 군산까지 내려다보인다. 그리고 서쪽으로 시선을 돌리면 새만금 간척지가 보이는데, 해질녘에 간다면 바다 습기를 머금은, 기억에 남을 만한 붉은 낙조를 감상할 수 있다.

새만금 간척 사업이 시작된 1991년은 '북방 외교'에 심혈을 기울이던 노태우 정부 때였다. 1년 전인 1990년에는 소련과의 적대를 끝내는 한·소 수교도 맺은 상태였다. 그때, 정부 당국자들은 언젠가 북한과의 관계 개선과 교류·협력을 상상해 보지 않았을까? 지금은 농지 비율이 많이 낮

쳐졌지만 애초에 계획된 새만금 간척지의 용도는 100퍼센트 농지였다. 굳이 그만큼은 아니더라도 늘 식량이 모자라는 북한을 위해 새만금 간척지, 나아가 이 너른 평야가 할 수 있는 역할은 없을까? 상상력을 한번 발휘해 보자. 이곳이 남북 교류의 물꼬를 틀 수 있는 평화의 진원지가 될 수는 없을까? 언젠가 새만금에서 수확한 쌀이 휴전선을 넘게 된다면 이 일대 쌀의 별칭을 바꿔야 할지도 모르겠다. '눈물과 애증의 쌀'에서 '평화의 밑돌을 괴는 희망의 쌀'로 말이다.

• 권기봉

전남 목포

자유, 민주, 통일을 향한 열망이 공존하는 도시

"자유가 강물처럼 흐르고 민주주의가 들꽃처럼 만발하고 통일의 꿈이 무지개처럼 피어나는 나라를 만들고 싶다."

김대중 대통령의 어록 중 하나다. 자유, 민주, 통일이 어디 김대중만의 소원이었을까? 20세기 한반도 역사는 자유, 민주, 통일을 향한 지난한 여정이었다고 말해도 지나침이 없다. 강화도는 흔히 '지붕 없는 역사관'이라고 불린다. 고인돌 같은 청동기 유적부터 광성보, 초지진 등 구한말 유적까지 긴 시간대의 이야기를 다채롭게 품고 있기 때문이다. 이에 빗대면, 목포는 '지붕 없는 20세기 역사관'이라고 불러도 좋을 것 같다. 목포는 강화도에서 확인한 19세기 말 외세와의 대결 뒤에 우리가 어떤 일을 겪었는지, 그로부터 100년 넘는 시간 동안 우리는 무엇을 바라며 살아왔는지를 돌아보기에 좋은 도시다.

꺾여버린 '자주 개항'의 꿈

조선 시대에 목포는 한양으로 세곡을 실어 나르는 조운선의 거점이었고, 이로 인해 왜구의 침입이 끊이지 않던 지역이다. 일제는 1876년에 강화도조약 체결을 강요해 부산, 원산, 인천을 차례로 열었다. 하지만 몇 년 뒤 개항장에서 청이 차지하는 무역 비중이 점점 커지자, 전라도 연안에 새로운 통상항을 개항하라고 조선에 요구했다. 일본은 목포를 새로운 통상항으로 점찍고는 한일 간 조약에 따라 개항하고, 또 개항장에 일본인만을 위한 '전관거류지'를 설치하라고 요구했다.

그러나 광무황제는 일본과 조약을 체결하지 않고 1897년 7월 4일에 칙령으로 목포와 진남포 개항을 결정했고, 목포항에는 일본인 전관 거류지가 아니라 한국과 통상 조약을 맺은 여러 나라가 공동으로 관리할 수 있는 '각국거류지'가 설치되었다. 목포 개항이 구한말 최초의 '자주 개항'이었다고 평가되는 건 바로 이런 조치들 때문이다.

1897년은 대한제국 선포 원년이다. 대한제국은 개항장에서 거두어들이는 관세 수입을 담보로 차관을 도입하고 재정 수입을 늘려 상업을 진흥시키려 했다. 그리고 이러한 목표 아래 개항 전에 이미 목포 해관과 무안 감리서를 설치했다. 목포 해관은 10월 1일 개항과 동시에 관세 사무를 취급했고, 무안 감리서는 목포 개항장 거류지 설치, 외국과의 섭외 및 통상 관계 수립, 각국 영사관 부지 문제 및 토지 경매, 고하도·삼학도 토지 문제 등을 다루었다. 특히 개항 직후 목포에서는 일본 상인들의 횡포에 맞선 한국인 부두노동운동이 치열하게 전개됐는데, 무안 감리서는 이 과정에서 일본의 압력에 굴하지 않고 한국인을 보호하기 위해 노력했다.

하지만 광무황제와 대한제국의 꿈은 채 10년도 지나지 않아, 일제가

| 목포근대역사관 1관

외교권과 국권을 연이어 빼앗으면서 물거품이 되고 만다. 현재 목포근대역사관 1관으로 변신한 옛 목포 일본 영사관은 구한말 자주적 발전의 좌절, 그리고 일제강점기 자유의 박탈을 상징하는 건물이다. 일제는 1897년에 자국민 보호와 외교 업무를 위해 옛 목포 만호진 자리에 영사관을 설치했다가 1900년에 새 건물을 지어 현재 위치로 이전했다.

목포항이 한눈에 들어오는 유달산 중턱에 자리 잡은 데다 높은 돌계단을 올라가야 건물로 들어갈 수 있어서인지, 옛 일본 영사관 건물의 첫 인상은 영락없는 압제자였다. 목포항과 시가지를 거만하게 내려다보며 자주적 발전, 자유 따위는 꿈도 꾸지 말라고 훈계하는 압제자의 모습이 건물과 겹쳐 보였다. 그 때문일까? 건물 앞에 자리한 '목포 평화의 소녀상'이 유난히 더 당당해 보인다. 일제 수탈의 상징을 등지고 앉아 목포항과 시가지를 바라보는 소녀는 지금 어떤 생각을 하고 있을까.

목포 '평화의 소녀상' |

평화비

우리는 꽃다운 나이에 끌려가 일본군 '성노예'의 삶을 강요당했던 이 땅 소녀들의 아픈 역사를 기억합니다. 다시는 이러한 비극이 되풀이되지 않기를 바라면서 일제 수탈의 현장인 이곳 일본 영사관 옛터에 인권과 평화가 강물처럼 흐르고 사람 사는 세상을 꿈꾸는 목포 시민의 뜻을 모아 이 비를 세웁니다.

2016년 4월 8일 목포평화의소녀상건립추진위원회

식민지 조선인의 굴레와 저항

을사년(1905년)에 정식 명칭도 없는 늑약(勒約)으로 대한제국 외교권을 강탈한 일제는 목포 영사관을 목포 이사청으로 바꿨고, 무안 감리서는 1906년에 폐지했다. 이사청은 한일강제병합(1910년) 이후 목포부 청사로 또 한 번 변신하며 식민지 통치와 수탈의 전진 기지 역할을 했다. 일제는 애당초 5년 예정이던 호남선 본선(대전~목포)과 지선(이리~군산) 공사를 3년 만인 1914년 1월에 끝내고 호남에서 생산된 쌀을 군산과 목포를 통해 일본으로 실어 날랐다.

농사로 생계를 꾸리기 어렵게 된 목포 인근 농민들이 노동자가 되기 위해 목포로 몰려오면서 거주 공간이 부족해졌고, 이에 따라 조선인 노동자들은 유달산 북쪽 기슭에 터를 잡았다. 각종 근대 시설이 들어온 일본인 거주지 '남촌'과 조선인 거주지 '북촌'의 차이는 갈수록 커졌다. 목포근대역사관 1관에 전시된 1925년의 한 신문 기사는 당시 '식민지 도시'이자 '이중 도시' 목포의 실상을 오늘 우리들에게 생생하게 전해 준다.

모든 시설이 조선인 사는 곳과 일본인 사는 곳을 갈라서 너무 편벽되이 한다. 그중 가장 심한 몇 가지 예를 들어보건대, 조선인 사는 동리의 길은 좁고 불편하여 조금만 비가 오면 다닐 수가 없고, 음료수로 말하더라도 조선인 마을에는 수통이 적어서 아침부터 저녁까지 오십여 명의 사람이 물을 길으려고 둘러서게 되며, 또 일본인의 화장터로 말하면 바로 조선인 마을 옆에 있고 더욱이 보통학교 옆이라 날마다 송장 타는 냄새가 코를 찌르게 되며, 어린아이들의 눈앞으로 날마다 시체를 실어가게 되니, 이런 것에 대하여서도 벌써 여러 번 교섭하였으나 그대로 두었으며, 다 같은 전등도 조선인 마을 길거리에는 가설치 아니하였는데, 이외에도 다 말하려고 하면 실로 한이 없다.

목포근대역사관 1관 1층 전시가 일제 수탈에 초점을 맞췄다면, 2층에서는 전남 지역 의병운동(1909년), 4·8독립만세운동(1919년), 워싱턴 회의 계기 만세운동(1921년), 광주학생운동 당시 학생시위(1929년), 신간회·근우회 목포 지회 결성, 1920년대 노동운동 등 일제 수탈에 맞선 목포 사람들의 끈질긴 저항을 확인할 수 있다.

목포근대역사관 1관 내부 관람을 마치고 건물 뒤편으로 돌아가면 일제강점기 조선인의 피땀이 밴 또 하나의 장소를 마주하게 된다. 일제는 1941년 태평양전쟁 개전 이후 미군 공습에 대비한 방공호를 한반도, 타이완 같은 식민지 곳곳에 만들었다. 방공호 건설에는 식민지 사람들이 강제로 동원되었다. 목포부 청사 뒤편에서 유달산을 파고 들어간 방공호는 중앙 출입구와 좌우 출입구가 연결되어 있고 전체 길이는 72미터, 높이는 2미터 내외 규모다. 목포에서는 유달초등학교, 고하도 등에서도 일제가 조선인을 강제로 동원하여 만든 방공호를 찾아볼 수 있다. 또한 고하도 해안에는 일제가 태평양전쟁 말기에 목포로 접근하는 적선을 공격할 목적으로 만든 진지 동굴도 10여 군데 남아 있다. 이런 동굴에도 식민지 조선인의 피땀은 어김없이 배어 있다.

목포근대역사관 1관에서 항구로 가는 길목에는 일제강점기 대표적 수탈 기관으로 식민지 조선인의 공분을 샀던 동양척식주식회사 목포 지점 건물이 대형 금고까지 보존된 채 온전히 남아 있다. 이 건물은 현재 목포근대역사관 2관으로 활용되고 있는데, 필자가 방문한 2020년 12월에는 1층에서 일제강점기 목포의 거리와 건물, 유달산 모습 등을 담은 사진이 전시되고 있었고, 2층에서는 2020년 4월부터 목포 독립운동 특별전 〈영웅, 그날의 기억을 걷다〉가 열리고 있었다.

이 특별전은 목포의 주요 독립운동 사건을 소개하는 데 그치지 않고, 호남 동학농민혁명 지도자 배상옥부터 강석봉, 박상렬, 배치문 등 목포 독립운동 주역들의 사연을 함께 소개함으로써 목포근대역사관 1관 전

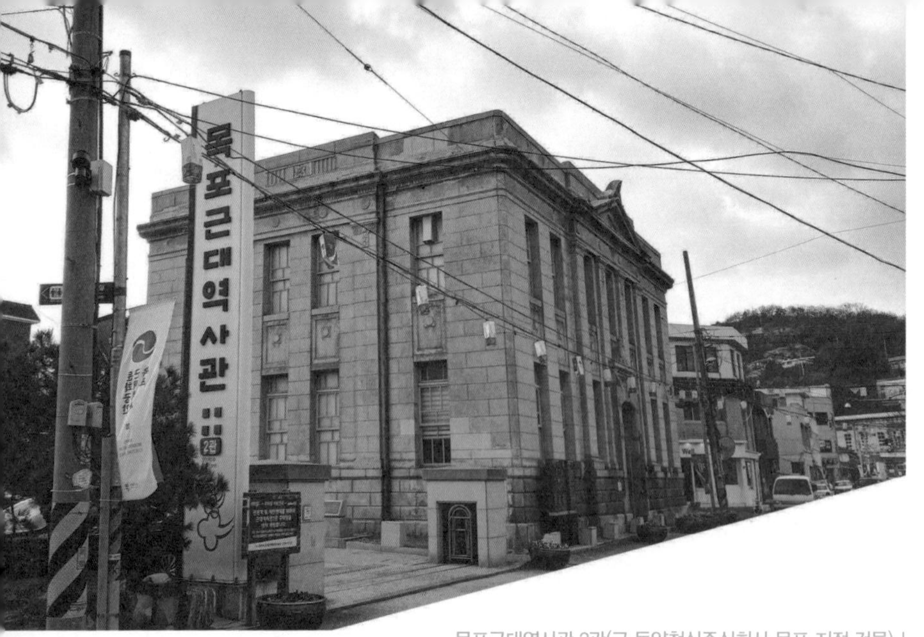

목포근대역사관 2관(구 동양척식주식회사 목포 지점 건물) |

시를 보완하며 목포 독립운동에 대한 이해를 심화해 준다. 1935년에 발표된 가요 〈목포의 눈물〉의 가사 "삼백연(三栢淵) 원안풍(願安風)"에 담긴 사연도 특별전에서 만날 수 있었다.

"삼백연 원안풍"의 원래 가사는 "삼백년 원한 품은"으로, 일제의 검열을 피하기 위해 우회적으로 변경한 가사이다. 300여 년 전인 1597년 정유재란 당시 이순신 장군이 짚으로 유달산 노적봉 바위를 덮어 군량미처럼 보이게 해 일본군을 물리친 전설을 빗대어 일제의 강압과 수탈에 신음하던 조선 백성들의 울분을 나타낸 가사라고 할 수 있다.

일제강점기 내내 저항을 멈추지 않던 식민지 조선인은 1945년 8월 15일, 일제 속박에서 벗어나 드디어 자유를 되찾았다. 하지만 곧이어 분단과 독재라는 긴 터널에 들어섰고, 독재자들은 분단에 기대어 자신의 독재를 정당화하고 강화했다. 그 결과 20세기 중반 이후 우리 역사는 민주와 통일을 빼놓고 서술하기 어렵게 되었다.

목포근대역사관 2관을 나서 오른편 주차장 쪽으로 걸음을 옮기면 해방 이후 민주를 향한 여정과 관련된 비석 두 기가 나란히 서 있는 모습을 볼 수 있다. 하나는 4·19혁명 때 희생된 목포 출신 학생 사망자·부상자를 기리는 '사월혁명 학생 기념비'이고 다른 하나는 목포근대역사관 2관과 5·18민주화운동의 '악연'이 담긴 사적비다. 동양척식주식회사 목포지점 건물에는 1946년부터 1974년까지 해군 목포 경비부가 주둔했고, 1974년부터 1989년까지는 목포해역사령부 헌병대가 이 건물을 사용했다. '5·18민중항쟁 목포 사적지 13호' 비석에 따르면 전두환 신군부 세력에게 체포된 목포 지역 5·18 관련자들은 보안대 목포 분소에서 갖은 구타와 고문을 당한 뒤 이곳 헌병대 영창에 구금되었다고 한다. 일제가 조선인의 자유를 억압하던 건물이, 독재자가 시민의 민주 열망을 억압하는 장소로 잠시나마 쓰인 셈이다.

이처럼 비극적이고 부끄러운 역사가 반복되지 않게 하려면 우리는 어떤 노력을 기울여야 할까? 목포근대역사관 1관, 2관을 돌아본 뒤 인근 '김대중 노벨평화상 기념관'을 찾아간 건 바로 그곳에서 이 질문에 대한 해답을 만날 수 있어서였다.

자유, 민주, 통일을 향한 '햇볕'

사람 이름이 앞에 붙는 기념관에서 그 사람을 기리는 일반적이고 익숙한 방법은 그 사람의 생애를 출생부터 시간 순으로 따라가며 주요 업적을 소개하는 것이다. 이와 달리 김대중 노벨평화상 기념관은 김대중의

2000년 노벨평화상 수상 장면과 상장, 메달, 해외 언론 반응 등으로 시작한다. 기념관 2층에 있는 전시실 네 개는 노벨평화상 수상 관련 영상과 자료(제1전시실), 평화와 화해를 위한 김대중의 노력, 다양한 노벨상과 노벨평화상 소개(제2전시실), 정치 입문 이후 민주화투쟁 이력(제3전시실), 대통령 당선과 '국민의 정부' 업적(제4전시실) 순으로 관람하게 되어 있다. 또한 1층에는 김대중이 대통령 퇴임 이후 사용한 승용차가 전시되어 있는데 차량 번호 '19소8700'이 이채롭다. 기념관 해설사는 김대중이 민주화를 이룩한 해의 숫자 '1987'을 유난히 좋아했고, 그래서 이런 번호를 달았다고 설명해 주었다.

이러한 전시실 배치와 관람 순서는 김대중의 노벨평화상 수상이라는 '결과'를 돋보이게 하는 데는 유리하다. 하지만 김대중 정부('국민의 정부') 업적은 맨 마지막 전시실에 가서야 볼 수 있다 보니 김대중이 노벨평화상을 받은 '이유'가 잘 부각되지 않는 아쉬움이 있다. 김대중은 어떤 이유로 노벨평화상을 받았을까? 노벨위원회는 김대중 정부가 추진한 햇볕정책, 햇볕정책의 성과인 사상 첫 남북정상회담 등을 평화상 선정 이유로 명시했다.

> 김대중은 햇볕정책을 펼쳐 남북한 사이에 50년 이상 지속된 전쟁과 적대감을 극복하려고 노력했다. 그의 북한 방문은 두 나라 사이의 긴장을 완화하는 과정에 주요 동력이 됐다. 이제 한반도에는 냉전이 종식되리라는 희망이 싹트고 있다. 김대중은 한국과 이웃 국가, 특히 일본과의 화해에도 기여했다. 노르웨이 노벨위원회는 북한과 다른 국가 지도자들이 한반도의 화해와 통일을 진전하는 데 기여했다는 점도 높이 평가하고 있다.
>
> — 노벨위원회에서 발표한 〈2000년 노벨 평화상 선정 이유서〉에서

따라서 노벨평화상 수상 관련 자료에 앞서 2000년 남북정상회담 관련 자료를 전시실 맨 앞에 배치했다면 어땠을까? 김대중은 노벨평화상을 받기 위해 햇볕정책과 남북정상회담을 한 게 아니라, 햇볕정책과 남북정상회담을 했기 때문에 노벨평화상을 받았으니 말이다. 물론 제4전시실에서 '국민의 정부' 8대 업적 중 하나로 '남북 화해와 햇볕정책'을 소개하고 있기는 하다. 그럼에도 김대중이 자서전에서 "현대사 100년 최고의 날"이라고 규정했던 2000년 남북정상회담의 기쁨과 의미가 관람객에게 더 잘 다가가길 바라는 욕심은 좀처럼 사그라지지 않는다.

이런 맥락에서 '남북 화해와 햇볕정책' 전시도 보완되면 좋겠다. 현재 전시는 주로 '사실'을 알려주는 방식인데, 이에 그치지 말고 일제 강압, 전쟁, 독재로 점철된 시대를 살아온 우리에게 햇볕정책과 사상 첫 남북정상회담이 어떤 '의미'를 지닌 사건인지도 말해 준다면 어떨까? 그렇게 하면 우리가 기념관에서 나눌 대화가 좀 더 풍부해지지 않을까?

모두가 잘 알고 있듯이, 북방 강국들과 남방 강국들 사이에 놓인 지정학적 위치 탓에 한반도는 늘 외세의 영향을 강하게 받았다. 특히 한반도를 둘러싼 외세의 갈등이 심화되는 와중에, 권력자들이 각각 서로 다른 외세에 기대어 생존을 도모할 때면 한반도는 예외 없이 전란에 휩싸였고, 패권을 쥔 외세의 지배 아래 놓이는 비극을 반복해서 경험했다. 수백 년 전 청의 속국으로 전락했을 때는 조선 지배 세력이 친명파와 친청파로 갈라졌고, 일제가 식민지 야욕을 드러내며 다가오던 구한말에도 지배 세력은 친청, 친일, 친러, 친미 등으로 갈라졌다. 이와 달리 김대중 대통령과 김정일 국방위원장은 과거 명·청 대결, 청·일 대결, 미·소 대결과 비슷한 미국과 중국·러시아의 대결이 막 시작되던 2000년에 "나라의 통일문제를 그 주인인 우리 민족끼리 서로 힘을 합쳐 자주적으로 해결해 나가기로" 합의했다('6·15남북공동선언' 제1항). 외세의 대결에 휩쓸려 한반도가 전란에 휩싸이거나 식민지로 전락해 자유를 잃었던 비극을 반복하지 않기 위해 남북이 '같은 걸음'을 걷기로 뜻을 모은 것이다.

또한 우리는 오랜 독재를 겪으며 남북 대결이 민주주의 발전을 방해하는 모습을 자주 지켜봤다. 5·18민주화운동 참가자들이 좌익이라는 근거 없는 멍에를 뒤집어썼던 일도 잘 알려진 사실이다. 김대중 역시 1970년대에서 1980년대의 민주화투쟁 과정에서 남북 화해와 통일을 주장할 때마다 좌익이라는 거짓 선전에 시달려야 했다. 이런 맥락에서 2000년 남북정상회담은 남북 화해·협력 시대의 개막을 선언함으로써 향후 민주주의 발전의 든든한 초석을 놓았다고 평가할 수 있다. 남북 대결에 기대어 의견이 다른 상대방을 좌익으로 몰아붙이는 행태가 갈수록 발붙이기 어렵게 되었다는 뜻이다.

이 밖에도 6·15남북공동선언은 이산가족 문제 같은 인도적 문제 해결(제3항)을 경제 협력과 민족 경제의 균형적 발전(제4항) 앞에 넣음으로써, 경제적 실리 추구에 앞서 분단이 '사람'에게 가한 고통과 상처의 치유가 우선되어야 한다는 점을 일깨운다. 우리가 일상생활에서 종종 쓰는 속담, "사람 나고 돈 났지, 돈 나고 사람 났나?"는 남과 북이 평화와 통일로 향해 가는 과정에서도 새기고 또 새겨야 할 윤리적 지침이다.

6·15남북공동선언(2000)

1. 남과 북은 나라의 통일문제를 그 주인인 우리 민족끼리 서로 힘을 합쳐 자주적으로 해결해 나가기로 하였다.
2. 남과 북은 나라의 통일을 위한 남측의 연합제안과 북측의 낮은 단계의 연방제안이 서로 공통성이 있다고 인정하고 앞으로 이 방향에서 통일을 지향시켜 나가기로 하였다.
3. 남과 북은 올해 8·15에 즈음하여 흩어진 가족, 친척방문단을 교환하

며 비전향장기수 문제를 해결하는 등 인도적 문제를 조속히 풀어 나가기로 하였다.

4. 남과 북은 경제협력을 통하여 민족경제를 균형적으로 발전시키고 사회·문화·체육·보건·환경 등 제반 분야의 협력과 교류를 활성화하여 서로의 신뢰를 다져 나가기로 하였다.

5. 남과 북은 이상과 같은 합의사항을 조속히 실천에 옮기기 위하여 이른 시일 안에 당국 사이의 대화를 개최하기로 하였다. 김대중 대통령은 김정일 국방위원장이 서울을 방문하도록 정중히 초청하였으며 김정일 국방위원장은 앞으로 적절한 시기에 서울을 방문하기로 하였다.

"서두르지 말라, 그러나 쉬지도 말라"

한마디로 김대중 정부가 북한 당국을 향해 일관되게 보낸 '햇볕'은 평화와 통일을 향한 햇볕인 동시에 자유, 민주, 인권을 향한 햇볕이었다. 노벨위원회가 노벨평화상 시상식장인 오슬로 시청 중앙홀 단상 뒤편 기둥에 붉은색, 노란색 장미를 장식하던 관례를 깨고 해바라기 장식을 한 것도 김대중이 꽃피운 햇볕정책을 기리기 위해서였다. 또한 그날 군나르 베르에 노벨위원회 위원장은 시상 소감을 아래와 같은 멋진 시구절로 마무리했다. "첫 번째 떨어지는 물방울이 가장 용감하노라."

한편 노벨위원회는 노벨평화상 상장에 수상자의 업적을 상징하는 회화를 함께 넣는데, 김대중이 받은 상장에는 햇살이 은은하게 비치는 한반도 모양 숲길을 걸어가는 '두 사람'이 그려져 있다. 한 사람이 김대중이라면, 다른 한 사람은 누굴까? 노벨위원회가 노벨평화상 선정 이유서에서 "북한과 다른 국가 지도자들이 한반도의 화해와 통일을 진전하는

데 기여했다는 점도 높이 평가"한다고 했으니, 아마도 김정일을 포함한 당시 햇볕정책의 모든 지지자, 동반자를 상징한 게 아닐까?

김대중과 동반자들이 20세기를 마무리하며 함께 만들어낸 첫 번째 물방울은 다음 물방울들을 키우는 밑거름이 됐고, 후대 물방울들은 오늘도 용감하게 남북 대결과 분단의 장벽을 뚫기 위해 떨어지고 있다. 기념관의 마지막 전시실을 나와 2층 로비 쪽으로 가다 보면 김대중과 이희호가 아이들 손을 잡고 걷는 모습을 담은 롤스크린 사이사이에 'PEACE'라는 글자를 새긴 롤스크린이 보인다. 관람 방향을 알려주는 바닥 화살표까지 한 시야에 넣고 보니 마치 김대중과 이희호가 이렇게 말을 건네는 것 같다. "평화라는 올바른 방향으로 후대의 손을 잡고 함께 걸어가야

| 김대중 노벨평화상 기념관 내 전시물

합니다." 그리고 그 걸음은 김대중이 실제로 자주 썼다는 말처럼 서두르지 않되, 쉬지도 않는 걸음이어야 한다.

옛 목포 일본 영사관 앞 '목포 평화의 소녀상'의 시선을 따라가다 보면 정면으로 '국도 1, 2호선 기점 기념비'가 보인다. 기념비 앞 도로원표는 과거 국도 1호선(목포~신의주)과 국도 2호선(목포~부산)의 출발 기점이었다. 현재 국도 1호선 기점은 목포시 달동(고하도)으로, 국도 2호선 기점은 신안군 장산면으로 바뀌었다. 도로원표에 가까이 가서 보니 '국도 1호선 목포~신의주 939킬로미터'와 '(판문점까지의 거리 498킬로미터)'라는 문장이 위아래로 함께 새겨져 있다. 국도 1호선의 실제 종착점은 판문점이라는 얘기다. 소녀는 일제로부터 해방된 나라가 아직도 둘로 나뉜 채 싸움을 멈추지 못하는 현실을 보며 어떤 생각을 하고 있을까? '평화의 소녀상' 앞에 선 후대는 여전히 부끄럽다.

• 김진환

전남
순천·여수

비극의 터에서 되새기는 평화의 가치

부용산 오리길에 잔디만 푸르러 푸르러
솔밭 사이 사이로 회오리바람 타고
간다는 말 한마디 없이 너는 가고 말았구나
피어나지 못한 채 병든 장미는 시들어지고
부용산 봉우리엔 하늘만 푸르러 푸르러

그리움 강이 되어 내 가슴 맴돌아 흐르고
재를 넘는 석양은 저만치 홀로 섰네
백합일시 그 향기롭던 너의 꿈은 간 데 없고
돌아서지 못한 채 나 외로이 예 서 있으니
부용산 저 멀리엔 하늘만 푸르러 푸르러.

목포 항도여중 교사로 일하던 박기동이 쓴 시에 마침 같은 학교에 근무하던 교사이자, 동요 〈엄마야 누나야〉의 작곡자로도 유명한 안성현이

곡을 붙여 만든 〈부용산〉이라는 노래다. 가수 윤선애와 한영애, 안치환, 이동원 등이 부른 여러 버전이 있는데, 들어보면 서정성이 강해 구슬픈 느낌이 든다.

그런데 사상성이라곤 찾아보기 힘든 이 노래를 오랜 기간 사갈시하던 이들이 있었다. 그도 그럴 것이, 빨치산들 사이에서 꽤 인기가 있어 '붉은 노래'라는 인식까지 있었던 데다 작곡가 안성현은 6·25전쟁 때 월북을 했다. 정작 박기동은 너무 이른 나이에 죽은 누이동생을 벌교 부용산에 묻고 내려오며 이 시를 썼다고 했는데도, 수십 년간 이어져온 극한의 이념 대립 속에서 한국 사회는 노래 하나를 두고도 서로에게 유리한 대로 해석하느라 바빴다. 1948년에 부용산이 있는 벌교는 물론 그 근처의 순천, 여수를 비롯한 지리산 남서부 일대에 불어닥친 '여순사건'의 뜨거운 회오리바람…. 그 상처는 오래도록 깊게 남아 있었다.

'여순사건'이 아니라 '여순항쟁'

제일 먼저 가볼 곳은 2020년 10월에 문을 연 여순항쟁역사관이다. 규모는 작지만 여순사건을 주제로 삼은 전국 최초의 역사관이다.

역사적 사건의 명칭은 그 평가를 어떻게 하느냐에 따라 '민란'이 될 수도 있고 '운동' 혹은 '혁명'이라 불리기도 한다. 동학이 그렇다. 반제·반봉건을 주창하다 보니 왕조 입장에서는 '민란'이라 칭했으나 지금은 '운동'을 거쳐 '혁명'이라 부르는 것처럼 역사적 사건의 명칭에는 평가가 내포되어 있다. 여순사건도 마찬가지다. 지난 시대에는 줄곧 '여순반란'이라 불렀으나 지금은 '여순사건' 정도로 순화(?)되었다. 그런데 이 역사관은 사건을 넘어 '여순항쟁'이란 명칭을 사용했다. 여순사건을 어쩌다가 벌어진 사건·사고로 보는 게 아니라 그 과정에서 당시 사람들이 보인 '의지'에 초점을 맞추어 붙인 이름이다. 다음은 필자가 역사관 건립에 앞장섰던 여순10·19특별법제정범국민연대 박소정 대표를 만났을 때 그가 직접 한 말이다.

> 오랜 세월 국가주의와 반공주의의 굴레가 지역민들의 시민항쟁을 왜곡하고 진실 규명과 명예 회복을 막아왔어요. 진실·화해를위한과거사정리위원회가 발족하면서 모처럼 이루어진 과거사 진상 규명 작업도 이후 시간이 지나면서 제대로 된 성과를 내지 못하고 멈춰버렸고요. 그래서 2018년 여순 70주년을 맞아 제대로 된 과거 청산을 위해 학계와 시민사회, 고령의 유족은 물론 지자체와 의회가 나서서 특별법을 제정하고자 일어섰습니다. 이 기념관도 그런 뜻에서, 여순항쟁의 숨겨진 진실을 알리기 위해 문을 열게 된 것이고요.

여순사건은 한국 현대사에서 아주 중요한 분기점 중 하나였다. 제주 4·3사건과 떼려야 뗄 수 없는 여순사건의 개요부터 간단히 살펴보자. 대한민국 정부 수립 넉 달여 전인 1948년 4월 3일, 제주에서 단독선거와 단독정부 수립에 반대하는 무장봉기가 일어났다. 이승만 정권에게는 골칫거리일 수밖에 없었다. 이에 정부와 미국 임시 군사고문단은 그해 10월 11일에 제주도경비사령부를 설치하면서 경찰 중심의 기존 '진압 작전'을 군이 주도하는 '토벌 작전'으로 전환했다. 이때 제주도 초토화 작전을 위해 출동 명령을 받은 부대가 지금의 여수 신월동 일대에 주둔하고 있던 육군 제14연대였다.

그런데 제14연대 소속 군인들이 이를 "국군의 사명에 부합하지 않는 부당한 명령"이라면서 10월 19일에 출동을 거부하고 나섰다. 그들은 시내로 진출해 여수 중심부를 점령한 채 '제주 토벌 출동 거부 병사위원회' 명의로 성명서를 발표했다. "조선 인민의 아들인 우리는 우리 형제를 죽이는 것을 거부하고 제주도 파병을 거부한다"라고 하며 "동족상잔 결사반대, 미국 즉시 철퇴('철수'라는 뜻—필자)" 등을 주요 요구 사항으로 내걸었다.

이 물결이 여수 바로 북쪽에 붙어 있는 순천에까지 밀어닥치는 데는 그리 오랜 시간이 걸리지 않았다. 여수에서 인민대회가 열린 4월 20일, 순천에 주둔하고 있던 제14연대 파견대를 중심으로 봉기 대열에 합류해, 그날 밤으로 세 개 편대로 나뉘어 근처 벌교와 학구, 광양 방면으로 진출하기 시작했다.

군인들의 봉기는 미군정과 이승만 정권에 대한 원망이 쌓여만 가던 상황, 특히 쌀 배급 등을 둘러싼 불만이 최고조로 달했던 상황에서 지역 주민들이 항쟁에 참여하는 도화선이 되었다. 거기에 청년 학생들과 좌익 옹호자들까지 합세하면서 전남 지역을 비롯해 전북과 경남 서부 지역까지 확산되는 등 명실 공히 대중 봉기의 성격으로 확대 전환되었다. 그 과정에서 지주나 우익 인사, 혹은 친일 부역 협의자들이 별다른 재판 과정 없이 봉기군에 의해 처형되는 사태가 연이어 발생했다.

당연히 정부도 미국도 가만있을 수는 없었다. 먼저 대통령 이승만은 "모든 지도자 이하로 남녀 아동까지라도 일일이 조사해서 불순분자는 다 제거하고 조직을 엄밀히 해서 반역적 사상이 만연되지 못하게" 하라며 강경 진압을 주문했다. 이어 미국 군사고문단도 20일에 바로 관계자 회의를 열어 '반란군 토벌 전투사령부'를 설치하기로 결정했다. 그리하여 10월 22일 여수와 순천 지역에 해방 후 최초의 계엄령이 선포되었으며, 이내 진압 작전이 시작되었다.

문제는 진압 과정에서 좌우익 이념 대결과는 상관없는 수많은 지역

주민들마저 희생되었다는 점이다. '밥 한 사발은 말할 것도 없이 호박잎 한 장이라도 반군에게 준 사람도 협력자로 몰린다'는 말이 공공연히 나돌았을 정도로 토벌군의 철저한 봉기군 협력자 색출은 12월 중순까지 한 달 반이나 계속되었다. 그렇게 협력자로 지목된 이들은 재판 없이 빠른 속도로 '처리'되었다. 희생자 중에 실제 '협력자'도 있었겠지만, 가령 지역 유지가 평소에 사이가 좋지 않던 이를 이른바 '손가락 총'으로 지목해 죽음으로 모는 일도 비일비재했다고 전한다. 정당한 절차보다 확실한 본보기를 보이는 것이 중요한 상황이었기에 용인된 일이었다.

이승만 정권 입장에서는 이미 제주 4·3이란 상황이 있었기에 반(反)이승만 움직임이 전국으로 퍼지는 것을 막기 위해 더 명확하고 강경한 태도를 드러내 보일 필요가 있었다. 실제로 여순사건을 계기로 이승만 정권은 좌익계는 물론 광복군계를 포함한 모든 반이승만 성향의 군인들을 상대로 대대적인 숙군 작업을 벌였으며, 1948년 12월에는 머릿속 생각까지도 처벌하는 국가보안법 제정을 밀어붙였다. 여순사건을 이승만의 권력을 강화하고 자유당 독재의 밑판을 다지는 계기로 이용했던 셈이다.

다행히 한국 사회가 숨죽여 오기만 했던 것은 아니다. 광주 5·18이나 제주 4·3에 비해 더딘 면이 없지는 않지만, 여순사건과 관련해서도 진상 규명 요구와 함께 사회적 관심이 점점 커져 왔다. 한 예로 순천 시내 곳곳을 다녀보면 '여순 10·19' 안내판이 서 있는 모습을 확인할 수 있다. 제주 4·3과 연계성을 고려해 4·3을 상징하는 동백꽃에 잎사귀를 덧붙인 상징을 그려 넣어서 어렵지 않게 찾을 수 있다. 2020년 8월 현재 순천 시내 일곱 곳, 시외 지역 아홉 곳에 설치되어 있었는데, 그중 방문하기를 추천하는 곳은 봉기군과 진압군 사이에 밀고 밀리는 공방전이 벌어졌던 장대다리(현 순천교)와 순천북초등학교, 순천대학교 대학본부 옆,

순천시 매곡동 여순사건 학살지 |

매곡동 147-5 등지다. 장대다리를 제외하곤 모두 진압군에 의한 민간인 학살이 자행되었던 곳이다.

그리고 마지막으로 방문할 곳은 팔마실내체육관 주차장 한쪽에 있는 '여순항쟁탑'이다. 2006년에 여순사건화해와평화를위한순천시민연대에서 세웠는데 이 탑의 이름 역시 '사건'이 아니라 '항쟁'을 택했다. 당시 사무총장으로 활동했던 박소정 대표의 설명을 더 들어보자.

처음에 탑을 세울 때는 '여순사건위령탑'이었어요. 좌익이든 우익이든 이념을 떠나 같은 민족을 죽이는 데 군대를 동원하는 건 말이 안 되잖아요. 상관의 명령이 불법적이고 부당하면 저항할 수 있는 권리도 있잖아요. 그런 면에서 여순은 단순한 사건이 아니라 군인으로서 동족을 죽일 수 없어 저항할 수밖에 없었던, 적극적인 의미에서의 항쟁이라고 봅니다. 그래서 돌아가신 성공회대 신영복 교수에게 글을 써달라고 부탁했을 때 '여순항

| 순천 여순항쟁탑

쟁탑' 글씨도 함께 받아놨었어요. 그랬다가 2020년 5월에 이렇게 여순사건탑이라 쓴 돌을 빼고 여순항쟁탑 돌로 갈아 끼운 거예요.

말줄임표가 전부인 위령비

그러나 아직 가야 할 길이 먼 것도 사실이다. 국가 기구인 진실·화해를위한과거사정리위원회(이하 '과거사정리위원회'로 줄임)가 여순사건 발발 62년 만인 2010년에 발표한 〈진실화해위원회 종합보고서 III: 민간인 집단 희생 사건〉을 살펴보면 1948년 정부 수립 이후 6·25전쟁 발발 이전까지 여순사건이 직간접적으로 영향을 끼쳐 사망한 민간인이 2043명이라고 한다.

물론 이것은 과거사정리위원회의 통계일 뿐, 민간단체에서는 1만 명이 족히 넘을 것으로 추정하기도 한다. 자료가 많이 남아 있지 않은 데다 질곡의 이념 대립 시대를 거쳐 온 터라 아예 유가족이 진상 규명을 신청하지 않아서, 또는 이 사건으로 '멸족'한 나머지 확인이 불가능한 경우가 많아서 여태 진상이 정확히 밝혀지지 않았다.

이렇듯 지극히 비극적인 역사와 다도해의 아름다운 풍광이 겹치는 여수 만흥동 일대의 학살지를 답사하다 보면 비애감은 배가 된다. 많은 이들이 찾는 관광지인 오동도에서부터 길을 나서자. 알고 보면 이곳 역시 여순사건 당시 학살지이기도 했던 곳이다. 거기서 엑스포대로를 타고 북쪽으로 향하다, 만덕사거리를 지나자마자 오른쪽으로 빠져 망양로를 타면 된다. 그 길을 따라 250미터 정도 더 북쪽으로 가면 '마래 제2터널'이 나온다. 1926년에 판 터널로, 한반도의 도로용 터널 가운데 가장 오래된 것이다. 터널 내부에는 대피용 공간이 대여섯 군데 있는데, 차량 운행을 고려해 잠시 멈춰서 살펴볼 수 있다. 이 터널은 여순사건 당시 여수 시내에서 체포된 좌익 혐의자들을 처형지로 끌고 갈 때 지났던 곳이다. 곳곳에 일제강점기의 흔적이 남아 있는 모습을 마주하면 역사의 무게감이 다시금 느껴진다.

터널을 통과한 뒤에는 속도를 줄여야 한다. 200여 미터 정도 가면 왼쪽으로 갑자기 뻥 뚫린 공간이 나타나는데, 거기가 이번에 가볼 곳이다. 순식간에 나타나는 데다 차 세울 곳이 마땅치 않은 왕복 2차선 도로이니 조심해서 주차해야 한다. 거기에는 여순사건 61주년을 맞아 2009년 10월 19일에 세운 '여순사건 희생자 위령비'가 있다. 지명을 따 '만성리 위령비'라고도 부른다.

그런데 이상하다. 비의 뒷면에는 보통 그것을 세운 이유 등을 새겨 넣기 마련인데 이 위령비에는 아무런 내용 없이 점 여섯 개를 찍은 말줄임

여순사건 희생자 위령비 |

표가 전부다. 할 말은 많은데 차마 입으로 옮길 수 없어 말줄임표로 대신한 것이다. 끝나지 않은 현재진행형으로서, 풀어야 할 숙제가 아직도 많다는 의미다.

여기서 다시 진행 방향으로 100여 미터 더 가면 두 번째로 뻥 뚫린 공간이 나오는데 그 위쪽에 '형제묘'가 있다. 형과 아우가 묻혀 있는가 하면, 그건 아니다. '제주 남부' 편에서 더 이야기할 '백조일손묘역'이 그러하듯, 형제묘 역시 여러 희생자들의 집단묘다. 당시 군인들이 여수 시민들을 학살할 때 다섯 명씩 줄로 묶어 끌고 온 뒤 총살하고 그 위에 장작을 얹은 뒤 다시 다섯 명을 세워 총살하는 식으로, 시신을 마치 탑처럼 쌓은 뒤 불을 질렀다고 한다. 그런 곳이 주변에 다섯 군데 있었다고 하는데, 훗날 하나로 모아 무덤으로 조성한 것이다. 한날한시에 돌아간 125명을 기리기 위해 '형제묘'라는 이름을 붙였고, 전체적으로 크고 평퍼짐한 모양이 될 수밖에 없었다.

| 형제묘에서 내려다보이는 여수 앞바다

그런데 특이하게 '형제묘'라고 쓴 비석을 자세히 살펴보면 하나의 돌이 아니라 판석 몇 개를 붙여 만든 것임을 알 수 있다. 손가락으로 똑똑 두드려보기만 해도 소리가 다르다. 애초에는 비석 뒤에 이 묘를 조성하게 된 내력을 새겼으나 적극 가담, 소극 가담, 전혀 가담하지 않았음에도 졸지에 희생된 희생자의 유족들 사이에서 불편함을 호소하는 이들이 있었고, 그 결과 검은 돌을 덧대 내용을 읽을 수 없게 만들어버린 것이다. 여순사건은 1940년대 말에 끝난 사건이 아니었기 때문이다.

실제로 국군과 미군에 의한 진압 이후에도, 심지어 지금 이 순간까지도 문제적 상황이 완전히 해소되지 않고 있다. 이웃이 적으로 돌변해 '손가락 지목' 한 번으로 삶과 죽음이 나뉘던 그 시절, 지역 공동체는 불신으로 가득 찼고 한번 붕괴된 신뢰를 회복하는 데에는 너무나 오랜 시간이 걸릴 수밖에 없었다. 더욱이 가해자가 아니라 피해자가 숨어 지내야 했던 현실은 알고 보면 그리 오래되지 않은 한국의 과거다. 남은 이들은 서로를 증오하고 의심했으며, 특히 희생자 유족들은 오랫동안 연좌제의 굴레에 묶여 일상생활을 영위하기조차 힘든 고통의 시간을 감내해야만 했다. 그 상징적 표현이 바로 '빨갱이'라는 세 음절의 주홍글씨다.

> '빨갱이'란 단지 공산주의 이념의 소지자를 지칭하는 낱말이 아니었다. '빨갱이'란 용어는 도덕적으로 파탄 난 비인간적 존재, 짐승만도 못한 존재, 국민과 민족을 배신한 존재를 천하게 지칭하는 용어가 되었다. 그렇기 때문에 공산주의자는 어떤 비난을 하더라도 감수해야만 하는 존재, 누구라도 죽일 수 있는 존재, 죽음을 당하지만 항변하지 못하는 존재가 되었다.
>
> — 김득중, 《빨갱이의 탄생: 여순사건과 반공국가의 형성》에서

여전히 끝나지 않은 현재진행형 사건

여순사건은 다 지나간 옛일이 아니다. 1948년 10월 여순사건 당시 철도 기관사이던 장환봉 씨는 제14연대 군인들이 순천에 도착한 뒤 그들에게 동조해 순천 일원에서 폭동을 일으켰다는 죄목으로 계엄군에게 체포되어 22일 만에 처형당했다. 그 이후 60여 년이 흐른 2009년, 과거사정리위원회가 여순사건으로 인해 순천 일대 민간인들이 군인과 경찰에게 집단 사살되었다고 결론을 내리자, 장씨의 딸이 아버지의 억울한 누명을 벗기겠다며 재심을 청구했다. 재판은 대법원까지 올라갔고, 최종 판결은 2020년 1월 20일에 나왔다. 무죄였다.

그러나 거기까지였다. 재심을 청구한 장씨의 유가족에게는 그나마 명예 회복과 진실 규명을 위한 자료가 남아 있었으나, 그런 기록조차 없는 나머지 수많은 유족은 증거가 없어 재심 청구조차 할 수 없는 실정이다. 과거사정리위원회가 내놓은 권고안 중에 위령사업, 가족관계등록부에 잘못 기재된 사망일자나 장소 등을 정정한 것 정도를 빼면 지켜지지 않은 것도 적지 않다. 거기에 더해 "국가가 순천 지역 여순사건과 관련하여 과거 국가권력이 저지른 잘못을 공식적으로 인정하고, 사건 관련 희생자와 유족들에게 사과할 것"을 권고하고 "희생자에 대한 명예 회복 및 위령사업 지원 조처를 마련할 것"도 주문했다. 또 "유사 사건의 재발 방지를 위해 본 사건의 진실 규명 내용을 관련 역사 기록에 반영하고, 평화인권 교육을 강화할 것"•도 덧붙였다. 하지만 별다른 변화는 없는 듯하다. 장환봉 씨의 재심 판결이 나온 지 1년이 넘었지만 특별법 제정 등의 움직임도 더디기만 하다.

• 진실·화해를위한과거사정리위원회, 〈제6차 조사보고서〉(2008 하반기), 제2부 집단희생규명위원회 사건 (2), 2009, 476쪽.

좌익과 우익으로 나뉘어 극한 대립을 지속해 온 지난 시대, 심지어 6·25전쟁이라는 가장 큰 비극의 터널을 지나오는 과정에서 합당한 법률과 정당한 재판에 따른 처벌이 아니라 일방적인 학살이 벌어졌던 벌교와 순천과 여수 그리고 그 외 이 땅의 수많은 학살지들…. 과연 그 많은 죽음을 속 깊게 위령할 수 있는 방법이라는 게 있기나 할는지. 말줄임표로 갈음해 둔 '만성리 위령비'가 그래서 더욱 진솔하게 느껴지고, 평화의 중요성을 거듭 되새기게 된다.

• 권기봉

대한민국
평화기행

4
부산
대구
영남

강 따라 산 따라 평화의 관문으로

경찰과 군대를 대신해

여러 대원이 수시로 교대해 가며

일본의 불법적인 독도 침탈을 막아냈던

'현대판 의병', 독도의용수비대.

이들이 아니었다면,

독도의 현실은

지금과 달랐을지도 모릅니다.

부산

한반도의 또 다른 최전선

일본 제국주의는 1945년에 패망했으나 이미 세계대전 이전부터 첨예해지고 있던 냉전 구조 속에서 패전국 일본이 아닌 한국이 분단되었고, 그 모순이 중첩되어 6·25전쟁으로까지 확대되었다. 그러면서 부산은 더 이상 내어줄 수 없는 임시수도 역할을 떠맡을 수밖에 없었다.

남북 대립만 생각한다면 부산은 후방 중의 후방이지만, 일본과의 관계사를 통틀어 살펴보면 최전선 중의 최전선이기도 했다. 예컨대 조선 시대에는 조선통신사 등을 통해 일본과 교류하던 창구였지만, 구한말에는 일본이 가장 먼저 발을 디딘 곳 중 하나였다. 이렇듯 이 도시는 역설의 땅이다. 지금도 부산은 일본이란 존재와 떼려야 뗄 수 없는 관계이자, 한반도의 근현대사와 관련해서는 핵심 중의 핵심 도시다.

공원이 된 임진왜란의 현장

부산에서 먼저 찾아가면 좋은 곳이 자성대공원이다. 임진왜란 때 부산에서 벌어진 전투를 그린 〈부산진순절도(釜山鎭殉節圖)〉를 보면 임진왜란 전 부산진에는 내성과 외성이 있었다는 것을 알 수 있다. 그중 외성이 지금의 자성대공원 일대에 있었다. 다만 지금은 당시의 흔적이 많이 남아 있지 않다. 1970년대 들어 '복원'이란 이름으로 건물들을 새로 짓기는 했으나, 그중 상당수가 '상상 속 복원'이었다. 정상에 있는 진남대만 하더라도 수원화성의 수어장대를 모델로 재건한 건축물로, 원래의 부산진성과는 아무런 관련이 없다. 호국보훈 의식 고취를 목표로 전폭적인 사업을 펼쳤던 지난 시대의 과욕이 빚은 한계가 아닐까 싶다.

그렇다고 자성대공원이 역사적 가치가 없느냐 하면, 그렇지만은 않다. 공원 남쪽 끝에 붙어 있는 조선통신사역사관과 영가대에 들러볼 필요가 있다. 조선과 일본이 벌인 7년 전쟁, 즉 임진왜란과 정유재란이 끝난 뒤 일본은 일본대로, 조선은 조선대로 국교 회복을 통해 새로운 질서를 구축할 필요가 있었다. 특히 조선은 포로 교환 및 정보 수집이 절실했고, 북쪽에서 후금이 나날이 힘을 길러가는 상황이었던 터라 일본과 관계를 재정립해야 했다. 그런 상황에서 조선통신사를 통한 교류가 재개되었던 것이다. 1607년부터 1811년까지 총 열두 차례에 걸쳐 300~500명에 이르는 조선통신사가 파견되었고, 일본에서도 사신단을 보내왔다.

조선통신사역사관의 전시 규모는 그리 크지 않지만 어린 학생들과 함께 찾는다면 임진왜란의 과정과 의미, 평화 정착을 위해 펼친 노력을 확인하기에 안성맞춤이다. 이 건물 2층 출입구를 통해 밖으로 나가면 만나는 정자 영가대는 조선통신사가 일본으로 떠나기 전 용왕에게 안전한 항해를 기원하는 해신제를 지낸 곳으로 알려져 있다. 지금의 영가대는

증산공원 내의 왜성 흔적

원래 건물이 경부선 철도 부설 공사로 사라진 뒤, 2003년에 현재의 위치에 다시 지은 것이다.

그렇다면 부산진성의 내성은 어디에 있었을까? 조선통신사역사관에서 나와 서쪽으로 좌천역을 지나 언덕 위로 올라가면 증산공원이 나온다. 역사관에서 도보로 30분 남짓, 승용차로 10분 정도 걸리는 거리에 있는데, 증산공원 정상 못 미치는 곳에 있는 축대들이 예사롭지 않은 느낌을 풍기는 걸 알 수 있다. 도시의 평범한 공원 같지만 석축의 모양이나 각도, 규모, 견고함 면에서 특별한 점이 엿보인다. 이것들은 왜군이 쌓은 왜성(倭城) 중 하나였다. 원래는 증산공원과 주변의 좌천아파트, 일신기독병원, 동구도서관 일대가 모두 부산진성의 내성에 속했지만 임진왜란을 거치면서 왜성의 흔적만 남게 되었다.

왜성은 말 그대로 임진왜란과 정유재란 사이에 왜군이 쌓은 성으로, 선박으로 진입하거나 나갈 수 있게끔 해안선에서 멀지 않은 곳에 지었다. 자성대공원과 증산공원처럼 지금은 공원으로 변한 부산의 왜성들을 포함해 경남 해안가와 순천 등 전남 일부 지역에 이 같은 왜성이 꽤 많이 남아 있다. 근래까지는 어두운 역사라고 해서 굳이 기억하고자 하는 이들이 없었으나, 지금은 이 역시 지난 역사를 들려주는 역사 교과서라는 인식 아래 보존하고 교육하기 위한 노력을 게을리하지 않고 있다.

증산공원 동남쪽에 있는 좌천아파트 옆에는 경사 엘리베이터가 놓여 있다. 주민들의 교통 편의를 위해 설치한 시설인데, 그것을 타고 내려가면 부산포 개항문화관을 만난다. 이곳에서는 조선 태종 7년인 1407년 부산포에 왜관 설치를 허가한 이래 부산과 일본의 교역 관계가 어떠했는지를 알 수 있게 해주는 전시를 한다. 전시 내용도 내용이지만 이곳 방문을 권하는 가장 큰 이유 중 하나는 좋은 조망 포인트이기 때문이다. 증산공원 정상의 정자에서도 어느 정도 조망이 가능하지만 수풀로 가려져서 잘 보이지 않는다. 그러나 개항문화관 오른편의 전망대에 가면 정면으로 부산항의 모습이 시원하게 내려다보인다. 그리고 왼쪽 아래로는 처음 여정을 시작한 자성대공원 일대가 작은 언덕처럼 보일 것이다.

독립운동가이자 여성운동가, 박차정

이제는 시선을 오른쪽 아래로 돌려보자. 정면의 붉은 부산진교회 지붕 너머로 옛 부산진 일신여학교 건물이 보인다. 부산·경남 지역 최초의 근대식 여학교로, 부산 최초로 3·1독립만세운동을 벌인 학교 중 하나다. 서울에 이화학당이 있었다면 부산에선 일신여학교가 그간 소외되어 왔던 여성 교육에 앞장섰다. 그렇게 교육받은 이들 중에 독립운동에 나선 이가 헤아릴 수 없이 많았지만, 특별히 기억해야 할 이가 있다. 1929년에 이 학교를 졸업한 박차정이란 인물이다. 2015년 영화 〈암살〉이 개봉되면서 널리 알려졌는데, 극중에서 의열단장인 약산 김원봉의 아내로 등장하는 이가 박차정이다.

그러나 박차정이 단순히 김원봉의 아내인 것만은 아니다. 그 스스로가 1927년에 조직된 항일여성운동 단체인 근우회(槿友會) 활동가로서 1930년에 서울 여학생 시위 등을 주도하다가 경찰에 체포되어 옥고를 치르기도 했던 독립운동가다. 특히 민족의식뿐만 아니라 여성 인권에 대한 문제의식과 해결 의지도 남달랐다. 임금이나 관습 등 여성에 대한 법률적이며 사회적인 일체의 차별 철폐, 공창제와 인신매매 폐지에도 누구보다 깊은 관심을 기울였다.

그러고 보면 독립운동이든 여성운동이든 큰 틀에서는 인간이 인간 된 권리를 누리며 살아가는, 그 어떤 조건으로도 차별받지 않는 세상을 위한다는 점에서는 차이가 없다. 큰 틀에서 보면 모두 인권운동이었던 셈이다. 1936년에 중국 난징(남경)에서 지청천 장군의 부인 이성실과 함께 민족혁명당 연계 조직인 난징 조선부녀회를 결성하며 낸 선언문이 그런 생각을 잘 대변한다.

> 우리 조선의 여성은 오랫동안 전통적 속박으로 인권이 유린되어 왔고 다시 일본 제국주의에 의해 생존권을 박탈당함으로써 전통적 속박에 의한 가정의 노예일 뿐만 아니라 일본 제국주의의 약탈시장의 상품으로 임금노동의 노예로 전락하게 되었다. … 우리 조선부녀를 현재 봉건적 노예제도 하에 속박하고 있는 것도 일본 제국주의이고, 또 우리를 민족적으로 박해하고 있는 것도 일본 제국주의이다. 우리들이 일본 제국주의를 타도하지 않는다면 우리 부녀는 봉건제도의 속박, 식민지적 박해로부터 해방되지 못한다. 또 일본 제국주의가 타도된다고 하더라도 조선의 혁명이 정치, 경

제, 사회 등 각 방면에서 진정한 자유 평등의 혁명이 아니라면 우리 부녀는 철저한 해방을 얻지 못한다.

— 〈남경조선부녀회 선언문〉에서

그뿐만 아니라 박차정은 "전 한국 부녀 단결, 민족혁명전선 무장 참가"를 외치며 22명으로 구성된 조선의용대 부녀복무단 단장을 맡아 제국주의에 대항해 싸웠으나 1944년에 중국 쿤룬산 전투에서 입은 부상을 이겨내지 못하고 끝내 명을 달리했다. 당시 그의 나이 35세였다.

독립운동을 위해 기업을 경영한 안희제

기억해야 할 인물은 더 있다. 용두산 밑에 있는 백산기념관으로 가보자. 좌천역에서 네 정거장 거리에 있는 중앙역에서 내려, 1번 출구로 나가 200미터만 걸으면 된다.

백산기념관에서 기리는 인물은 이력부터가 독특하다. 당시 대부분의 사업가들이 그랬듯이 그도 호의호식하며 살 수 있었다. 그러나 그는 달랐다. 국권 회복을 위해서는 경제적 자강이 선행되어야 한다며 기업 운영을 통해 독립운동 자금을 조달했던, 아니 독립운동 자금을 마련하기 위해 기업을 경영했던 백산 안희제다.

사실 백산은 처음에는 신교육을 통한 계몽에 관심이 있었다. 고향인 경남 의령의 의신학교와 창남학교, 부산 동래의 구명학교 개교를 주도하거나 힘을 보태며 청년들에게 자주독립 사상을 고취하는 데 진력했다. 이어 실질적인 비밀결사 활동에도 착수했다. 1909년에 영남 지역 지인들을 중심으로 대동청년단을 조직해 초대 부단장을, 그 이후에는 2대

백산기념관 |

단장을 맡는 등 앞장서서 활약했다. 주로 17세에서 30세 사이의 청년들이 주축이었는데, 놀랍게도 1945년 광복 때까지도 일제의 감시망을 피해 그 실체가 드러나지 않았던 보기 드문 조직이다.

그의 운동에 변화가 생긴 것은 1911년에 블라디보스토크로 향하면서부터다. 거기서 안창호, 신채호 같은 독립운동가들과 교류하며《독립순보》발행에 나섰는데, 그 과정에서 국외 독립운동이 처한 자금난과 독립운동가들의 곤궁한 삶을 목격했다. 백산은 독립운동 자금을 더 많이 확보하는 것이 무엇보다 급선무라고 생각했던 것 같다. 천석꾼의 후손이라 불릴 정도의 대지주였던 그가 고향의 논밭을 팔고 동지를 규합해 1914년에 백산상회라는 회사를 열었다. 지금의 백산기념관 터가 원래 백산상회가 있던 자리다.

초기에 백산상회는 면포나 곡물, 해산물 등을 취급하는 작은 개인 상회였다. 백산은 차츰 사업가로서 수완을 발휘해 1919년 들어서는 백산

무역주식회사로 확장 개편해, 이전보다 많은 자금을 대한민국 임시정부를 비롯한 국내외 독립운동 단체에 조달하기 시작했다. 독립운동 단체들과의 연락과 자금 조달을 수월하게 하기 위한 체계를 마련하는 데에도 애썼다. 예컨대 서울과 인천, 대구, 원산을 아우르는 국내 여덟 곳, 중국의 펑톈(지금의 선양)과 안둥(지금의 단둥), 지린(길림) 세 곳에 지점과 연락사무소를 구축했다. 실제로 백산상회는 영국인 조지 쇼가 운영하던 중국 안둥의 이륭양행과 함께 임시정부의 독립운동 자금 조달을 위한 2대 거점 중 하나였는데, 용케 일본 당국의 눈을 피해 적발되지 않았다. 대범하게도 독립운동 자금을 마치 거래 대금인 것처럼 장부에 기록하는 기지를 발휘한 덕분이었다.

1919년 파리 강화회의에 김규식 선생을 파견할 때 당시로서는 거금인 3000원을 지원하는 등 독립운동 자금 제공을 지상 과제로 삼다 보니 회사는 만년 적자였다. 심지어 주식을 가장 많이 소유한 대주주였음에도 사장 자리를 경주 출신 대지주 최준에게 맡기고 그 자신은 독립운동 자금을 조달하는 데에만 집중할 정도였다. 결국 적자가 누적된 데다 일본의 감시망이 조여 오면서 백산무역주식회사는 1928년에 문을 닫고 만다.

그렇다고 독립을 향한 의지마저 사그라들지는 않았다. 1919년 3·1운동 이후 사회적으로 각성한 청년들의 해외 유학을 후원하기 위해 기미육영회를 조직하는가 하면, 1921년에는 부산 부두 노동자 총파업을 지원하는 등 그의 활동은 가히 전방위적이었다. 독립을 위해서라면 전투적 독립운동가와도, 민족주의자나 노동자와도, 학생들과의 교류도 마다하지 않았다. 1933년부터는 중국으로 활동 범위를 넓혀 조선인 가정 300여 호를 발해의 옛 도읍인 동경성으로 이주시켜 발해농장을 경영하기 시작했다. 겉으로는 농지 개간 사업을 하는 농장이었지만 실제로는 또 하나의 국외 독립운동 기지였다.

이처럼 독립운동사에 새로운 획을 그은 백산은 결국 1942년에 체포되어 이듬해 중국 목단강(무단장)에서 숨을 거두었다. 독립을 앞당기는 마중물 역할을 할 수 있게끔 사업가가 나서서 자금을 조달한 일은 독립운동사를 넘어 세계 역사에서도 드문 사례다. 사업의 목적을 단순히 부를 늘리는 데만 두는 것이 아니라 그 부의 방향이 결국 사람을 향해야 한다는 것을 알려준 백산의 '노블리스 오블리주' 정신…. 오늘의 한국 사회는 그에게 너무나 많은 빚을 지고 있지만 일부의 부산 시민들 외에는 그의 존재를 잘 모른다는 것이 못내 마음에 걸린다.

국제시장과 책방골목이 기억하는 전쟁

한 가지 더 안타까운 점은 박차정과 안희제를 비롯한 수많은 이들이 30년 넘는 세월 동안 가열한 투쟁을 이어갔으나, 그 결론은 모두가 알고 있듯이 남북 분단과 6·25전쟁이었다는 것이다. 당신들이 원했던 진정한 광복은 그런 면에서 아직 이룩하지 못한 미래이기도 하다.

공교롭게도 백산기념관 주변은 6·25전쟁의 흔적으로 가득하다. 직접적으로 전투가 벌어진 전장은 아니었으나 3년여의 시간 동안 임시수도로서, 수많은 피란민을 받아준 최후의 보루로서, 부산은 임진왜란 때와는 또 다른 의미의 최전선이었다.

대표적으로 국제시장이 있다. 피란 시절 국제시장은 한국 경제를 좌지우지하던 최고의 시장이었다. 그도 그럴 것이 낙동강 이북은 초토화된 상태였기에 어디에서도 국제시장을 능가할 규모와 거래량을 보이는 시장은 없었다. 1952년경 시장조합 기록에 따르면, 가입 점포 수가 약 1150개였고 일평균 매출은 약 10만 원에 달했다고 한다. 물론 세무서에서는 세액을 줄이고자 실제보다 낮춰 잡은 것으로 보고 매출액을 20만 원 정도로 추산했다. 정식 점포만 있었던 것도 아니다. 2000여 개의 무허가 노점과 골목마다 가득한 행상까지 합하면 국제시장은 다른 곳과 비교를 불허하던, 당시 한국 최대의 시장이었다. 국제시장의 활황이 없었다면 전시 경제가 버티지 못했을지도 모른다는 말이 그래서 나왔다.

국제시장의 북쪽에 있는 보수동 책방골목도 빼놓을 수 없다. 전쟁통에 이북에서 피란 온 손정린 씨 부부가 미군 부대에서 나온 헌 잡지와 만화책 등을 팔면서 이곳에 헌책방 골목이 형성되기 시작했다. 그 뒤로는 중고 참고서와 각종 서적이 거래되었는데, 수많은 피란민이 부산에 정착하고 있었기에 수요는 늘 있었다. 경제적으로 새 책 사기는 부담스러운데 수요는 많으니 자연스레 한국 대표 헌책방 골목이 되어갈 수밖에 없는 구조였다. 물론 '보수동 책방골목 번영회'에 따르면, 최근 헌책방이 일종의 사양 산업이 되면서 1970년대에 70여 곳이었던 것이 2020년에만 아홉 곳이 문을 닫고 2021년 2월 현재 31곳밖에 남아 있지 않다고 한다. 그럼에도 보수동 책방골목은 전쟁의 틈바구니 속에서 학습의 열정을 이어갈 수 있게 도와준, 나아가 한국의 오늘을 있게 해준 역사가 서린 헌책방 거리가 아닐까 싶다.

제2의 도시가 아니라 제1의 도시

6·25전쟁 발발 이틀 만에 서울을 떠난 정부가 대전과 대구를 거쳐 8월 18일부터 임시수도로 삼은 곳이 부산이었다. 자연스러운 최후의 방어선이기도 했지만 공교롭게도 미군이 상륙하거나 보급을 받기에 가장 좋은 곳이 부산이기도 했다. 지금도 부산 곳곳에는 당시의 흔적이 그대로 남

아 있다. 대표적인 것이 부산 임시수도 정부청사다. 보수동 책방골목에서 정확히 서쪽으로 800미터 정도 가면 나온다. 현재 동아대 부민 캠퍼스에 있는 동아대박물관 건물이 그것으로, 애초 1925년에 경남도청 소재지가 진주에서 부산으로 바뀔 때 도청 청사로 지은 것이다. 지금은 박물관으로 이용되다 보니 겉면과 내부 구조 외에는 임시수도 당시의 흔적을 찾아보기 어렵다. 그래서 가봐야 할 곳이 임시수도기념관과 이승만 대통령 관저다. 동아대박물관 왼쪽에 있는 평생교육원 옆 쪽문을 이용하면 어렵지 않게 찾아갈 수 있다.

6·25전쟁 당시 정부 기구만이 아니라 피란민들 최후의 피란처 역시 부산이었다. 임시수도 정부청사가 역사의 공식적인 이정표였다면, 빼곡한 산동네들은 생을 위한 몸부림 속에서도 스러지지 않은 한국인의 힘을 만날 수 있는 현장이다. 예컨대 국제시장 건너 영도의 가파른 절벽에는 미군 전투식량 박스나 판자를 얼기설기 엮어 만든 집들이 들어차 지금의 흰여울 마을이나 청학동 해돋이 마을 등을 이루었다. 육지 쪽에도 감천 마을을 비롯한 경사진 산 사면이 차츰 피란민들의 생활 터전으로 바뀌어갔다. 심지어 일제강점기에 일본인들의 공동묘지였던 아미동

부산 이승만 대통령 관저 |

| 아미동 주택가의 일본인 공동묘지 흔적

일대에도 마을이 들어섰다. 돈 없고 물자 부족하던 시절이다 보니 무덤의 상석이 축대로 쓰였고 비석을 뜯어 담으로 삼았다. 극적인 풍광을 지닌 부산의 산동네들은 이렇게 6·25전쟁의 기억을 고스란히 간직하고 있다.

텔레비전이나 SNS 등에서 다뤄지는 부산 관련 콘텐츠는 주로 음식이나 휴양 혹은 부동산 따위에 집중되어 있다. 그것이 잘못되었다는 것은 아니다. 다만, 부산이 그런 면만 지닌 도시는 아니라는 점을 다시 한번 생각할 필요가 있다는 이야기다. 임진왜란과 정유재란만이 아니라 전쟁의 잔혹함과 허무함을 알기에 조선통신사, 즉 교류를 통해 평화 정착을 위한 노력이 명징하게 남아 있는 곳이 부산이다. 또 독립운동에서 여성운동까지 한국의 오늘을 가능하도록 이끈 이들의 인간애가 녹아 있는 공간이기도 하다. 1960년대 이래 수출과 무역의 최전선 역시 바다로 열린 부산이었다.

한마디로 부산은 여러 전쟁의 쓰라린 기억만을 안고 있는 네거티브의 도시가 아니라, 오히려 더 나은 미래를 꿈꾸게 해준 희망의 징검다리였다. 이것이 바로 부산이 제2의 도시가 아니라 당당히 제1의 도시라 불릴 만한 이유다.

• 권기봉

부산

'평범하지 않은 시대를 산 평범한 사람들'을 찾아서

'평범하지 않은 시대를 산 평범한 사람들.' 역사적 격랑에 휩쓸려 일상을 잃어버린 사람들의 처지를 잘 표현했다고 생각해서 필자가 자주 쓰는 글귀다. 이 글귀는 이항규 작가가 2019년에 펴낸 책《영국 청년 마이클의 한국전쟁》덕분에 알게 되었다. 평화·통일 현장체험학습지로 부산에 있는 유엔기념공원을 꼭 추천해야겠다고 마음먹은 것도 이 책 덕분이다. 이항규는 영국 맨체스터 제국전쟁박물관에서 1차 세계대전 종전 100주년 특별전시를 보다가 이 글귀를 만났다고 한다. 작가의 말을 직접 들어보자.

주 전시장에서 한 시간마다 '큰 그림 쇼'를 상영한다고 해서 그곳을 찾아갔습니다. … "상상하라(Imagine)!" 남자의 목소리가 쩌렁 울리고 그 많은 벽면이 전부 스크린으로 바뀌었습니다. 엄청나게 큰 사진과 동영상 이미지들이 벽 전면에 나타났습니다. 열 개가 넘는 벽에 비친 영상은 모두 제각기였습니다. 지친 군인, 여성, 어린이의 모습이 떠올랐고, 잿더미가 된 마을, 폭격 장면, 전사자의 무덤이 보였습니다. 엄청나게 큰 소리와 이미지가 한꺼번에 몰려오자 어지러워져서 일단 바닥에라도 앉아야 했습니다. "상상하라"는 내레이터의 목소리도 계속되었고, 이미지의 공격도 끝이 나지 않았습니다. 과도한 자극에 속이 메슥거릴 때쯤 쇼가 끝났습니다. 저는 빨리 밖으로 나가 찬바람을 쐬고 싶은 생각만 났습니다. 불이 켜졌는데, 나가는 곳이 안 보여서 마음이 급해졌습니다. 겨우 출구를 찾아 나가려는데, 벽면에 새겨진 글이 눈에 들어왔습니다. "평범하지 않은 시대를 산 평범한 사람들(Ordinary people in extraordinary times)." 그들이 경험한 굉음과 섬광은 이것에 비견할 바 아니겠습니다.

— 이향규,《영국 청년 마이클의 한국전쟁》에서

부산이 품은 '평범한 사람들'

두 차례 세계대전이라는, 유럽의 '평범하지 않은 시대'가 끝나자마자 한반도는 분단되었다. 그리고 몇 년 뒤 한국전쟁이라는, 한반도의 '평범하지 않은 시대'가 시작되었다. 어느 날 갑자기 전쟁에 휩쓸린 피란민들은 온갖 무기가 내뿜는 무시무시한 '굉음과 섬광'을 피해, 죽음과 부상과 이산(離散)을 온몸으로 겪으며 부산으로 몰려왔고, 부산에 도착해서야 비로소 일상을 이어갈 의지와 힘을 회복할 수 있었다. 한마디로 한국전쟁기 부산은 '평범하지 않은 시대를 산 평범한 사람들'을 너른 마음으로 품어준 도시였다. 부산시도 이처럼 특유한 부산의 장소성에 착안해 '피란 수도' 유산을 유네스코 세계유산으로 등재하기 위해 노력하는 중이다.

한국전쟁기 부산항으로 들어온 참전 유엔군 역시 '평범하지 않은 시대를 산 평범한 사람들'이었다. 우리는 종종 '전투 이야기'가 '전쟁 이야기'와 같다고 잘못 생각한다. 전투에서 큰 공을 세웠거나 큰 희생을 치르는 이야기는 전쟁 이야기의 전부가 아니라 일부다. 전투에 나서기 전 그들은 누군가의 자식, 친구, 연인, 제자, 형제자매로 평범한 일상을 보내던 이들이었고, 전쟁이 끝난 뒤에도 그들은 누군가의 자식, 친구, 연인, 제자, 형제자매로 평범하게 살아왔다. 참전 군인이 평범한 사람으로서 자신 또는 누군가에게 지녔을 고뇌, 번민, 그리움, 미안함, 고마움, 트라우마 등도 전쟁 이야기다. 이렇게 참전 군인의 평범함에 주목할 때 우리는 전쟁의 비극성과 평화의 소중함을 더욱더 절감할 수 있다.

이향규도《영국 청년 마이클의 한국전쟁》에서 참전 군인들이 '평범한 사람들'이었다는 사실을 드러냄으로써 전쟁의 비극성과 평화의 소중함을 일깨워 준다. 먼저 작가가 제국전쟁박물관 특별전시를 보고 난 뒤에 밝힌 소망부터 들어보자.

> 제가 이날 본 전시는 '적군의 만행'에 대해서는 거의 아무것도 이야기하지 않았습니다. 적이 얼마나 잔인했는지, 그에 맞서 우리가 얼마나 용감하게 싸웠는지가 아니라 이 전쟁이 얼마나 많은 이들에게 고통을 줬는지, 얼마나 많은 상처를 남겼는지를 보여주는 것 같았습니다. 우리도 언젠가 한국전쟁을 이렇게 볼 때가 오겠죠. 전투가 아니라 전쟁에 대해 이야기할 날이, 적의 잔혹함이 아니라 전쟁의 잔혹함을 이야기할 날이, 오랫동안 끝나지 않았던 전쟁이 사람들에게 남긴 상처를 이야기할 날이, '평범하지 않은 시대를 산 평범한 사람들'의 이야기를 할 날이요.
>
> — 이향규,《영국 청년 마이클의 한국전쟁》에서

책 쓰기를 집짓기에 비유하면, 이 책은 잘 그려진 설계도에 따라 지은 집이 아니다. 이향규가 밝혔듯이 "이 여행은 대충 그린 어설픈 지도

만 가지고 시작한 일"이었다. 영국에 사는 작가는 2018년 4월 27일 판문점에서 열린 남북정상회담 직후 "제 몫의 일"을 고민하다가 한국전쟁에 참전한 영국 군인의 이야기를 듣자고 마음먹는다. 작가에게 "전쟁터에 나갔던 노인들"과 이야기를 나누는 건 "종전을 염원하는 제 나름의 의식"이었다.

런던 한국전참전기념비 방문으로 여정을 시작한 작가가 처음 만난 참전 군인은 마이클 호크리지다. 다만, "어설픈 지도"만 지니고 출발한 여행답게 마이클은 자신이 직접 이야기를 나누고 싶어 했던 '노인'이 아니라 1952년 2월 경기도 연천과 동두천 사이 어딘가에서 전사해 유엔기념공원에 묻힌 스무 살 '청년'이었다. 저자는 마이클 친구들의 여러 회고와 증언을 통해 "전쟁터에 나간 젊은이들이 지금 우리와 크게 다르지 않은 사람들이었다"는 사실, 그가 한 명의 군인이기 이전에 누군가의 아들, 제자, 선배, 친구였다는 사실을 우리에게 알려준다.

마이클 호크리지의 묘 |

> 유엔기념공원에는 2,297개의 묘지가 있습니다. 영국군 묘지만도 884개입니다. … 청동 묘비에 도드라지게 새겨진 글자를 손으로 만져주었습니다. 네 줄. 소위 / D. M. 호크리지 / 셔우드 포리스터즈 / 1952년 2월 6일, 20세. 그의 타이틀은 럭비 선수, 합창단원, 고전문학반 학생, 학생회장, 누군가의 아들, 제자, 선배, 친구가 아니라 그의 계급입니다. 소속도 이스트본칼리지나 옥스퍼드대학교가 아니라 그가 속한 대대의 이름입니다. 군인으로 산 것은 그의 삶에서 불과 반년밖에 안 되는데 말입니다.
>
> — 이향규, 《영국 청년 마이클의 한국전쟁》에서

세계에서 하나뿐인 유엔 묘지

마이클 호크리지가 묻혀 있는 유엔기념공원(이하 '기념공원'으로 줄임)은 부산시 남구에 있지만 부산시나 대한민국 소유 시설은 아니다. 기념공원은 유엔 11개 회원국이 공동 관리하는 세계에서 유일한 유엔 묘지다. 유엔군사령부는 1951년 1월부터 전사자 매장을 위한 묘지 조성에 나섰고, 같은 해 4월에 완공해 개성, 인천, 대전, 대구, 밀양, 마산 등지에 가매장되어 있던 전사자 유해를 이곳에 안장하기 시작했다. 대한민국 국회는 1955년 11월에 이곳 토지를 유엔에 영구 기증하고 아울러 묘지를 성지로 지정할 것을 결의했고, 이 결의를 전달받은 유엔은 그해 12월 15일에 열린 총회에서 이 묘지를 영구적으로 관리하기로 결의했다.

이러한 과정을 거쳐 1959년 11월에 '유엔기념묘지 설치 및 관리 유지를 위한 대한민국과 유엔 간의 협정'이 체결되면서 '유엔기념묘지'가 공식 설치되었다. 초기에는 유엔 한국통일부흥위원단(UNCURK)이 관리했고, 1974년에 이 기관이 해체된 뒤에는 11개 회원국으로 구성된 유엔기념공원 국제관리위원회가 관리를 맡고 있다. 출발 당시 공식 명칭은 '재한유엔기념묘지(UNMCK)'였는데, 대한민국 국민에게 좀 더 친숙한 공간으로 거듭나기 위해 2001년 3월 30일에 한국어 명칭만 '재한유엔기념공원'으로 변경했다.

1951년에서 1953년 사이에 유엔기념공원에는 유엔군 전사자 약 1만 1000여 명의 유해가 안장되어 있었다. 그 뒤 벨기에, 콜롬비아, 에티오피아, 그리스, 룩셈부르크, 필리핀, 태국 등 7개국 군인의 유해 전부와 그 외 국가 군인의 유해 일부가 조국으로 이장되어, 현재는 유엔군으로 파견되어 전사한 국군 36명을 포함해 11개국 2311구의 유해가 안장되어 있다.

홍보 담당 직원의 친절한 안내를 받으며 묘역을 돌아보다 보니 이곳에 묻힌 한 명 한 명의 사연이 궁금해졌다. 물론 2012년 4월 최초로 형제가 함께 안장된 조셉 허시와 아치볼드 허시 이야기처럼 비교적 많이 알려진 사연도 있다. 그래도 이향규가 마이클의 사연을 우리에게 처음 들려주었듯이, 기념공원 측이나 뜻있는 이들이 이곳에 묻힌 평범한 사람들의 사연을 계속 찾아내 들려주면 좋겠다는 생각이 들었다. 그들의 이야기가 알려지면 알려질수록, 이런 비극적인 전쟁을 반복하지 말아야겠다는 마음도 커질 것이다.

기념공원에는 묘지 외에 기념관 두 곳, 유명 건축가 김중업이 설계한 추모관, 유엔군 위령탑, 참전 각국의 기념비가 있고, 대한민국 정부가 2006년 10월에 한국전쟁 유엔군 전사자를 추모하기 위해 세운 '유엔군 전몰장병 추모명비'도 있으니 하나하나 꼼꼼히 살펴보자. 검정색 추모명비에는 각 참전국이 명단을 제공한 전사자(실종 포함) 4만 896명의 이름이 알파벳 순서(국가별, 이름별)로 새겨져 있는데, 수많은 이름 하나하나에 담겨 있을 사연의 무게가 느껴져 명비를 보는 내내 마음과 어깨가 함께 무거워진다. 이름 뒤에 별도의 마름모 표시가 있는 이는 현재 기념공

| 유엔군 전몰장병 추모명비 |

원에 안장된 전사자다.

다시 앞에서 말한 책으로 돌아가 보자. 이항규는 2018년 여름에 마침내 참전 '노인' 짐 그룬디를 만났는데, 그 역시 기념공원과 뜻깊은 인연을 이어가고 있었다. 전장에서 시신 수습팀원으로 활약했던 짐 그룬디의 한국전쟁은, 실제로 한국전쟁이 휴전 상태인 것처럼 지금도 계속되고 있다. 그는 남북정상회담을 보면서 "북한 사람들도 남한 사람들처럼 정말 영리한 것 같다고, 경제 제재가 없으면 북한도 지금보다는 더 잘 살 수 있을 거라고" 말할 정도로 적대감은 내려놨지만, "어떤 어머니의 아들"을 시신으로조차 돌려보내지 못한 미안함, "총에 맞거나 얼어 죽은 어린이와 여인, 노인의 모습" 등을 지금도 가슴에 품은 채 살아가고 있기 때문이다. 짐 그룬디는 마흔 명쯤 되는 전사자들을 이름도 확인하지 못한 채 묻은 게 "지금도 미안하다"며 2008년부터 10년 넘게 영국군 전사자 사진을 모아 기념공원에 전달하는 일을 하고 있다.

2018년 봄부터 여름까지 영국군 참전 군인과의 만남이 주가 되었던 이향규의 여정은 가을로 접어들면서 아버지와의 대화로 이어진다. 작가의 아버지 이주성은 열다섯 살이던 1950년 10월에 함경남도 신포에서 부산으로 피란 온 실향민으로, 2018년 4·27남북정상회담이 열리기 두 달 전에 세상을 떠났다. 이주성이 전쟁 중에 쓴 일기에는 부산에서 부두 노동자로 일하며 겪은 설움과 시련, 성공에 대한 의지와 함께, 피란길에 헤어진 작은누이 걱정, 북에 두고 온 어머니와 남동생 '철성'에 대한 그리움이 절절히 담겨 있다. 이주성이 2015년에 쓴 자서전도 이런 당부로 끝난다. "내가 세상을 떠난 후에 통일이 되면 나의 동생 철성(너희들의 작은아버지) 또는 너희들의 사촌을 무리 없는 범위 내에서 찾아주었으면 좋겠다." 이주성의 전쟁 이야기 역시 영국 청년 마이클 호크리지와 짐 그룬디처럼 '평범하지 않은 시대를 산 평범한 사람들'의 이야기였다.

일제의 강제동원을 기억하는 유일한 박물관

기념공원 주차장에서 길을 건너 언덕을 조금 올라가면 2014년에 개관한 유엔평화기념관(이하 '평화기념관'으로 줄임)을 만난다. 유엔이라는 명칭이 들어가서 헛갈리는 이들이 많은데, 기념공원은 유엔 시설이고, 평화기념관은 대한민국 국가보훈처 지정 현충 시설이다. 이 기념관의 상설 전시실은 총 세 곳으로, 먼저 1층 '한국전쟁실'에서는 한국전쟁과 유엔의 관계를 중심으로 3년 1개월 동안의 전쟁을 시간순으로 보여준다. 2층 'UN참전기념실'에서는 22개 전투·의료 지원국의 활동상을 좀 더 상세히 소개한 뒤, 'UN국제평화실'에서 유엔 역사, 세계 평화를 위한 유엔의 활동 등을 알려주며 전시를 마무리한다. 이 전시실의 자료들은 기념공원이 설치된 역사적 배경을 파악하고 기념공원 관리 주체인 유엔을 이해하는 데 도움을 준다.

이렇게 평화기념관까지 둘러본 뒤 우리가 찾아가야 할 다음 장소는 국립일제강제동원역사관(이하 '역사관'으로 줄임)이다. 역사관은 기념관 바로 옆에 있다. 우리가 유엔기념공원과 국립일제강제동원역사관이라는, 얼핏 생각하면 별 관계없어 보이는 두 곳을 함께 찾아가야 하는 이유는 뭘까? 일제강점기도 한국전쟁 때 못지않은 '평범하지 않은 시대'였고, 특히 일제가 중일전쟁(1937년), 태평양전쟁(1941년)을 잇달아 일으키면서 식민지에서 어렵게나마 유지되던 '평범한 사람들'의 일상이 송두리째 파괴되었기 때문이다. 한국전쟁기의 피란민들은 부산에서라도 품어줬지만, 일제강점기에 일상이 파괴된 '평범한 사람들'을 품어줄 곳은 식민지 어디에도 없었다. 기념공원과 역사관은 저마다 고유한 사명과 의미를 지닌 장소지만, 묶어서 보면 전쟁과 제국주의라는 '폭력'이 평범한 사람들의 일상을 어떻게 파괴하는지 알려줌으로써 '평화'를 향한 열망을 키워주는 평화교육 장소라는 공통성이 있다.

역사관 건물은 10여 개 기둥에 의지해 공중에 떠 있는 것처럼 서 있다. 경사지에 짓다 보니 기둥을 세우고 건물을 올리는 게 불가피했던 것 같

| 국립일제강제동원역사관

다. 그래도 건물을 처음 보자마자 반성과 사죄 없는 일본 탓에, 때로는 주위 사람들의 차가운 시선과 편견 탓에 해방 75년이 넘도록 '안착'하지 못한 강제동원 피해자의 처지와 건물 모습이 겹쳐 보여 마음이 무거웠다. 머나먼 이역에서 귀향의 염원을 안고 사망한 피해자들이나, 살아 있어도 돌아오지 못한 피해자들에 비하면 처지가 낫다고 할지 모르겠다. 그래도 어렵사리 고향으로 돌아온 피해자들의 귀향이 온전하지 못한 '미완의 귀향'이라는 사실은 변함이 없다.

국립일제강제동원역사관이 부산에 세워진 건 일제강점기 강제동원 인력의 22퍼센트가량이 경상도 출신이었고, 국외로 동원되는 경우 대부분 부산항을 거쳐서 이루어졌기 때문이다. 역사관은 2008년에 건립이 결정되어 2015년 12월 10일에 총 7층 규모로 개관했는데, 앞에서 말했듯이 경사지에 짓다 보니 1층부터 3층까지는 입구와 수장고 등이고, 4층부터 상설전시실이 배치되어 있다. 4층 '상설전시실 I'로 들어서면 웅장한 건물 외관에 어울리는 넓은 공간이 펼쳐진다. 2020년 12월에 필자가 방문했을 때에는 4층 가운데 홀에서 특별기획 전시 〈죽음의 태국-버마 철도〉가 열리고 있었는데, 앞으로 어떤 주제의 전시를 시도하더라도 충분히 품을 수 있을 만큼 넉넉한 공간이라 든든했다.

'강제동원'이란 일제가 침략전쟁을 벌이기 위해 아시아·태평양 지역에서 자행한 인적·물적 동원과 자금 통제를 말한다. 일제는 중일전쟁 도발 이후 '육군특별지원병령'(1938. 2. 22), '국가총동원법'(1938. 4. 1), '국민징용령'(1939. 7. 8), '조선인징병제'(1943. 3. 1) 등을 잇달아 공포·제정하며 조선인을 노무자로, 군인으로, 군무원으로 동원했고, 조선인 여성을 일본군 '위안부'로 끌고 가는 만행을 저질렀다. 피해 규모를 추산하기 어려운 일본군 '위안부' 수를 제외해도, 현재까지 파악된 강제동원 총수는 중복동원을 포함해 무려 782만 7355명(노무 동원 755만 4764명, 군인 동원

| 일제 강제동원 피해자 기증 사진

20만 9279명, 군무원 동원 6만 3312명)에 달한다. 1942년 당시 식민지 조선의 총인구가 2600만 명 정도였으니, 세 명에 한 명 꼴로 강제동원이 이루어진 셈이다.

'상설전시실 I'에서는 이러한 일제 강제동원의 배경, 강제동원의 유형·지역별 현황, 강제동원 과정과 조선인의 저항, 강제동원 피해자의 귀환 등에 대해 자세히 알아볼 수 있고, 강제동원 피해자 증언, 피해 진상 규명을 위한 노력 등도 듣고 볼 수 있다. 특히 이 전시실에서 5층 '상설전시실 II'로 올라가는 계단 맞은편의 크고 높은 벽을 강제동원 피해자 기증 사진들로 가득 채운 점이 인상적이다. 강제로 끌려간 작업장과 전장에서 사진을 찍기 위해 겉 차림은 갖추었지만, 사진 속 피해자들의 얼굴 표정은 하나같이 굳어 있고 어둡다.

계단을 다 오르면 넓은 원형홀 벽면에 강제동원 피해자 위패를 봉안한 '기억의 터'를 먼저 만난다. 이 공간은 일제에 의해 일본, 파푸아뉴기니, 남양 군도, 필리핀 등지로 끌려갔다가 유골 한 점조차 고향으로 돌아오지 못한 피해자들의 넋과 유족의 슬픔을 추모하는 공간이다. 이 공간에는 2019년 6월 개관했을 당시에 815위의 희생자 위패가 모셔졌고, 2020년 12월에 135위가 추가로 안치되었다.

'상설전시실 II'는 관람객이 강제동원 현장을 직접 체험해 볼 수 있도록 조선인 노무자 숙소, 탄광 속 강제노동, 중서부 태평양 전선의 강제노동, 일본군 위안소 등을 차례로 재현해 놓았다. 체험 시설을 지나 '상설전시실 II' 끝에 도달하면 〈시대의 거울〉이라는 설치 작품이 기다리고 있다. 바닥 철길을 따라 걷다 보면 좌우 벽면 거울에 적힌 강제동원 피해자의 이름과 자기 모습이 겹쳐 보인다. 폭력이 사라지지 않는 한 '그들이 나일 수 있고 내가 그들일 수 있다'는 얘기를 하는 듯하다.

유엔기념공원이 세계에서 하나뿐인 유엔 묘지이듯이, 국립일제강제동원역사관은 세계에서 유일하게 일제 강제동원을 주제로 삼은 박물관이다. 그렇기에 이 역사관은 지금보다 더 많은 사람들에게 알려져야 하고, 지금보다 더 많은 일을 해내야 한다. 2019년부터 역사관을 이끌고 있는 박철규 관장도 언론 인터뷰에서 "아시아 각국의 피해 사례를 함께 보여주는 게 일제 강제동원에 대한 역사의식을 높이고 인권 및 세계 평화 교육의 장이라는 역사관 설립 취지에도 더 다가갈 것"이라며 이런 계획을 밝혔다. "현재 역사관에는 한국 사람들이 일제강점기에 아시아 각 지역에 동원된 자료만 있지 아시아 다른 나라 주민들의 동원 자료는 없어요. 아시아 여러 나라의 강제동원 피해 실태를 보여주는 자료와 전시물을 만들고 싶어요." 이 역사관의 비전이 꼭 실현되어 아시아 여러 나라 사람들이 이곳에서 인권과 평화를 배우고 꿈꾸는 모습을 볼 수 있으면 좋겠다.

너무 멀리 있는 평화

본래 살던 곳으로 돌아오는 건 평범한 일상을 회복하는 첫 단계라고 할 수 있다. 그러나 한반도라는 낯선 전장에서 죽어간 외국 청년들, 일제의 노동력, 총알받이, 일본군 '위안부'로 끌려가 죽어간 강제동원 피해자들은 그들의 평범한 일상을 회복할 기회조차 갖지 못했다. 죽지 않고 살아남은 강제동원 피해자 중에서도 일제가 비행장과 비행기 공장 건설을 위해 끌고 간 '우토로 마을' 사람들, 일제가 남부 사할린으로 끌고 간 조선인 노무자 수만 명처럼 여러 이유로 귀향하지 못한 채 끌려간 곳에 머무를 수밖에 없던 사람들도 많다. 국립일제강제동원역사관에서도 사할린 억류 동포 귀환운동과 이 운동에 앞장섰던 박노학의 사연을 비중 있게 소개한다.

가슴 아픈 건 어렵게 돌아온 이들의 삶도 평온하지만은 않았다는 사실이다. 살아서 귀향한 이들도 죽거나 실종된 전우에 대한 그리움과 미안함, 전장에서 지켜본 참상이 남긴 트라우마, 반성과 사죄 없는 가해자의 뻔뻔함, 주위 사람들의 편견 어린 시선과 냉담한 태도 등으로 고통스럽고 치욕스러운 하루하루를 견뎌내야 했고, 지금도 견디고 있다. 이처럼 '평범하지 않은 시대를 산 평범한 사람들'에게 평화는 너무 멀리 있었고, 지금도 너무 멀리 있다.

• 김진환

경남
통영·거제

아픔의 땅에서 피어나는 포용의 힘

조선 시대에 충청도, 경상도, 전라도의 삼도 수군을 통할하던 삼도수군통제영이 있던 곳이자 군영 산하 공방에서 소반과 갓, 자개 같은 고급품을 생산하던 도시. 그런가 하면 남해안별신굿을 비롯해 오광대놀음과 승전무 같은 연희 문화의 중심지로도 이름 높았던 도시가 있다. 근대 이후에도 영화로움은 이어져 수산업과 문화의 도시로 손꼽혔다. 인천상륙작전이 벌어지기 약 한 달 전인 1950년 8월 17일에는 한국 해병대 단독으로 상륙 작전을 성공시켜 '귀신 잡는 해병대(They might capture even the devil)'라는 별칭이 탄생한 곳이기도 하다. 이 모두가 고성반도 끄트머리에 위치한 통영을 가리키는 말들이다. 맛있는 음식과 미항으로도 이름 높은 통영은 지금도 사시사철 여행자들을 불러 모으는 매력 넘치는 도시다.

평화를 향한 염원이 깃든 지휘소

그런 통영에서 먼저 찾아가 볼 곳은 미륵도라는 섬 한복판에 있는 미륵산 정상이다. 미륵도는 현재 연륙교가 건설되어 있어서 차량을 이용하거나 걸어서 들어갈 수 있는데, 미륵산 정상까지는 케이블카를 이용해 어렵지 않게 올라갈 수 있다. 이곳을 첫 방문지로 추천하는 까닭은 우선 한눈에 통영과 그 주변을 조망하기에 더없이 맞춤한 곳이기 때문이다.

정상에 서면 360도 파노라마가 펼쳐진다. 먼저 북쪽으로는 천혜의 어항을 가진 통영시 전경이 내려다보인다. 서쪽으로는 임진왜란 당시 거북선의 우수성을 확인했던 당포해전의 현장을 조망할 수 있다. 남쪽으로는 한려해상국립공원의 여러 섬이 보인다. 그리고 동북쪽과 동남쪽으로는 그 유명한 한산도대첩의 현장인 견내량과 한산도 앞바다가 지척에 있고, 동쪽 멀리 거제도도 시야에 들어온다. 미륵산 정상은 남해안 일대

| 미륵산 정상에서 바라본 통영 앞바다

의 동과 서를 관장하는 곳이자 풍부한 물산이 모이는 통영의 면모를 짐작할 수 있게 해주는 곳이다.

'충무'와 '통영'을 별개의 도시로 생각하는 이들이 더러 있는데, 충무와 통영은 다르면서도 다르지 않다. 본래 통영은 하나였다가 1955년에 통영군 통영읍이 충무시로 승격되면서 충무시와 통영군으로 나뉘었다. 그러다가 1995년에 충무시와 통영군이 통합되면서 '충무'라는 이름은 사라지고 통영시만 남아 오늘에 이르고 있다. 그런데 이 모든 이름은 이순신 장군을 빼놓고는 설명할 수 없다. 충무는 '충무공'을, 통영은 '통제영'을 줄여서 부르는 말이다.

그 핵심, 삼도수군통제영이 있던 세병관(洗兵館)으로 가보자. '병장기를 씻는 관청'이라는 뜻을 지닌 이름이 의미심장하다. 당나라 시인 두보의 시 〈세병마(洗兵馬)〉의 마지막 구절 "안득장사만천하(安得壯士挽天河), 정세병갑장불용(淨洗兵甲長不用)"에서 따온 말이다. 풀이하면, "어떻게 해

야만 하늘의 물을 끌어들일 장사를 얻어, 무기들을 깨끗이 씻어서 오래도록 사용하지 않게 할 수 있을까"라는 뜻이다. 그러니까 세병은 참혹한 전쟁을 끝내고 더는 전쟁이 없기를 바라는 염원을 실은 명칭이다.

조선은 끝내 국토를 지켜내긴 했으나 입은 피해가 너무나 컸다. 농토가 황폐해졌으며 신분 고하를 막론하고 수많은 이들이 스러져갔다. 제아무리 전략적 움직임이었다 한들 왕은 백성을 버리고 몽진을 떠났으며, 정작 관군의 빈자리를 메꾸었던 의병들 중에 전쟁이 끝나고 처벌받은 이들이 부지기수였다. 임진왜란과 정유재란, 도합 7년간 전쟁을 겪으며 국가 내부의 신뢰 구조가 흐트러질 수밖에 없었다. 그런 상황에서는 다시금 민생을 끌어올리기 위한 정책과 신뢰 관계의 회복을 위한 노력이 우선 아니었을까. 언뜻 장수의 지휘소라 하면 용맹을 강조하거나 전의를 북돋는 이름이 붙여졌을 것 같지만, 이렇듯 세병관에는 평화를 염원하는 뜻이 담겨 있다.

수많은 예술가들의 보금자리

세병관은 한때 교육의 공간이기도 했다. 지금의 초등학교 격인 통영공립보통학교 교실로 개조되어 쓰였다. 그런데 비록 일제에 의한 식민 교육이긴 했으나 모두가 순응했던 것은 아닌 모양이다.

> 제가 통영에서 탄생했다는 게 매우 중요한 겁니다. 저희들이 어릴 때 민족주의라든지 자주적이라든지, 이런 데 대해서 굉장히 민감하게 어린 영혼에게 심어준 게 바로 통영이란 지역이거든요. 어릴 때 학교 다닐 때 친구들과 소곤소곤하는 것은, 세병관을 그때는 교실로 썼는데, 칠판에 빨간 백

묵을 가지고 대한독립만세, 일본에 대한 욕, 이게 그냥 그때는 거의 폭발적 인 정신을 흔드는 거예요.

— 2004년 〈《토지》 완간 10주년 특별대담〉에서

1926년 통영에서 태어나 이순신 장군의 역사가 서린 바다를 보며 어린 시절을 보내고 고등학교는 '민란의 고장' 진주에서 보냈던 소설가 박경리. 그의 작품들은 주로 사회 변동에 따른 혼란과 전쟁의 비극, 생의 허무함을 다루었다. 자신의 남편이 6·25전쟁 와중에 사망했고 세 살 난 아들도 잇달아 잃는 경험을 했기에 그런 주제 의식이 작품을 관통하지 않았을까.

하지만 그의 작품에는 민족주의적이고 평화주의적인 내용뿐만 아니라 어제보다 나은 내일을 희망하는 내용이 담겨 있기도 하다. 당신은 그것이 통영이라는 고향이 준 것이라고 말했다. 임진왜란 때 통제영에 배속된 공방들이 전쟁 이후에도 남아 다종다양한 고급품을 만들어내고 각종 연희 문화가 전승될 수 있는 문화의 원천이 되었고, 사철 청명한 날씨가 자유롭고 여유로운 통영 특유의 분위기를 조성했다는 것이다.

통영이 낳은 예술가가 박경리만은 아니다. 시인 김춘수, 화가 전혁림, 시조시인 김상옥도 통영 출신으로, 이들은 광복 뒤 통영문화협회를 결성해 통영 문화의 르네상스를 열었다. 그뿐만 아니라 충렬사 앞에 시비를 세워 기념하는 시인 백석, 제주도로 떠나기 전 통영에 머물렀던 화가 이중섭, 부산에서 통영을 거쳐 진주를 여행하면서 〈남해오월점철(南海伍月點綴)〉이라는 기행문을 남긴 시인 정지용에 이르기까지, 통영이 고향이 아니더라도 내로라하는 예술가 중에 통영과 잠깐이라도 연을 맺지 않은 이를 찾아보기 힘들 정도다.

음악가를 운동가로 만든 분단과 독재

마지막으로, 이 인물을 빼놓아선 안 된다. 지난 1995년 타계 당시 독일 유력 일간지《디 벨트》로부터 "음악을 통해 한국 통일과 세계 평화를 위해 살아온 휴머니스트"였다는 평을,《베를리너 모르겐포스트》로부터는 "작곡가로서 동양과 서양 문화를 잇는 중재자"였다는 평가를 받은 인물.• 바로 윤이상이다. 1991년 스위스 취리히에서 열린 현대음악협회 총회에서 동양인으로서는 유일하게 명예 회원 여덟 명 중 한 명으로 선정되었을 뿐만 아니라 독일 자르브뤼켄 방송으로부터 "20세기를 이끈 음악인 20인"••에 꼽혔을 정도로 실력을 인정받은 그에게 독일을 비롯한 유럽은 물론 중국과 북한까지, 세계의 무대는 늘 열려 있었다. 단 한 곳, 고국 대한민국을 빼고는.

5·16군사쿠데타 발발 6년 뒤인 1967년이었다. 국가정보원의 전신인 중앙정보부가 긴급 발표를 했다. 동독의 수도인 동베를린을 거점으로 유학생과 교민 등 194명이라는 대인원이 관련된 '북괴 공작단'을 검거했다는 내용이었다. 당시에는 동베를린을 한자로 동백림이라 불렀기에 이 사건은 '동백림 사건'이란 이름을 얻었다. 검거된 이들 중에는 앞서 충남 홍성·예산 편에서 언급한 이응노 화백 외에 작곡가 윤이상과 그의 부인 이수자도 있었는데, 그들은 서독 본에 있던 한국 대사관을 통해 서울로 강제 소환된 상황이었다. 간첩 행위라는 불법을 행했다며 체포한 이들을 정작 불법적으로 데려온, 웃으려야 웃을 수도 없는 일이 버젓이 벌어지던 시대였다.

• 《시사저널》 제316호, 1995년 11월 16일자에서 재인용.

•• 《한겨레》, 〈윤이상, '거장'은 과연 고향에서 돌아왔는가〉, 2005년 12월 30일자에서 재인용.

당시 그에게는 북한에 다녀온 간첩으로서 한국 정부를 전복하려 했다는 혐의가 씌워졌다. 그가 평양에 다녀온 것은 사실이다. 다음은 당시 변호인단에 참여했던 인권 변호사 한승헌이 2003년 8월 1일에 방영된 KBS 〈인물한국사〉 '경계를 넘어서' 편에서 말한 내용이다.

> 북한 방문을 한 것이 간첩이라든가 소위 이적 목적으로 한 것이 아니고 예술가다운 모티브가 있었다는 것을 법정에서 진술했습니다. 고분벽화를 직접 가서 보면 자기가 구상하고 있는 민족 대서사시 작곡에 큰 도움을 얻을 수 있을 것 같았다, 그래서 다녀왔다, 예술가로서 음악가로서 그러한 현장에 가고 싶어서 다녀온 것이 어떻게 해서 죄가 되겠느냐, 이러한 진술을 했습니다.

엄혹했던 시절, 그림 하나 보겠다고 북한에 다녀오다니 말이 안 된다고 생각할 수도 있지만, 당시 윤이상이 집중하던 것은 동양, 그중에서도 한국 음악을 예술적 보편성에 바탕을 두고 재해석하는 작업이었다. 실제로 그의 음악은 한국적인 음을 서양 음악의 기법과 악기로 재창조했다는 평을 듣고 있었다.

게다가 몇 겹의 철조망과 지뢰 지대로 가로막힌 휴전선과 달리 동베를린과 서베를린 사이는 '베를린장벽'이 있어도 통행증만 받으면 서로 오갈 수 있었다. 서베를린에서 15분 정도 기차를 타면 갈 수 있을 정도로 거리도 가까웠고 절차도 간단했다. 그런데 그것이 치명적인 약점으로 작용하고 말았다.

그렇게 독일로 유학을 떠난 지 11년 만에 끌려 들어온 조국에서 받은 판결은 1심 무기 징역, 2심 징역 15년형, 3심 징역 10년형이었다. 하지만 같은 분단 국가였음에도 이 사건이 비상식적이라고 판단한 서독 정부와 시민사회, 예술계가 움직였다. 지속적인 석방 요구와 비판이 거듭된 끝에 영어의 몸이 된 지 2년이 다 되어가던 1969년 초, 윤이상은 특별사면으로 석방되어 독일로 돌아갈 수 있었다.

그런데 이상했다. 그의 석방을 전후한 시기에 다른 이들도 모두 풀려났는데 언론에서 관련 기사가 더는 나오지 않았다. 그도 그럴 것이 '동백림 사건'은 외딴 사건이 아니었다. 중앙정보부의 간첩단 검거 발표가 있던 1967년 7월 8일은 제7대 국회의원 선거일로부터 정확히 한 달 뒤였다. 문제는 집권 여당이던 공화당이 압승을 거둔 당시 선거가 이승만 정권 때 4·19민주혁명을 부른 3·15총선에 버금가는 부정선거였다는 점이다. 전국적으로 사상 유례없는 시위가 불타올랐고, 박정희 정권으로서는 그런 분위기를 일소할 필요가 있었다.

더욱이 앞서 5월에 치러진 제6대 대통령 선거에서 박정희가 대통령으로 재선되기는 했으나, 이미 이 무렵에는 3선 개헌을 통해 영원히 대통령을 하고자 하는 마음을 품고 있었던 것으로 보인다. 실제로 윤이상을 비롯한 동백림 사건 관련자들이 석방된 직후인 1969년 10월 21일, '대통령 3선 금지 조항 철폐'를 주요 내용으로 하는 '3선 개헌안'이 통과되었다. 이런 일련의 정치적 목적을 위해, 간첩을 잡는 것보다 만들어내는 데 더 능숙했다고 평가받는 중앙정보부가 과장해서 기획한 것이 '동백림 사건'이다.

분단을 먹이 삼아 적대적 공존을 유지해 온 독재 정권은 작곡 활동에 전념하던 음악가를 민주화운동가이자 통일운동가로 변모시켰다. 윤이상은 1973년에 '김대중 납치 사건'을 접하고는 자신이 박정희 정권으로부터 받은 고문을 폭로하며 민주화운동에 동참할 것을 표명했고, 1980년 5월 전두환이 이끄는 신군부가 쿠데타 과정에서 자행한 '광주 학살'을 접하고는 "작곡가는 비단 예술가일 뿐 아니라 동시에 세계 속의 한 인간"*

이라며 교향시 〈광주여 영원히!〉를 작곡하는 등 인권과 자유, 민주주의를 위한 투쟁의 앞줄에 서기 시작했다.

명칭 변화에 내포된 의미

남북 간 대립의 시절, 특정한 행위를 예비했거나 행사한 가해자라기보다 시대의 희생자라고 할 수 있는 윤이상. 그렇다면 그에게 덧씌워진 붉은 굴레가 지금은 사라졌을까? 국가정보원이 2006년에 '국가정보원 과거사 진실 규명을 통한 발전위원회'를 통해 '동백림 사건'은 "실정법 위반이 있었지만 피의자들에게 간첩죄를 무리하게 적용하고 사건의 외연과 범죄 사실을 확대 과장했다"라고 밝히긴 했다. 그러나 근래까지도 의심의 눈초리가 완전히 사라졌다고 하기 힘든 게 현실이다. 세계적인 랜드 마크를 만들겠다며 짓기 시작했던 통영국제음악당의 경우, 원래 사업을 시작할 때의 명칭은 '윤이상국제음악당'이었으나 이른바 이념 논란이 일며 통영국제음악당이란 이름으로 건립되었으니 말이다.

다행히 한국 사회가 계속 과거에만 머무르고 있는 것은 아닌 것 같아 안도하게 된다. 아버지를 아버지라 부르지 못했던 홍길동처럼, 윤이상의 유품을 전시하고 있는데도 굳이 지명에서 따온 이름인 '도천테마기념관'과 '도천테마공원'이라 불리던 공간의 이름이 그의 탄생 100주년이던 2017년에 '윤이상기념관'과 '윤이상기념공원'으로 바뀌었다.

1995년 사망해 베를린 외곽에 묻힐 때까지 고향 땅을 밟을 수 없었던 그의 묘도 지금은 통영에 있다. 통영국제음악당 뒤편 한적한 곳, 그가 생

• 이수자, 《내 남편 윤이상》(하), 창작과비평사, 1998, 203쪽.

| 윤이상 묘

전에 그토록 보고 싶어 했다는 통영 앞바다가 내려다보이는 그곳으로 2018년에 이장해 왔다. 묘는 봉분 없이 간소하게 자리를 잡았는데, 묵직한 바위 하나가 그의 묘임을 알려준다. 거기에는 이런 글귀가 새겨져 있다.

處染常淨(처염상정)

'진흙탕 속에서 피어나지만 결코 더러운 흙탕물이 묻지 않는 연꽃'을 의미하는 말로, 윤이상과 그가 살아냈던 시대를 명징하게 드러내는 성어가 아닐까 싶다.

제국주의의 표상을 문화재로 포용하다

한반도에 그렇지 않은 고장이 없지만, 통영이야말로 곳곳에 역사의 아픔이 배어 있다. 대한제국과 일본국이라는 이름으로 만나 결국 대일본 제국에 통합되어 버리고 만, 즉 일제강점기의 흔적도 자욱하게 남아 있다. 한반도 최초의 운하인 통영운하, 역시 최초의 해저 터널인 통영해저 터널이 대표적인 사례들이다. 1932년, 일제는 썰물 때는 육지와 연결되지만 밀물 때는 바닷물에 잠겨 섬이 되곤 했던 미륵도와 고성반도 남쪽 끝 사이의 암석과 모래톱을 파내어 평균 수심 3미터, 너비 55미터, 길이 1420미터의 운하를 완성했다. 부산과 여수 사이를 오갈 때 멀리 거제도 남쪽으로 돌아가지 않아도 되도록 하려는 조치였다. 야속하게도 당시 통영운하의 명칭은 임진왜란을 일으킨 도요토미 히데요시의 이름에서 따온 다이코보리(太閤堀), 곧 '태합 전하의 운하'였다.

해저 터널도 운하를 건설할 때 함께 뚫었다. 이 터널은 길이 483미터에 폭 5미터, 높이는 3.5미터에 이르는데, 통영운하와 함께 일제가 한반도 지배를 용이하게 만들기 위한 도구였다. 이 터널 출입구 양쪽에는 '龍門達陽(용문달양)', 즉 '수중 세계를 지나 육지에 닿는다'는 뜻의 글귀가 새겨져 있다. 한반도를 자신들의 손아귀에 넣은 침략자 일본의 기세

통영운하 |

를 보여주는 말이다.

그런데 신기한 것은 이 해저 터널이 2005년에 등록문화재로 등록되었다는 점이다. 일제의 한반도 지배 의지가 투영되어 있는 시설물이 대한민국 문화재가 되었다? 언뜻 생각하면 의아할 수 있다. 하지만 이것이야말로 한국 사회의 수준을 보여주는 바로미터가 아닐까. 비록 애초의 의도와 설계, 기술력은 일제의 것이었으나, 조선인들의 피와 땀과 눈물이 스민, 잊지 말아야 할 시대의 증거물로서 문화재로 인정받은 것이다.

세병관이라는 이름이 품고 있는 평화를 향한 염원, 이순신 장군과 통제영이 남긴 유산들, 그리고 윤이상을 둘러싼 명칭의 변화들…. 통영에 가면 침략과 식민의 역사가 짙게 남아 있는 모습을 발견할 수 있는 동시에, 발전해 가는 한국 사회의 모습을 다시 한번 확인할 수 있다.

• 권기봉

경남 사천·
진주·의령

나와 우리,
그 관계의 자각

다랑이논으로 유명한 경남 남해군은 이순신 장군이 이끈 마지막 전투인 노량해전의 전적지가 있는 곳이기도 하다. 설천면 노량리로 가면 유람선을 타고 노량해전의 현장을 돌아볼 수 있다. 여의치 않으면 남해 충렬사에 들르는 것도 좋다. 충남 아산 현충사로 이장하기 전까지 충무공의 시신을 임시로 안치했던 곳으로, 충무공과 노량해전에서 숨진 병사들을 기리기 위해 세운 곳이다. 현재 사당 건물 뒤에는 그의 가묘도 한 기 남아 있다.

처음 남해 충렬사를 만든 주체는 국가가 아니었다. 이순신 장군이 순국한 지 34년이 되던 1632년에 지역의 선비들이 작은 사당을 짓고 제를 올리기 시작한 것이 시초였다. 국가가 '충렬사(忠烈祠)'라는 사액을 내린 것은 그로부터 31년이 지난 뒤였다. 선비들은 왜 그 시점에 이순신을 떠올렸을까? 그해는 정묘호란이 터져 후금과 '형제의 의(義)'를 다짐하는 정묘화약을 맺은 때로부터 5년이 지난 시점이자, '형제의 의'는커녕 아예 '신하의 예(禮)'를 행해야 했던 병자호란이 발발하기 4년 전이다. 임

| 남해 충렬사의 이순신 가묘

진왜란을 제대로 끝내지 못해 정유재란이 터졌던 것처럼, 정묘호란을 잇는 또 다른 전란을 예상했던 것일까? 진의야 알 수 없지만 어려운 시기에 선비들이 떠올린 것은 백의종군을 하면서까지 공공의 선을 위해 살신성인한 충무공의 정신이었다.

남해 충렬사에서 멀지 않은 곳에 이순신 장군이 거북선을 이용해 첫 승전고를 울린 전장이 있다. 충렬사에서 차로 약 40분 거리인 사천시 용현면의 선진리성이다. 흔히들 '선진리 왜성'이라 부르곤 한다. 지금은 주변이 간척되어 옛 모습 그대로 남아 있지는 않지만, 조선 시대까지는 동쪽을 제외한 삼면이 바다로 열려 있었다. 사천만에서 진주와 가화천 방면으로 배가 드나들 때 주요한 체크포인트 역할을 할 수 있었다는 의미다. 그런 이유로 고려와 조선 시대엔 여기에 세곡을 보관하던 창고와 일대를 지키기 위한 토성 형태의 성곽이 있었다고 한다. 그래서 사천은 왜군으로서도 반드시 공략해야 하는 지점이었다.

임진왜란 때는 거북선이 선두에서 돌격하고 판옥선이 후미에서 화포 공격을 퍼부어 왜선 열세 척을 격침시킨 사천해전이, 뒤이어 정유재란 때는 3만의 조·명 연합군이 공격했으나 1만 명 가까이 사망하는 등 처절하게 패했던 사천 전투가 있었다. 후자는 일본 교토에 귀무덤(코무덤)이 생기는 계기가 된 사건이기도 하다. 한마디로 이순신의 빛나는 리더십과 조정의 한계가 명확히 대비되는 지점이었다.

하지만 그나마 조선이 버틸 수 있었던 이유가 무엇이었을지 생각해 볼 필요가 있다. 명군이 참전한 것도 영향을 미쳤으나, 침략을 하자마자 파죽지세로 한성을 점령한 왜군이 더는 북상하기를 주저했던 이유, 그리고 반드시 전라도로 나아가려 했던 이유는 명군의 참전으로만 설명되지 않는다.

모두가 합심해 지켜낸 진주성

그 이유를 생각해 보며 진주성으로 출발해 보자. 이 성은 둘레가 1.8킬로미터 정도밖에 안 되어 천천히 둘러보는 데 두어 시간이면 족하다. 그런데 역사책에서 배운 임진왜란 당시의 진주성 전투를 머릿속에 떠올려보면 의아해질 수밖에 없다. 조선군의 병력이 1차 진주성 전투의 경우 거의 4000명이었고, 2차 전투의 경우 6000명 정도였다고 하는데, 그 인원이 다 들어와 싸우기에 왠지 규모가 작아 보여서다.

본래 진주성은 지금 남아 있는 것이 전부가 아니었다. 현재의 성 동북쪽으로 길쭉하게 둘레 4킬로미터 정도 되는 성이 더 연결되어 있었다. 외성이 있었던 것이다. 그래서 남쪽은 남강이, 북쪽에는 대사지(大寺池)라는 연못이 천연의 해자(垓子) 역할을 해주는 천혜의 요새 같은 형세였다. 일제강점기에 북쪽의 연못을 매립하고 도시화하는 바람에 원형을 가늠하기 어렵게 되었을 뿐이다. 북동쪽 성곽 위에 올라 지도를 펼치고 지금의 중앙광장 사거리와 시외버스 터미널 자리를 살펴보자. 그 언저리까지가 모두 외성 영역이었다.

비록 한반도 남쪽 끝부분에 자리 잡고 있었지만, 진주성의 지정학적 위치는 매우 중요했다. 왜군의 처지에서는 반드시 진주성을 공략해야 했다. 그 많은 병사와 군마를 먹여야 하는데 바닷길이 이순신에 의해 차단된 상태였기 때문이다. 곡창 지대인 전라도로 들어가기 위해서는 진주성을 돌파해야만 했다. 반대로 조선으로서는 반드시 지켜내야만 하는 요충지였다. 진주가 뚫리면 왜군이 하동을 거쳐 전라도로 들어갈 수 있었고, 그러면 남해안의 깊숙한 만이나 섬에 진을 치고 있던 이순신 함대로서는 배후가 불안해질 수밖에 없었다.

진주성 내의 움직임은 기민했다. 임진왜란 발발과 거의 동시에 진주

| 남강 변의 진주성과 촉석루

목사로 부임한 39세의 김시민은 일단 병장기부터 확충했다. 각종 총통과 화약 등을 마련하고 장병들을 훈련시키는가 하면 성의 방호력 보강에도 힘을 쏟았다. 그리고 성 밖에 사는 이들을 모두 들어오게 한 뒤, 여성들은 남장을 하게 했다. 전쟁 발발 6개월 만인 1592년 11월, 3만 명에 가까운 왜군이 밀려들어 왔다. 진주성 안팎 방어 병력의 거의 여덟 배에 달하는 대병력이었다.

공방은 7일 낮밤을 싸워야 할 정도로 치열했다. 비록 김시민은 이 전투에서 눈을 감고 말았지만, 끝내 조선 관민은 진주성을 지켜냈다. 전하는 바에 따르면, 당시 왜군 사망자는 지휘관급만 300명, 병사는 1만 명이 넘었다고 한다. 퇴각하며 사망자가 많다는 사실을 숨기기 위해 시신을 전부 불태웠다고 알려졌을 정도다. 진주성 전투에서 승리를 거둠으로써 조선은 전라도를 지켜낼 수 있었고, 수군도 자유로이 작전을 펼칠 수 있게 되었다. 이 전투를 진주대첩이라 칭하며 한산도대첩과 더불어 대단히 중요한 전투로 평가하는 배경이 여기에 있다.

그런데 앞서 1583년에 김시민이 북방에서 여진족 격퇴로 승진하는 등 전과를 세운 것은 사실이지만, 과연 그의 지도력만으로 실전 경험이 풍부한데다 수적으로도 우세한 왜군을 물리칠 수 있었을까? 여기서 간과해서는 안 되는 이들이 있다. 바로 스스로 일어선 군인들, 즉 의병의 존재다.

의병, 그 거룩한 이름

1차 진주성 전투를 이야기할 때 의병장 최경회를 비롯한 여러 의병장이 이끈 의병을 빼놓고 말할 수는 없다. 알려진 바로는 의병 수는 300명 정도로 얼마 되지 않았지만, 성 밖에서 후방 지역을 교란하거나 기습 공격을 감행함으로써 왜군의 진주성 집결 및 공성전을 견제했다고 한다. 비록 1593년에 벌어진 2차 진주성 전투에서 최경회가 전사하고, 그의 부인 논개도 그 이후 진주성 내 촉석루에서 사망한 것으로 알려졌지만, 그들의 존재는 왜군으로 하여금 전쟁의 앞날을 회의하게 만들었다. 왜냐하면 진주성 전투 이전이나 이후에 곳곳에서 의병들이 일어섰거나 일어서고 있었기 때문이다. 북쪽 끝부터 정문부와 서산대사, 유정대사, 이정암, 조헌, 영규대사, 고경명, 김덕령, 김천일, 정인홍, 김면 같은 의병장을 비롯해 이름을 알 수 없는 수많은 의병들까지, 임진왜란과 정유재란을 통틀어 참여자 수를 가늠하기 어려울 정도였다.

사실 임진왜란 초기에 왜군의 목표는 우선 조선의 왕을 사로잡거나 항복을 받아내는 것이었다. 봉건 영주인 여러 다이묘들 사이에 전쟁이 끊이지 않던 일본의 전국 시대에는 일단 우두머리를 살해하거나 그의 할복이나 항복을 받아내면 전쟁이 끝났고, 남은 농민들은 새로운 주군을 모시는 식이었다. 일본열도에서는 농민들이 하나의 재산 혹은 전리품처럼 여겨지다 보니 의병이란 존재 자체를 상상할 수 없었다. 그렇기에 조선을 침략했을 때에도 별다른 의심 없이 그와 같은 전략이 유효할 거라고 판단했던 것이다.

반면 조선 사회는 일본과 여러모로 달랐다. 조선의 개국과 함께 각 지역에 관리를 파견하는 중앙 집권 체제의 확립, 향교와 서원 같은 교육 시스템을 통한 충효 사상 고취와 유교적 질서의 구축, 자치 규약인 향약과 두레 등 향촌 공동체의 안녕을 중시하던 문화적 배경, 대유학자의 제자들을 비롯한 선비들 간의 끈끈한 네트워크, 또 좁게는 왕과 국가, 넓게는 사회가 있어서 내가 존재할 수 있다는 공적 인식 등이 복합적으로 상승작용을 일으키며 의병이 나올 수 있는 배경이 되었다. 남원 지역의 의병장이기도 했던 조경남이 남긴 기록을 보면 당시 그들의 마음을 조금이나마 엿볼 수 있다.

> 조정에서 200여 년 동안 수많은 신하와 백성을 길러왔다. 갑자기 위급한 상황이 닥쳤다고 모두 자신을 보전할 계획이나 세우지 임금의 고난은 돌아보지 않는구나. 지금 초야에 있다 하여 일어나지 않는다면 전국 300개 고을을 통틀어 사내가 하나도 없는 것과 같다. 어찌 만고의 수치가 아니겠는가. (聖朝休養臣庶二百餘年. 一朝有急皆爲自全之計. 不顧君父之難. 今若以草野不起. 則擧一國三百州無一男子. 寧不爲萬古羞耶.)
>
> — 조경남, 《난중잡록》, "곽재우 기병토적 수복우로(郭再祐起兵討賊 收復右路: 곽재우가 의병을 일으켜 적을 토벌하고 우로를 되찾았다)" 부분에서 발췌 번역

물론 충성심이 있다고 해서 반드시 의병으로 나서지는 않았을 것이다. 왜군의 선봉이 북상한 뒤 보급 등을 위해 남은 부대의 약탈과 살상이 거듭되자, 공동체를 지키자고 일어선 이들이 또한 의병이었다. 그래서 지역적으로 의병이 일어난 시기나 이유에 조금씩 차이가 있다. 그러므로 단순히 관군이 오합지졸처럼 무너져서 의병이 자연발생적으로 일어났다고 생각하면 안 된다.

바다는 이순신이, 낙동강은 곽재우가

실제로 1차 진주성 전투를 지원한 사람이 최경회와 그가 이끄는 의병들만은 아니었다. 진주성 앞을 흐르는 남강을 따라 하류로 45킬로미터 정도 내려가면 경남 의령에 닿는다. 차로는 30여 분이면 갈 수 있는 가까운 거리인데, 함안을 거쳐 의령으로 들어갈 때 다시 남강을 건너게 된다. 강

| 정암진 전투 현장

을 다 건널 때쯤 오른쪽으로 정자가 하나 보이고 그 아래로 무쇠솥 모양의 큰 바위가 눈에 들어온다. 언뜻 보기에는 그저 평화로운 정자와 나루터 같아 보이지만, 알고 보면 간단치 않은 내력이 숨어 있다. 진주성 전투 때 원군을 보낸 의병장이자, 그에 앞서 벌어진 정암진 전투를 승리로 이끈 의병장 곽재우의 승리가 새겨진 곳이기 때문이다. 특히 곽재우와 열일곱 명의 장수가 통솔하던 의병은 전쟁이 발발한 지 근 열흘 만에 일어선 임진왜란 최초의 의병이었다.

그 전투는 임진왜란 전체를 놓고 봐도 의미심장한 승리였다. 전라도 쪽으로 진출하려던 왜군의 선봉을 제일 처음으로 막아낸 전투였기 때문이다. 그리고 더 의미심장한 것은 현풍과 창령 등지에서 잇달아 왜군을 격파하면서 낙동강 수운(水運)의 주도권을 확보한 일이다. 당시 왜군은 조선 왕을 사로잡기 위해 한달음에 한성까지 치고 올라간 상태였다. 그런데 후방이 불안했다. 옥포, 합포, 적진포, 사천, 당포 그리고 당항포와 율포에 이르기까지, 이순신 장군과 맞붙은 해전에서 연전연패하던 상황이었기 때문이다. 바다가 막혔으니 결국 육로를 통해 전라도로 들어가려 했는데 그마저도 곽재우와 의병들에 의해 차단되었던 것이다.

왜군이 패한 데에는 이런 이유도 있었다. 조선은 연안 해운과 강을 이용한 내륙 수운을 통해 세곡과 물자를 조달하는 것이 여러모로 경제적이라고 판단한 국가였다. 한강과 낙동강처럼 국토를 남북으로 관통하는 강이 있었기에 굳이 도로를 넓히는 데 아까운 세금을 쓸 필요가 없었던 것이다. 그러니 왜군 입장에서는 야속할 수밖에 없는 상황이었다. 바다와 강이 막혔다고 갑자기 도로를 뚫거나 넓힐 수 없었으니 말이다.

바다는 이순신이, 육지는 곽재우가 왜군의 보급로를 틀어막자 왜군은 상시적 보급과 후방의 안전을 담보할 수 없게 되었다. 선조를 추격하기 위한 북상은커녕 그나마 남은 군대마저 분산해 남쪽으로 내려보내야 했다. 이런 상황에서 곽재우의 승전보는 전국적으로 의병이 일어나는 계기가 되었고, 한산도대첩을 비롯해 이순신과의 해전에서 번번이 깨졌는데도 왜군이 바다에 집착하게 만듦으로써 그들의 전투 잠재력을 약화시키는 원동력이 되었다.

의령 읍내 쪽으로 3킬로미터 정도 들어가면 곽재우 장군과 휘하 열일곱 장수의 위패를 봉안한 충익사(忠翼祠)와 1972년에 건립한 의병탑 그리고 의병박물관이 있다.

한반도 최초의 신분해방운동 진원지

마지막으로 들를 곳은 다시 진주다. 아직은 대중적으로 알려진 곳이 아니기에 내비게이션에는 명칭으로 등록되어 있지 않아, '진주시 가좌동 751-1'이라는 주소를 입력해야 한다. 내비게이션이 한 도로로 안내해 줄 텐데 근처에 석류공원 주차장이 있으니 거기에 안전하게 주차해 놓고 걸어서 움직이는 것이 좋다. 다행히 2000년 들어 안내판은 세워두었다. 이렇게 적혀 있다. "형평운동가 강상호 묘소." 안내판을 따라 숲속으로 들어가면 작은 봉분과 묘비가 보인다. 1923년에 진주에서 발기한 형평운동의 지도자 중 한 사람인 백촌 강상호의 묘다. 묘비 뒷면에는 이런 문장이 새겨져 있다.

> 모진 풍진의 세월이 계속될수록 더욱더 그리워지는 선생님이십니다.
>
> — 작은 시민이

유족도 아니고 형평운동기념사업회도 아닌, 누군지 모를 '작은 시민'이 새기고 간 저 따스한 한마디…. 도대체 형평운동이란 무엇이며, 강상호라는 인물은 누구일까?

한반도에서 500년간 굳건했던 신분제가 철폐된 것은 조선 왕조 말기인 1894년에 단행된 갑오개혁 때다. 다만 문제는 그것이 법적 조치였지 사람들의 마음속에선 뿌리 깊은 차별 의식이 여전했다는 것이다. 마치 인도에서도 법적으로는 카스트 제도가 존재하지 않지만 사람들의 인식 속에는 지금도 굳건하게 남아 있는 것처럼, 근대 조선에서는 천민 중에서도 유독 백정에 대한 차별 의식이 쉬이 사라지지 않았다. 심지어 "네 이웃을 네 자신과 같이 사랑하라"라고 말하는 교회에서조차 차별은 다반사였다. 1909년에 진주 옥봉리교회에서 열다섯 명의 백정들이 예배당 안으로 들어가자, 다른 교인들 수백 명이 "백정하고는 같은 천당에 갈 수 없다"라며 욕하고 나가는 일이 벌어졌을 정도다.

백촌 강상호의 묘 |

강상호는 일상화된 차별을 수시로 접하며 비록 자신의 문제는 아니지만 세상이 그래서는 안 된다고 생각했다고 한다. 그 자신은 양반에 천석꾼이었지만 백정 출신자가 처한 문제를 남의 일로 생각하지 않았고, 남들에게 '신(新) 백정'이라는 비아냥을 들으면서까지 앞에 나섰다.

차별받는 당사자인 백정 중에서도 당연히 문제의식이 있는 이들이 있었다. 일본 메이지대학교에 유학할 정도로 명민했던 장지필이란 인물이 대표적이다. 그는 신분증 등에 여전히 '도부(屠夫)'나 '도한(屠漢)' 같은 차별어로 자신들을 규정하는 세태를 바꿔야 한다고 생각했다.

양반 출신 강상호와 백정 출신 장지필 외에도 신현수와 천석구 같은 또 다른 양반 출신들이 가세하며 1923년에 진주에서 '형평사(衡平社)'라는 단체가 출범했다. 고기의 무게를 잴 때 쓰는 저울[衡]처럼 모든 인간을 평등[平]하게 대하자는 취지의 운동으로, 한반도 최초의 신분해방운동이자 인권운동, 이른바 형평운동은 그렇게 시작되었다.

물론 경북 예천이나 안동처럼 상대적으로 보수적이던 지역에서는 "주제를 모른다"며 공격을 당하거나 백정 출신이 잡은 고기를 불매하자는 움직임도 있었다. 슬픈 풍경이었다. 일제강점기에는 이미 일본인-조선인 차별이 전 사회적으로 횡행했는데 그에 대한 문제 제기보다는, 시쳇말로 '갑'인 일본인이나 친일 부역자들에게는 입을 다물고, '을'이 '을'을 멸시하고 공격하는 양상을 띠었다. 지배층이나 지식인층만 반발한 것이 아니라 농민이나 심지어 백정 외의 다른 천민 출신자들 중에서도 형평운동을 성토하고 나서는 이가 적지 않았다.

반면 백정 출신자들의 반응은 폭발적이었다. 형평사 출범 1년 만에 전국에 지사가 12개, 분사가 67개로까지 늘어났다. 의병의 땅에서 시작된 "백정도 사람이다"라는 외침은 그동안 인간으로서의 권리를 억압당해온 여성들이 자각하는 계기가 되기도 했다. 그리하여 조선여성동우회를 비롯한 여러 여성 단체가 조직되었으며, 사회적 약자들에게는 그것이 원래부터 타고난 약점이 아니라는 자각을, 강자들에게는 이제 세상이 바뀌고 있다는 실감을 하게 했다. 1957년에 백촌이 사망했을 때 전국에서 모여든 백정 출신자들이 9일 동안이나 장례를 치른 일화는 오래도록 회자되었다.

대가 없이 목숨을 걸어야 할 의병에 참여하는 것이나 기득권층임에도 천대받는 이들을 위해 형평운동에 나서는 것은 자존감이 없다면 불가능한 일이다. 자기 자신에 대한 성찰과 사회에 대한 깊은 고민이 없다면 애초부터 가능하지 않은 이야기다. 과연 2021년의 한국 사회는 의병의 시대로부터, 형평운동의 시대로부터 얼마나 진보했을까. 피부색이 다르다는 이유로, 선진국 출신이 아니라는 이유로, 한뎃바람을 맞으며 일을 한다거나 나보다 덜 가졌다는 것을 구실 삼아 구분 짓기를 하고 있지는 않은가. 혹은 반대로 그러한 이유 때문에 '너보단 내가 낫네' 하는 식으로 우쭐해하고 있지는 않은가.

사회 곳곳에 산재한 여러 차별적 어휘와 행동들…. 북한이탈주민이든 중국 동포든 할 것 없이 차별하는 사회에서 남북통일이 이루어지면 차별과 냉대와 구분 짓기가 또 얼마나 폭력적으로 나타날는지…. 아마 그보다 씁쓸한 상황은 없을 것이다. 남해에서 사천과 진주를 거쳐 의령까지 이어진 답사는, 거리는 얼마 되지 않는 여정이지만 생각만은 길고 또 깊어질 수밖에 없는 길이 될 것이다.

• 권기봉

대구

보수적인 듯하지만 참여와 혁신을 꿈꾼 도시

일견 보수적인 이미지와 달리 대구는 역사적 깊이가 유독 깊은, 매우 혁신적인 도시 중 하나였다. 일제강점기 직전 국채보상운동을 통해 '공동체와 나'의 관계를 다시금 써 내려간 도시다. 수많은 독립운동가를 배출한 고장으로서 국내 유일의 독립유공자 전용 묘역도 대구에 있다. 2017년에 일곱 번째 국립묘지로 승격된 국립신암선열공원이 그곳이다.

대구가 낳은 문화예술 분야 인물이 가수 김광석만은 아니다. "빼앗긴 들에도 봄은 오는가" 하고 외쳤던 이상화 시인과 "다시 천고(千古)의 뒤에 백마 타고 오는 초인(超人)이 있어 이 광야에서 목 놓아 부르게 하리라"라고 노래한 시인이자 독립운동가 이육사, 그리고 소설가 현진건도 대구가 낳은 인물이다. 더욱이 광복 뒤에는 1946년 대구 노동자들과 농민들이 미군정의 식량 정책 실패와 친일 세력에 맞서 일어선 10월항쟁과 이승만 정권을 끝내버리는 계기가 된 2·28민주운동 등, 한국 민주화운동의 초석을 놓았다. 잘 알려져 있지 않은 대구를 재발견하는 길에 나서보자.

전국에서 가장 먼저 헐린 읍성

근대에 대구에서 벌어졌던 큰 사건 중 하나는 대구읍성 철거다. 수도 성곽인 한양도성이 훼철되기도 전인 1906년에 조정의 불허 방침에도 불구하고 전국에서 가장 먼저 헐렸다. 당시 경상북도 관찰사 서리 겸 대구군수이자 '이토 히로부미의 양아들'이란 소문이 돌 만큼 호가호위했던 박중양이 주도한 사건이었다. 구실은 혁구개신(革舊改新), 즉 '옛것을 고쳐 새것으로 만든다'는 것이었으나, 기저에는 자신들의 영역을 확보하고 군인들의 이동을 자유롭게 하려는 일본의 요구가 있었다.

대구읍성은 본래 총연장 2650미터, 높이 5.6미터, 폭 8.7미터 규모였다고 한다. 그러나 지금 대구 시내를 걸어보면 성의 흔적을 찾기가 여간해선 어렵다. 그나마 남은 흔적을 찾아보려면 반월당역에서 답사를 시작하는 것이 좋다. 15번 출구로 나가 100미터 정도 걸으면 '정관장 약령시점'과 '이디야 대구 종로점'이 마주 보고 있는 작은 사거리가 있다. 이렇게 좁은 골목에 그런 게 있었을까 싶지만 여기가 읍성의 정문인 남문, 즉 영남제일관이 서 있던 자리다. 그럼 현재 금호강 변의 망우공원에 있는 영남제일관은 뭐냐고 반문할 수 있는데, 그것은 원래의 문이 아니라 1980년에 형태만 비슷하게 다시 지어 올린 것이다.

읍성 터를 따라 한 바퀴 돌아보는 것도 좋다. 영남제일관 터를 기점으로 시계 방향으로 서성사거리-대구은행 북성로 지점 사거리-'빽다방' 교동시장점 또는 '투썸플레이스' 대구 주얼리광장점-대구 법무사 회관-중앙파출소 삼거리를 거쳐 출발점인 영남제일관 터로 돌아오는 루트다. 최근 들어 대구읍성에 대한 관심이 높아지면서 서성사거리에서 대구은행 북성로 지점 사거리 사이의 경우처럼 도로 중앙분리대를 성벽 모양으로 재현해 놓은 모습도 볼 수 있다. 그리고 서성사거리 근처에 있는 청라언

| 선교사 사택 건축 시 축대나 기단부로 쓰인 대구읍성 성돌

덕 위 동산의료원 의료선교박물관에 가면 당시 성돌을 가져다 축대나 섬돌로 삼아 지은 선교사 사택을 여럿 만날 수 있다. 읍성 터 한복판에는 경상도 전체를 관할하던 행정 관청인 경상 감영 터와 일부 건물이 남아 있고, 일제강점기 때 조선식산은행 대구 지점 건물은 현재 대구근대역사관으로 이용되고 있다. 시간을 충분히 할애해 천천히 돌아보기를 권한다.

국가가 못 하면 내가, 우리가!

대구에 극단적 이기주의의 발로로서 친일 부역의 길로 나아간 박중양 같은 이만 있었을 리 만무하다. 대구읍성이 헐린 바로 이듬해에 이름도 알 수 없는 수많은 이들이 모여 나라 빚을 갚기 위해 애쓴 국채보상운동이 일어났는데, 그 시발점이 대구다. 대구읍성 터에서 700여 미터 떨어진 곳에 국채보상운동 전후를 둘러싼 사정을 일목요연하게 전시하고 있는 국채보상운동기념관이 있다.

빚을 내 집을 살 경우 우스갯소리로 이런 말을 한다. "현관만 내 땅이지 나머지는 모두 은행 집이다." 원금과 이자를 착실히 갚아나간다면야 문제없겠지만, 조금이라도 밀리면 바로 차압이 들어오고 급기야 경매에 부쳐지는 게 현실이다. 19세기 말 이래 제국주의 국가들이 식민지를 만들어가는 과정도 대동소이했다. 일단 피식민 국가에 감당할 수 없는 거액의 차관을 떠맡기듯 안긴 뒤, 그걸 빌미로 지배력을 확보해 나가는 식이었다.

국채보상운동이 벌어지기 직전의 대한제국 사정도 마찬가지였다. 1904년 1차 한일협약에 따라 대한제국 재정고문으로 부임한 일본인 메가타 다네타로가 화폐 정리를 이유로 300만 원, 금융 공황 구제 등을 목적으로 150만 원의 외채를 도입하는 등 조선의 금융과 경제가 일본에 급속도로 예속되기 시작했다. 급기야 일본의 지속적인 차관 공세로 1907년 초에 이미 1300만 원이나 빚을 지게 되었다. 당시 대한제국의 1년 세입·세출액이 각 1300만~1400만 원이었으니, 딱 한 해 예산만큼 빚을 지고 있었던 셈이다. 더군다나 이자율도 고리였기에 빚은 나날이 늘어만 갔다.

자칫하다간 집도 땅도 다 내줘야 하는 시각이 다가오고 있던 그때, 상식적으로는 정부가 대응해야 하는 일이었으나 공동체의 문제를 나의 문제로 인식한 이들이 있었다. 1907년 1월, 인쇄소 겸 출판사인 광문사를 운영하던 김광제와 서상돈을 비롯한 우국지사들이 나섰다. 2000만 백성이 3개월간 담배를 끊어 1인당 담뱃값 20전씩을 매달 모으면 대강 1300만 원이 된다며, 국가가 못 하더라도 백성들이 나서서 외채를 갚자고 제안했다. 누구나 알아듣기 쉽게 담배 피울 돈으로 의연금을 내자는 아이디어가 참신했다. 이것이 국채보상운동의 시작이었다.

대구를 시작으로 전국과 해외 130여 곳에 모금 사무소가 설립되는 등 상당한 호응이 잇따랐다. 참여자는 식자층은 물론 백정에 기생, 마부, 노비, 상인, 날품팔이, 코흘리개 학생 등 그야말로 모든 계층을 포괄했다. 여성도 예외가 아니었다. 다음은 1907년 3월 8일자 《대한매일신보》에 실린 〈경고아(我)부인 동포라(우리 부인 동포에게 경고함)〉라는 기사 중 일부다.

> 우리가 여자의 몸으로 삼종지의(三從之義) 외에 간섭할 마음이 없지만 나라 위하는 마음과 백성 된 도리에 어찌 남녀가 다르리오. 듣자하니 국채를 갚으려고 2천만 동포들이 석 달간 담배를 끊고 그 돈을 모은다 하니, 족히 사람을 감동케 할 일이요 진정 아름다움이라. 그러하오나 부인은 예외로 한다하니 대저 여자는 백성이 아니며 사람이 아니오. 본인들은 여자의 몸으로 지니고 있는 것이라고는 패물 등이라. 태산이 흙덩이를 사양치 아니하고, 강과 바다가 가는 물줄기를 가리지 아니하고, 적음으로 큰 것을 도우나니, 뜻있는 부인 동포들은 많고 적음에 구애말고 진심 어린 정성으로 도와 국채를 다 갚는다면 천만다행이라.

한국인이라면 모르는 사람이 없을 안중근 의사와 조마리아 여사도 의연금과 패물을 내면서 참여했다. 조선인들의 하나 된 모습에 영국과 프랑스 선교사나 청국 노동자, 일본인 교사와 상인 같은 외국인들 중에도 참가하는 이가 적지 않았으며, 그렇게 1년여 동안 모은 의연금이 거의 20만 원에 달했다고 한다.

국채보상운동은 실패한 운동인가?

전국적으로, 심지어 외국인과 해외에서도 참가했는데 외채 1300만 원에 훨씬 모자라는 고작(?) 20만 원밖에 모으지 못했냐며 실망할 수도 있다. 하지만 따져보면 이는 당시 대한제국 1년 국가 예산 1300만 원의 1.54퍼센트에 해당하는 액수다. 2021년의 가치로 환산해 비교해 보자. 국회가 의결·확정한 한국 정부 예산은 558조 원으로, 이것의 1.54퍼센트는 8조 6000억 원이다. 지금의 한국인들이 모금운동을 펼쳐 1년여 만에 8조 6000억원을 모을 수 있을까? 상상이 잘 안 되는 어마어마한 액수다. 당시에도 마찬가지였다. 그저 지금의 화폐 단위와 달라서 생기는 착시일 뿐, 당시에 20만 원 가까이 모은 일은 일본의 간담을 서늘케 하기에 충분했다.

실제로 일본은 기민하게 움직였다. 대한제국을 외채의 늪에서 허우적대게 해야 하는데 백성들이 스스로 나서서 빚을 갚겠다고 나오니 가만있을 수 없었다. 국채보상운동을 적극적으로 홍보하고 모금의 주체로도 나섰던 《대한매일신보》의 발행인 어니스트 베델과 총무 양기탁을 타깃으로 삼았다. 일본은 의연금을 횡령했다는 누명을 씌워 이들을 재판에 회부했다.

양기탁의 경우 훗날 무죄 석방되었으나, 베델은 현금이나 일반 계좌가 아니라 주식에 투자한 것이 빌미가 되었다. 의연금 증식을 위해 국채보상지원금총합소장직을 맡고 있던 윤웅렬을 비롯한 국채보상운동 지도부와 미리 상의하고 한 투자였으나, 당시 일반 조선인들은 주식에 대한 이해도가 높지 않았다. 일본은 그 지점을 파고들었다. 의연금 증식이 아니라 착복처럼 보이게끔 여론 공작을 폈다. 더욱이 이미 친일 부역의 길로 접어들던 윤웅렬로 하여금 '베델이 3만 원을 편취했으므로 반환하라'는 내용의 청구서를 제출하게 했다. 그러니 운동 진영 내부에서 분열이 일어날 수밖에 없게 되었다. 결국 모금운동은 중단되었고, 그때까지 모은 의연금으로 민립 대학이라도 세우려 한 계획마저 좌초되었다.

이런 사정 때문에 국채보상운동을 두고 취지는 좋았으나 실패한 운동으로 보는 시각이 없지 않다. 그러나 그것이 적절한 평가일까? 국채보상운동은 신분 구분 없이 모두가 '공동체를 이루는 주체적 구성원'임을 자각하고 참여했던 근대적 의미의 첫 시민운동이었으며, 최초의 여성운동이었고, 최초의 학생운동이었다. 동시에 최초의 전국적 풀뿌리 모금운동이었고, 최초의 언론 캠페인을 활용한 운동이었으며, 최초의 경제주권 수호운동이었다. 물론 최초의 금연운동이기도 했다. 그런 까닭에 관련 기록물이 2017년 유네스코 세계기록유산에 등재되기도 했다.

참고로, 그렇게 모은 의연금은 다 어떻게 되었을까? 경술국치 직후 윤웅렬이 나서서 경무총감부에 이관함으로써 죄다 일본에 귀속되고 말았다. 그는 훗날 한일강제병합에 세운 공로로 남작 작위와 2만 5000원에 달하는 은사공채를 받았다. 그와 그의 아들 윤치호는《친일인명사전》에 등재되는 등 대표적인 친일 부역자들로 평가받고 있는데, 부자(父子)가 동시에 등재된 것은 흔치 않은 경우다. 그리고 베델이 투자했다가 문제가 된 황해도 수안 광산은 훗날 세계적인 금광으로 발돋움했으며, 지금도 여전히 채굴 중인 것으로 알려져 있다,

30여 년 만에 드러난 독립자금의 출처

대구읍성과 국채보상운동기념관 근처에는 대구의 근대사를 들여다볼 수 있게 도와주는 공간이 적지 않다. 국채보상운동의 발상지인 광문사

국채보상운동의 발상지 광문사 터 |

터에는 기념물이 세워져 있는데, 지금의 수창초등학교 후문 옆에 있다. 서상돈의 고택도 다시 지어졌으며, 맞은편에는 이상화 시인의 고택도 있다. "뜻 있는 선비들이 모여 나라를 걱정하고 의기를 기르는 곳"이라는 의미를 지닌 우현서루(友弦書樓) 터도 빼놓지 말자. 을사늑약 직전인 1904년에 이상화 시인의 조부인 이동진이 세운 사설 교육 기관으로, 동서고금의 책 1만여 권을 구비해 두고 무료로 숙식을 제공하며 공부할 수 있도록 한 곳이다. 임시정부에서 국무총리이자 제2대 대통령을 지낸 박은식, 초대 국무령 이동휘 등이 이곳을 거쳐 간 것으로 알려져 있다.

대구시 외곽에도 빼놓을 수 없는 곳이 있다. 남평문씨 본리 세거지, 혹은 인흥 마을이라 불리는 곳이다. 국채보상운동기념관에서 차량으로 20~30분 거리에 있다. 특히 마을 중간쯤에 자리한 남평문씨의 서고인 '인수문고(仁壽文庫)'에 주목하자.

1930년에 벌어진 일이다. 수봉 문영박이 50세를 일기로 세상을 떠나자 중국 상하이에 있던 대한민국 임시정부에서 그를 애도하는 추도문을 보내왔다.

> 추조(追吊). 본국 경북 달성. 대한국춘추주옹(大韓國春秋主翁) 문장지선생지령(文章之先生之靈). 대한민국 임시정부 일동.

'장지'는 문영박의 자인데, 여기서 중요한 것은 "대한국 춘추 주옹"이라는 표현이다. 춘추는 역사를 뜻하며, 주옹은 '주인옹(主人翁)'이라고도 하는데 '어르신'을 뜻하는 한자어다. 풀이하자면 '한국 역사 그 자체와 같은 어르신'이라는 의미다. 문영박이 도대체 어떤 이였기에 임시정부가 그 같은 극존칭을 썼을까?

이 집안에서 간직해 온 인수문고는 문중 문고로는 한국에서 가장 많

남평문씨 본리 세거지, 일명 '인흥 마을' |

은 권수를 자랑한다. 모두 8500여 책으로 추정되는데, 옛 책들은 적어도 2~3권으로 이뤄지므로 총 2만 권 정도 될 것으로 추정된다. 이는 안동 도산서원 장서 양의 두 배 정도 되는 수량이다.

그런데 특이한 점은 한국의 다른 곳에서는 발견하기 힘든 중국 책이 많다는 것이다. 거기에 비밀이 숨어 있었다. 그러니까 중국에 사람을 보내 책을 사 오면서 값을 실제보다 훨씬 더 비싸게 쳐주는 방식으로 독립자금을 보태지 않았을까? 그렇게 추정만 할 뿐, 누구도 확실하게 말할 수는 없었다. 행여 일제의 감시망에 걸려 다른 가족이 고초를 겪을까 봐 관련 기록은커녕 말도 한마디 남기지 않았기 때문이다. 수봉이 돌아가고 30여 년이 지난 1963년에 몇몇 사람이 이 마을을 찾아오기 전까지는 추도문도 전달받지 못했고, 독립자금을 대온 사실도 그저 베일에 싸여 있었다.

'몇몇 사람'이란 홍태출과 그녀의 아들 이정순이다. 임시정부에서 영남 쪽 메신저 역할을 했던 독립운동가 이교재의 부인과 아들이다. 앞서 문영박이 세상을 떴다는 소식을 듣자마자 임시정부는 이교재를 몰래 국내로 들여보냈다. 그에게는 문영박의 유족에게 보낼 추도문과 그동안 보내준 독립자금에 고마움을 표하는 편지가 들려 있었다. 그런데 안타깝게도 이교재는 문건을 전달하기도 전에 일본 경찰에 체포되어 옥사하고 말았다.

그러고는 시간만 무심히 흘러 1963년이 되었다. 이교재의 아들이 집을 수리하기 위해 여기저기 손을 보는데 천장에서 보따리 하나가 뚝 떨어졌다. 뭔가 해서 열어보니 그 안에 추도문이 포함된 편지가 들어 있었다고 한다. 이렇게 해서 이교재 역시 문영박이 그랬듯 혹시 가족에게 피해가 갈까 봐 혹독한 고문을 받으면서도 끝까지 함구했던 문서들이 비로소 빛을 보게 되었다. 그렇게, 발신 30여 년 만에 상주에게 추도문과 그동안의 자금 지원에 감사하다는 내용이 담긴 편지가 전달되면서 비로소 문영박이 몰래 독립자금을 대오던 인물 가운데 한 사람이었다는 사실이 세상 밖으로 드러날 수 있었다.

4·19민주혁명의 시발지

대구는 불법과 모순을 외면하지 않고 보다 나은 사회를 성취하기 위해 앞장선 저항의 도시였다. 그런 점을 명확히 보여주는 현장을 걸어보려면 다시 시내 쪽으로 들어가야 한다. 2·28민주의거기념탑이 있는 두류공원이 목적지다.

한국 최초의 민주혁명인 4·19가 어디서 시작되었는지 물으면 보통은 당시 국회의사당이 있던 서울 태평로를 들곤 한다. 반은 맞고 반은 틀린 얘기다. 서울에서의 시발지는 그곳이 맞지만 4·19는 그 전에 이미 대구에서 시작되고 있었다. 3·15 국회의원 총선을 한 달도 채 남겨놓지 않은 1960년 2월 28일, 그간 이승만 정권이 저지른 독재와 부정부패, 그리고 선거운동 기간에 드러난 부조리에 저항해 경북고, 경북여고, 대구고, 대구여고, 경북대사대부고, 대구공고, 대구상고(현 상원고), 대구농고(현 대구농업마이스터고), 이렇게 여덟 군데 고등학교 학생들이 들고일어났다. 그리고 이런 움직임이 이내 다른 도시로 확산되면서 마침내 4·19민주혁명이 가능할 수 있었다.

광복 이후 최초의 학생민주화운동으로도 기록된 2·28민주운동을 기리기 위한 공간은 두류공원의 2·28민주의거기념탑 말고도 여럿 있다. 대구의 대표적인 번화가인 반월당역 앞에는 2·28민주운동 집결지를 알리는 동판이 설치되어 있고, 대구읍성과 국채보상운동기념관 사이의

2·28기념중앙공원 |

공원은 2·28기념중앙공원으로 이름이 바뀌었다. 당시에 참여한 고등학교 교정 안에는 다양한 관련 조형물이 세워져 있고, 대구교육박물관에는 2·28전시관도 있다. 그리고 드디어 2018년에는 2월 28일이 국가기념일로 지정되어 오늘에 이르고 있다.

답사를 마칠 때쯤에는 앞산공원 전망대에 올라보자. 걸어서 올라갈 수도 있고 케이블카를 이용해도 된다. 언뜻 보수적인 도시 같지만 알고 보면 대구는 국채보상운동과 독립운동, 나아가 민주화운동을 포함한 한반도의 현대사와 함께 격동하며 사람이 사람다운 대접을 받는 세상을 꿈꿔온 가장 혁신적인 도시이기도 했다. 대구 시내가 한눈에 내려다보이는 전망대에 서서 당연하다고 생각했던 것이 그렇지 않을 수도 있다는 의문을 가져보는 것, 그 중요성을 곱씹으며 답사를 마치면 어떨까 싶다.

• 권기봉

경북 안동

내어주지 않으려 한 그들 덕분에 되찾을 수 있었다

2018년 여름에 방영된 TV 드라마 〈미스터 션샤인〉은 조선과 대한제국이 외세에 유린당하던 망국 시절을 불꽃처럼 살아간 이들의 이야기다. 드라마 후반 대한제국 몰락이 눈앞에 다가왔을 때, 주인공 '유진'은 대한제국을 지키려 고군분투하던, 그러나 이제는 힘겨워하는 듯 보이던 대신에게 이렇게 말한다. "빼앗긴 건 되찾을 수 있지만, 내어준 건 되찾을 수 없습니다." 〈미스터 션샤인〉에는 이런 대사도 여러 번 나온다. "울기보다 물기를 택해."

참담했던 망국 시절, 모두가 울기만 했다면 그 뒤 역사가 어떻게 되었을까? 모두가 일제에게 나라를 고분고분 내어줬다면 과연 우리는 나라를 되찾을 수 있었을까? 우리에게 20세기 전반은 일제 식민지로 전락해 고통받은 부끄럽고 슬픈 시간이자, 독립을 향한 저항의 끈을 단 한순간도 놓지 않은 자랑스러운 시간이기도 하다. 안동에는 퇴계 이황 유적과 하회 마을만 있는 게 아니다. 안동은 '내어주지 않으려' 모든 걸 걸고 싸웠던 이들의 도시다.

51년 동안 멈추지 않았다

경상북도독립운동기념관(이하 '기념관'으로 줄임)은 도 단위로는 유일한 독립운동기념관이다. 경상북도는 2007년 8월에 문을 연 안동독립운동기념관을 2014년 1월에 경상북도독립운동기념관으로 승격하고 확장 공사를 하여 지금의 모습을 갖추었다. 기념관이 자리 잡은 내앞 마을은 안동 독립운동 사적지 중 하나다. 내앞 마을에는 1907년에 류인식·하중환·김후병 등이 애국계몽운동을 위해 세운 근대식 중등학교인 협동학교 교사(校舍)가 있고, 협동학교와 신민회, 대동청년단 등에서 애국계몽운동을 펼치다, 대한제국이 멸망한 뒤로는 서간도로 망명해 독립운동에 투신한 '만주벌 호랑이' 김동삼의 생가도 있다.

안동은 갑오년(1894년)에 전국에서 가장 먼저 의병이 일어난 곳이다. 기념관은 바로 이 갑오의병부터 1945년 안동농림학교 학생항일운동에 이르기까지 무려 51년 동안 멈춤 없이 전개된 안동·경북 사람들의 항일

경상북도독립운동기념관 외부 조형물 |

투쟁사를 충실히 보여준다. 특히 경북은 전국에서 자정순국자가 가장 많은 지역으로, 기념관 상설전시실 앞쪽에 관련 내용을 잘 소개해 놓았다. 자정순국이란 구한말 일제에 저항하는 의미로 스스로 목숨을 끊은 행위를 말한다. 을사늑약이 체결된 직후 목숨을 끊은 민영환, 경술국치 직후 "이승에서 글 아는 사람 노릇 하기 어렵구나(難作人間識字人)"라는 절명시(絶命詩)를 쓰고 자결한 매천 황현이 잘 알려진 자정순국자다.

경술국치 이후 자정순국 대신 살아서 저항하기를 택한 이들은 기약 없는 항일투쟁에 나섰다. 1915년에 대구에서는 의병 계열 광복단과 애국계몽운동을 펼쳐온 조선국권회복단이 힘을 합해 항일 비밀결사 광복회를 결성했다. 광복회의 목표는 만주에서 막 만들어지기 시작한 독립운동 기지를 지원해 독립전쟁을 펼치는 것이었다. 기념관에는 광복회 관련 전시물 다음에 일제 고문 도구였던 벽관(壁棺) 체험실이 있고, 곧이어 1919년 3·1운동 전시물, 경북 유림(儒林: 유학의 가르침을 따르는 사람들)을 중심으로 파리 강화회의에 독립청원서를 보낸 '파리 장서운동' 전시물 등을 볼 수 있다.

3·1운동 이후 국내에서는 농민·노동자·학생·여성 등 다양한 주체가 일제에 맞서 활발한 투쟁을 벌였다. 특히 경북 지역에서는 사회주의자들이 대중 조직을 만들고 야학과 강연 등을 통해 항일의식을 일깨우는 활동을 많이 했다. 6·10만세운동의 주역인 권오설(1897~1930)도 대표적인 안동 출신 사회주의자다. 1926년 6월 10일, 융희황제(순종) 인산일에 일어난 6·10만세운동은 일제의 철통 경계로 전국적으로 펼쳐지지는 못했지만 그 이후 신간회 설립의 밑거름이 되었다. 권오설은 6·10만세운동을 앞장서서 준비하다 거사일 사흘 전에 일제에 체포되었다. 5년형을 선고받고 서대문형무소에 갇힌 권오설은 출옥을 100여 일 앞둔 1930년 4월 17일에 감옥에서 순국했다.

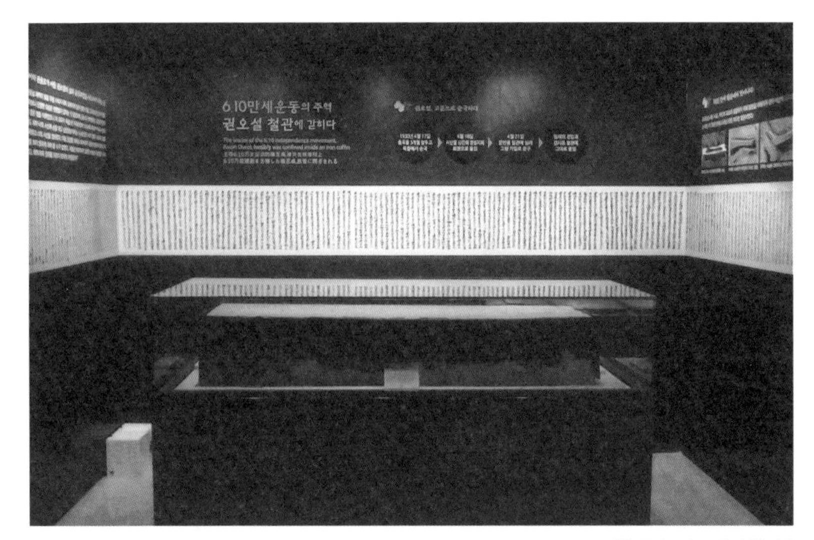

독립운동가 권오설의 철관 |

안중근 의사 재판 당시 그의 어머니 조마리아 여사가 일제에 목숨을 구걸하지 말라는 말을 안중근에게 전했다는 사연은 여러 매체가 소개한 덕에 사람들에게 잘 알려져 있다. 조마리아가 그처럼 의연했다 하더라도 어찌 자식의 죽음 앞에서 비통함이 없었겠는가. 권오설의 대상(大祥: 사람이 죽은 지 2년 만에 지내는 제사) 때 아버지 권술조가 쓴 제문에도 '올바름'을 행하다 간 아들을 대하는 의연함과 비통함이 가득하다. 많은 이들에게 조마리아의 전언만큼 알려지길 바라는 마음으로 소개한다.

네가 과연 죽었느냐? 죽었다면 병으로 죽었느냐? 병은 함부로 사람을 죽이지 못할 것이니 충직(忠直) 때문에 죽었느냐? 사람의 삶은 올바름에 있는 것이니 네가 만약 죽을 자리에서 죽었다면 어찌하겠는가! … 관 뚜껑을 열어보니 단정한 모습은 변함이 없이 잠자는 듯하였으며 금니도 번쩍번쩍하였다. 고문한 흔적은 푸릇푸릇한 검은 점을 이루었으니 이 모두가 독(毒)

을 쓴 자국이었다. 내 비록 목석(木石)이라 할지라도 무슨 마음으로 차마 네 몸에 손을 대고 싶었겠느냐마는 나는 내 손으로 너의 입에 구슬과 쌀을 물려주고[飯含] 너의 시신을 염하였다. … 네가 구속되기 전 3, 4년에서부터 금일에 이르기까지 나는 너의 얼굴을 보지 못하였으며, 너도 나의 얼굴을 보지 못하고 끝내 서로 만나지 못한 채 이 지경에 이르렀으니, 네가 나에게 말하고자 하는 것이 어찌 끝이 있겠으며 나도 너에게 말하고자 하는 것이 가슴속에 가득하다. 네가 말하고 싶은 것은 다음 구천에서 서로 만나는 날을 기다려다오.

1927년에 사회주의와 민족주의 계열을 아우른 항일투쟁기 최대 규모 독립운동 단체인 신간회가 창설되었다. 신간회 안동 지회는 전국 150여 개 지회 중에서 평양 지회 다음으로 규모가 컸다. 신간회와 같은 해에 출범한 근우회도 경북에 여섯 개 지회를 설치하고 여성계몽운동과 항일운동을 펼쳐나갔다. 1931년 신간회가 해체된 뒤에도 경북 사회주의운동가들은 일제에 맞선 노동·농민운동을 이끌었고, 1937년 중일전쟁 발발로 일제의 수탈이 심해지자 경북 학생들의 항일운동도 거세게 일어났다.

기념관은 이처럼 안동·경북에서 펼쳐진 항일대중투쟁과 더불어 항일의열투쟁, 그러니까 적은 인원으로 일제 침략 기관을 공격하거나 침략 책임자를 처단했던 투쟁도 비중 있게 소개한다. 특히 기념관 전시실에는 1923년에 일왕 암살을 시도했다가 20년 넘게 옥고를 치른 문경 출신 항일운동가 박열과 그의 아내 가네코 후미코의 재판 장면이 생생하게 재현되어 있으니, 기념관 견학 전에 영화 〈박열〉(2017)을 보는 것도 좋겠다.

한편 '조선의 명문가' 중에서는 대한제국이 몰락하자 만주로 이주해 독립운동에 투신한 집안이 많았다. 서울의 우당 이회영 집안이 가장 유명한데, 유림이 많았던 안동에서도 경술국치 이후 고성 이씨, 의성 김씨,

전주 류씨, 진성 이씨, 풍산 류씨, 흥해 배씨 등이 추풍령을 넘어 서울, 신의주를 지나 저 멀리 서간도까지 고난을 마다하지 않고 길을 떠났다. 기념관에서도 안동·경북 지역 사람들이 만주, 중국 관내, 미주, 일본 등에서 펼친 국외 독립운동을 상세히 소개한다. 국외 독립운동 관련 전시물까지 꼼꼼히 살펴봤다면, 이제 평범한 선비에서 서간도 독립운동 지도자로 우뚝 선 석주 이상룡을 만나러 임청각으로 가자.

"어찌 대장부가 제 한 몸을 아끼랴"

'노블레스 오블리주(noblesse oblige)'는 높은 사회적 신분에 상응하는 도덕적 의무를 가리키는 영어 단어다. 이 생소했던 단어가 사람들에게 익숙해진 건 이회영 여섯 형제 덕분이다. 이회영은 을사늑약 이후 을사오적 암살을 시도하다 실패하자 1907년에 항일 비밀결사인 신민회에 가담했고, 그해 광무황제를 설득해 헤이그 특사 파견을 성사시켰다. 특사 파견을 빌미로 광무황제가 강제로 폐위되어 덕수궁에 유폐되자, 이회영은 특사였던 이상설과 함께 황제 망명을 추진했으나, 황제의 갑작스런 서거로 실패했다. 결국 대한제국이 몰락하자 형 건영·석영·철영, 아우 시영·호영과 함께 전 재산을 처분해 서간도로 망명했고, 1911년에 한인 자치 단체인 경학사(耕學社)와 산하 교육 기관인 신흥강습소를 설립해 본격적인 국외 항일투쟁에 착수했다.

바로 이 경학사의 초대 사장이 석주 이상룡이다. 이상룡은 1858년 안동 임청각(臨淸閣)에서 태어나 30대 초반까지는 평범한 선비로서 성리학 공부에 매진했다. 그러다 1894년부터 일제의 압박이 거세지자 이에 맞설 방법을 모색하기 시작했고, 을사늑약이 체결된 1905년부터는 가야

산을 근거지로 삼아 의병 부대를 양성하며 항일투쟁에 본격적으로 나섰다. 1908년에 기밀이 드러나 한번 싸워보지도 못하고 의병 부대가 흩어지자, 1909년에 대한협회 안동 지회장을 맡으며 애국계몽운동을 통한 항일로 전환했다. 하지만 대한제국이 끝내 일제의 식민지로 전락하자, 고심하던 이상룡은 "백번 꺾여도 좌절하지 않겠다"라며 가산을 정리해 1911년에 서간도로 떠났다. 이상룡이 서간도로 가며 남긴 시에는 당시 그의 울분과 각오가 잘 담겨 있다.

더없이 소중한 삼천리 우리 강산
선비의 의관 예의 오백 년 지켜왔네
그 무슨 문명이 노회한 적 불러들여
꿈결에 느닷없이 온전한 나라 깨뜨리나
이 땅에 적의 그물 쳐진 것을 보았으니
어찌 대장부가 제 한 몸을 아끼랴
잘 있거라 고향 동산 슬퍼하지 말아라

| 임청각

태평한 그날이 오면 돌아와 머물리다.

— 이상룡, 〈1911년 나라를 떠나면서(去國吟)〉에서

서간도에 도착한 이상룡은 1911년에 경학사 사장, 1912년에는 경학사에 이어 설립된 자치 기관인 부민단의 단장을 연이어 맡으며 한인의 서간도 정착을 이끌었다. 이어서 1919년 4월에 부민단에서 발전한 한족회 회장에 임명되었고, 그해 11월에는 한족회가 대한민국 임시정부 산하 군사 기관인 서로군정서로 개편되면서 총책임자인 독판(督辦)을 맡아 신흥무관학교에서 독립군 양성, 김좌진의 북로군정서 지원 등 항일무장 투쟁을 전개했다.

그러다가 1925년 9월에 대한민국 임시정부 초대 국무령에 추대되면서 잠시 서간도를 떠났다. 상하이 임시정부 임시의정원은 대통령 이승만을 탄핵한 뒤 헌법을 바꿔 국무령제를 도입하고 초대 국무령으로 이상룡을 추대했다. 하지만 독립운동 단체 간 의견 차이와 대립에 회의를 느끼고 1926년 2월에 서간도로 돌아오고 말았다. 그 뒤로는 독립운동 후진 양성과 지원 활동에 매진하다 1932년 5월 14일, 74세로 고단한 생을 마감했다. 그의 유해는 중국 길림성 길림시 소과전자 마을 뒷산에 임시로 매장되었다가 5년 뒤 흑룡강성 취원창시로 이장된 뒤, 1990년이 되어서야 해방된 나라로 돌아왔다. 현재는 국립서울현충원 임시정부 요인 묘역에 안장되어 있다.

2020년 현재까지 건국훈장을 받은 임청각 관련 독립운동가는 이상룡을 포함해 부인 김우락, 동생 이상동·이봉희, 아들 이준형, 조카 이형국·이운형·이광민, 손자 이병화, 손부 허은, 당숙 이승화 등 열한 명이다. 임청각 군자정에는 최근 건국훈장을 받은 허은(2018년)과 김우락(2019년)의 훈장증이 전시되어 있다. 남성 독립운동가 그늘에 가려져 제

대로 평가받지 못했던 여성 독립운동가의 공적이 뒤늦게나마 인정된 사실을 특별히 소개하는 듯해 보기 좋았다. 이상룡의 유고를 안고 귀국한 외아들 이준형은 아버지의 문집《석주유고》정리를 마치고 1942년에 "일제 치하에서 하루를 더 사는 것은 하루의 치욕을 더 보탤 뿐이다"라는 유서를 남기고 자결했다. 일제강점기에도 자정순국이 계속된 셈이다.

글의 힘과 총의 힘을 모두 믿다

임청각 다음으로 찾을 장소는 안동시 도산면에 있는 이육사문학관이다. 임청각에서 이육사문학관으로 가는 길에는 유교문화박물관, 도산서원, 퇴계 종택 등이 있으니 시간이 넉넉하다면 안동에서 꽃피운 유교 문화 체험도 추천한다.

이육사를 생각하면 영화 〈동주〉(2016)에서 송몽규가 윤동주에게 했던 말, "너는 시를 써라, 총은 내가 들 테니"가 함께 생각난다. 드라마 〈미스터 션샤인〉에도 총을 든 의병 '애신'과 1인 신문사를 차린 '희성'이 이런 대화를 나누는 장면이 있다.

> "신문사를 차렸다 들었소. 나는 글의 힘은 믿지 않소. 허나 귀하는 믿소." (애신)
>
> "글도 힘이 있소. 누군가는 기록해야 하오. 애국도 매국도 모두 기록해야 하오. 그대는 총포로 하시오. 내가 기록해 주겠소." (희성)
>
> "응원하겠소." (애신)

영화와 드라마 속 주인공들의 말처럼 항일의 방법은 한 가지가 아니었다. 구한말과 일제강점기에 청춘들은 여러 방식으로 일제에 저항하며 서로의 방식을 응원했다. 누군가는 총을 들었고, 누군가는 펜을 들었다. 물론 총과 펜을 같이 들었던 이들도 있다. 그렇다면 이육사는 어떤 방법을 택했던 사람일까?

경상북도독립운동기념관은 "민족의 독립 의지를 시로서 노래"한 인물로 이육사를 소개하는데, 이육사를 좀 더 깊이 이해하려면 그의 문학과 독립운동을 포괄적으로 소개한 이육사문학관(이하 '문학관'으로 줄임)에 꼭 가봐야 한다. 문학관에 들어서면 정면으로 이육사 흉상이 보인다. 문학관은 흉상 뒤편의 숫자 네 개로 이육사의 생애를 요약해 놓았다. '17'은 이육사가 불과 40년 짧은 생애 동안 국내외를 오가며 쉼 없이 독립투쟁을 하다 일제의 감옥에 갇혔던 햇수를 의미한다. '27'은 이육사가 첫 옥살이를 했던 해, '30'은 이육사가 첫 시를 발표한 해, '44'는 그가 베이징 감옥에서 순국한 해다.

이육사는 1904년에 현재의 문학관이 자리 잡은 안동시 도산면 원촌

이육사 동상과 시비 |

마을에서 아버지 이가호와 어머니 허길의 둘째 아들로 태어났다. 이육사 집안은 항일의식이 매우 높았다. 아버지 쪽은 1910년에 자정순국한 이만도를 비롯해 항일투사가 줄을 이었고, 어머니 집안 역시 한말 대표적 의병장인 허위를 비롯해 의병장으로 활약한 인물이 많았다. 육사는 여섯 형제 가운데 둘째였는데, 첫째 원기, 동생 원일과 원조도 항일투쟁사에 이름을 남겼다. 한편 육사의 외사촌 허은은 이상룡의 손자며느리로 2018년에 건국훈장 애족장을 받았고, 동북항일연군 제3로군 총참모장으로 1942년에 북만주에서 전사한 허형식도 육사의 외사촌이다.

이육사의 본명은 이원록이다. 1930년에 잡지에 글을 발표하면서 한자로 '大邱 二六四(대구 이육사)'라는 필명을 썼는데, 숫자 264는 그가 1927년 10월에 장진홍의 조선은행 대구 지점 폭탄 의거에 엮여서 첫 옥살이를 했을 때의 수인 번호다. 일제 경찰은 폭탄 상자 겉면에 쓰인 글씨가 육사의 동생 원일의 필체와 비슷하다는 이유로 육사, 원기, 원일 삼형제를 잡아들여 혹독하게 고문했다. 1929년 2월에 장진홍이 체포되고 조사가 진전되면서 육사 형제들이 사건에 직접 관련되지 않았다는 사실이 드러나, 육사는 1년 7개월 만에 억울한 옥살이에서 풀려났다.

그 이후 육사는 《중외일보》 대구 지국 기자, 신간회 대구 지회 간부, 《조선일보》 대구 지국 기자 등으로 활약하며 펜으로 일제에 맞섰으며, 1932년 10월에 의열단이 중국 난징에 세운 조선혁명군사정치간부학교 1기생으로 입교했다. 수인 번호에서 따온 필명을, 일제 강점을 혁명으로 극복한다는 뜻이 담긴 '陸史(육사)'로 바꾼 것도 이때부터다. 이 학교에서 육사는 아침 여섯 시부터 밤 아홉 시까지 꽉 짜인 정치·군사 실습과목을 배우며 점차 군인으로서 성장했다. 하지만 1933년 4월에 졸업한 이후 만주 파견 요원이 되거나 2기생 교관으로 남지 않고 국내 잠입 활동을 선택했다. 그가 의열단장 김원봉에게 받은 임무는 국내에서 노동자·농민의 혁명 의식을 고취하고, 2기생을 모집해 난징으로 보내는 것이었다.

상하이에 머무르다 1933년 7월에 귀국한 육사는 임무 수행을 도모하던 중 군사간부학교 출신이라는 사실이 드러나 1934년 3월에 서대문형무소에 다시 투옥되었다. 3개월 뒤 석방되자 혁명 의식을 고취하기 위한 시사평론을 써나가는 한편, 1935년부터는 본격적으로 시를, 1937년부터는 수필도 꾸준히 발표했다. 대표작 〈청포도〉(1938년 8월)를 발표한 것도 이 시기다.

청포도(青葡萄)

내 고장 칠월은
청포도가 익어가는 시절

이 마을 전설이 주저리주저리 열리고
먼 데 하늘이 꿈꾸려 알알이 들어와 박혀

하늘 밑 푸른 바다가 가슴을 열고
흰 돛단배가 곱게 밀려서 오면

내가 바라는 손님은 고달픈 몸으로
청포(青袍)를 입고 찾아온다고 했으니

내 그를 맞아 이 포도를 따 먹으면
두 손은 함빡 적셔도 좋으련

아이야 우리 식탁엔 은 쟁반에
하이얀 모시 수건을 마련해 두렴.

〈청포도〉에 대한 육사 자신의 해석은 1943년에 그를 만난 이식우의 증언으로 알려졌다. 육사는 이식우에게 "'내 고장'은 조선이고, '청포도'는 우리 민족인데, 청포도가 익어가는 것처럼 우리 민족이 익어간다. 그리고 곧 일본도 끝장난다"라고 말했다고 한다. 1940년 1월, 또 다른 대표작 〈절정〉에서 결코 무릎 꿇지 않겠다는 지조를 표현한 육사는 1943년 4월에 국내 독립투쟁을 위한 무기 반입 계획을 세우고 베이징으로 떠났다. 여기까지 육사의 삶을 따라가다 보니 그는 '글의 힘'과 '총의 힘'을 모두 믿고 글과 총을 모두 선택한 독립운동가였다는 생각이 든다. 글이든, 총이든, 국내든, 국외든 그는 독립을 위해서라면 어떤 수단도, 어떤 장소도 마다하지 않았다.

육사는 1943년 7월에 어머니와 형의 소상(小祥: 사람이 죽은 지 1년 만에 지내는 제사)에 참여하려 귀국했다가 서울에서 체포되었다. 베이징으로 압송된 육사는 1944년 1월 16일에 베이징 일제 감옥에서 불꽃같은 생을 마감했다. 육사의 유해는 순국 직후 화장된 채 돌아와 서울 미아리 공동묘지에 묻혔다가 1960년에 고향 원촌 마을 뒷산으로 옮겨졌다.

이육사문학관을 관람한 뒤 육사와 그의 아내 안일향이 나란히 묻힌 묘소를 찾아 그의 삶을 한 번 더 돌아보자. 동생 원조가 1945년 12월 17일 자《자유신문》에 발표한 육사의 유고 〈광야〉를 읊으면서. 일제강점기에 그가 뿌린 '가난한 노래의 씨'가 없었다면 오늘 우리의 자유가 어데 꽃 피울 수 있었을까.

광야(曠野)

까마득한 날에
하늘이 처음 열리고
어데 닭 우는 소리 들렷스랴

모든 산맥들이
바다를 연모해 휘달릴 때도
참아 이곳을 범하든 못하였으리라

끊임없는 광음(光陰)을
부지런한 계절이 피여선 지고
큰 강물이 비로소 길을 열엇다

지금 눈 나리고
매화향기 홀로 아득하니
내 여기 가난한 노래의 씨를 뿌려라

다시 천고(千古)의 뒤에
백마 타고 오는 초인(超人)이 있어
이 광야에서 목노아 부르게 하리라.

막혀 있는 답사길

안동독립운동기념관과 신흥무관학교기념사업회는 2013년 11월 이상룡의 서간도 망명길을 되밟아 보는 행사를 진행했다. 안동에서 출발해 예천, 상주를 거쳐 추풍령 넘어 서울역으로 이어진 발걸음은 비무장지대 앞 파주 도라전망대에서 끝났다. 경상북도 교육청이 2019년 여름에 경북 애국지사들의 발자취를 따라간 답사 행사 '임청각에서 하얼빈까지'도 실제로 이상룡이 걸었던 한반도 북부 지역은 생략한 채 중국 단둥에서 시작했다.

이처럼 후대가 이상룡의 발자취를 온전하게 따라가는 일조차 안타깝게도 분단에 가로막혀 있다. 당연한 얘기지만, 일제강점기에는 남북이 따로 없었다. 일제강점기 내내 우리는 함께 고생하고 함께 싸웠다. 항일투사들 앞에는 분단선이 없었고 그들의 발걸음은 남북을 가리지 않고 향했다. 그들의 고귀한 발자취를 온전하게 되밟을 날이 빨리 오면 좋겠다.

• 김진환

경북
울릉도·독도

국토의 경계에서 발견한 평화의 가치

한반도의 동쪽 변방으로만 인식되고 있는 울릉도와 독도. 그런데 이 두 섬은 단순히 동쪽 끝에 위치한 낙도가 아니다. 신라 시대 이래로 조선을 거쳐 오늘 이 순간까지도 국토 수호의 역사가 깃든 곳이기도 하다. 한반도 근현대사의 원형이 남아 있는 공간인 두 섬을 좀 더 깊숙이 들여다보자.

최소 1500년 전부터 가지도, 삼봉도, 석도 같은 다양한 명칭으로 불린 독도가 한반도의 역사에 편입된 것은 신라 시대로 거슬러 올라간다. 우산국에서 자꾸 한반도 동남 해안을 약탈하자 6세기 초에 신라 지증왕이 이사부로 하여금 정벌케 한 것이다. 고려 초까지는 한반도 지배 세력과 군신 관계를 유지하며 독자적인 국가로 존재했다가 11세기 초에 세력이 약해지면서 고려의 부속 도서로 편입되었다. 그 뒤 조선은 왜구나 여진족으로부터 자국민을 보호하고 조세나 역역(力役) 등을 위해 섬 주민을 육지로 이주시켜 섬을 비우고 이따금 관리를 보내 영유권을 행사하는, 이른바 쇄환 정책을 시행했다.

물론 한반도 동남 해안의 주민들은 15세기 이래로 두 섬을 오가며 이용해 왔다. 주변 바다를 이용해 부를 축적할 수 있는 곳으로 인식했기 때문이다. 그런데 일본이 문제였다. 울릉도와 독도가 공식적으로는 비워진 것을 틈타 수시로 왕래하며 해양 자원을 약탈해 갔고, 그 과정에서 조선인과 일본인 사이에 크고 작은 충돌이 빚어졌다. 숙종 19년인 1693년 안용복과 그 일행이 울릉도에 도착했을 때, 불법 조업 중이던 일본인들을 조우하면서 벌어진 외교 분쟁인 '울릉도 쟁계'가 대표적 사례다. 결론적으로 일본이 두 섬을 조선 영토로 인정한다는 외교 문서를 조선에 보내왔으나, 일본 어민들의 침입은 그 후에도 끊이지 않았다. 결국 조선은 누차 관리를 파견해 울릉도와 독도의 실태를 조사하는 한편, 무단 침입한 일본인을 참형으로 다스리겠다는 의지를 내보이며 영유권을 강화해 갔다.

독도박물관과 '임오명각석문'

이 같은 내용을 포함해 조선의 국토 수호 의지와 그에 비례해 커져 갔던 일본의 침략 욕망, 그 자세한 내막과 변방으로서 울릉도와 독도가 지닌 역사적 맥락을 살펴보기 위해 찾아봐야 할 곳이 울릉읍 도동리에 있는 독도박물관이다. 당시의 문서와 지도 등을 통해 한국 영토로서 두 섬을 이해하고, 일본 주장의 부당성을 파악할 수 있게 도와주는 곳이다. 역사는 물론 울릉도의 생활사까지 설명해 줄 수 있는 해설사가 있으니 안내를 요청해 보자.

다음에 가볼 곳은 독도전망대다. 케이블카나 도보로 올라갈 수 있는데, 맑은 날에는 동남쪽 수평선 너머로 독도를 볼 수 있다. 가능하면 저녁 전에 가보기를 추천한다. 망망대해에 떠 있는 섬의 특성상 이른 오전이나 저녁에는 날이 맑아도 해수면 가까이에 해무가 끼거나 구름이 피어나곤 해서 독도를 볼 수 없는 경우가 잦다.

마지막으로, 대부분의 여행자들이 눈길 한번 주지 않고 지나쳐 가지만 놓쳐서는 안 되는 것이 하나 더 있다. 케이블카 승강장과 독도박물관 사이에 있는 사운 이종학의 송덕비다. 사운은 독도와 이순신 장군, 한국 근현대사와 관련한 자료를 수집한 사료 수집가이자 서지학자다. 특히 '일본해'가 아니라 '동해'나 '조선해'라고 표기한 일본 쪽 고지도들을 비롯해 경술국치가 일본의 정책적 계획 아래 진행되었음을 입증하는 일본 궁내성 문서, 그리고 2005년 일본 야스쿠니 신사로부터 환수해 이듬해 북한에 인도한 북관대첩비가 애초 북·중 경계 지역인 회령 지방에 있었던 것임을 밝혀낸 이가 사운이다. 그가 기증한 500여 점의 사료가 없었다면 독도박물관도 문을 열기 어려웠을 것이다. 심지어 그의 묘도 독도박물관에 있다. "한 줌 재 되어도 우리땅 독도 지킬 터"라고 아로새긴 그 송덕비 밑에 사운의 유해가 안장되어 있다.

울릉도 서쪽 끝 학포항에 가면 울릉도 개척사를 증명해 주는 암각 기록인 '임오명각석문(壬吾銘刻石文)'을 만날 수 있다. 임오년, 즉 고종 19년인 1882년에 새긴 글씨로, 일본인들이 감시가 소홀한 틈을 타 무단으로 울릉도에 들어와 벌목해 간다는 보고를 받은 조선 조정에서 파견한 검찰사 이규원 일행이 울릉도를 시찰하며 남긴 흔적이다.

이규원은 뭍으로 복귀함과 동시에 조정으로 보고를 올렸다. 이를 통해 울릉도의 실태를 파악하게 된 조선 정부는 수백 년간 지속해 온 쇄환정책이 실효성이 없다고 판단하고 비로소 그해 8월에 울릉도 재개척에 나선다. 이듬해인 1883년에는 아예 육지에서 열여섯 가구, 54명을 모아 울릉도로 이주시켰고 그 이후에도 매년 개척민들을 유치하기 시작했다.

| 임오명각석문

모두 실질적 지배를 강화하기 위한 정책이었다. 이어 1900년 2월 25일에는 '울릉도와 부속섬인 죽도, 독도를 강원도의 정식 지방 관제에 부속시킨다(현재는 경북에 속함)'는 내용의 대한제국 칙령 제41호를 제정, 반포하기에 이르렀다.

이규원 일행을 울릉도로 파견했던 1882년이면 한성에서 임오군란이 벌어졌을 때이자, 흥선대원군이 청국으로 납치당했던 때이며, 군란으로 인한 피해를 배상하고 사과를 위한 수신사를 파견하라는 일본의 요구에 못 이겨 제물포조약이라는 불평등 조약까지 맺었을 때다. 그런 힘든 상황에서도, 즉 비록 조선이 멸망을 향해 차근차근 나아가고 있던 처지였을지라도 변방의 작은 섬을 끝까지 수호하기 위한 의지를 드러내고 있었음을 보여주는 증거다.

소에게까지 불어닥친 제국주의

그동안 비워두었던 섬의 영유권을 확실히 확보하기 위해서는 조선과 대한제국 정부의 정책이 중요했겠지만 당연히 이곳 주민들의 의지와 인내가 없었다면 불가능한 일이었을 것이다. 그런 면에서 나리 분지에 가볼 만하다. 급경사지 밭을 일구면서 띠 녹지를 조성해 토양 유실을 방지한다든지, 전국 최대 강설량을 보이는 이 지역에서 겨우내 생활을 위해 지붕의 처마 끝에서 바닥까지 수직으로 친 '우데기'라는 가벽 등, 척박한 환경을 극복하기 위한 지혜를 엿볼 수 있는 곳이다. 그중에서도 꼭 한번 방문해 보기를 권하고 싶은 곳이 있다. 관광지로 개발된 곳이 아니기에 미리 양해를 구하고 방문해야 하는데, 바로 '칡소' 농장이다.

박목월 시인이 쓴 시에 손대업이 곡을 붙인 동요 〈송아지〉에 나오는 얼룩소는 과연 어떤 모습이었을까? 그리고 정지용의 시 〈향수〉에서 "해설피 금빛 게으른 울음을 우는/얼룩백이 황소"는 또 어떤 소일까? 반론이 없는 것은 아니나, 많은 이들이 '칡소'를 가리킨다고 말한다. 가죽에 마치 칡넝쿨처럼 검은색 줄무늬가 불규칙하게 나 있어 붙은 이름인데, 호랑이 가죽 같다며 '범소' 또는 '호반우'로도 불렀다.

그런데 칡소란 이름이 왜 생소하게만 들릴까? 일제는 식민 지배 초기부터 일본 소의 품종을 개량한다며 황소나 흑우, 백우, 칡소 등 온갖 한우를 수탈해 갔고, 중일전쟁이 한창이던 1930년대 후반부터는 군사적 쓰임새가 많은 소가죽 확보와 식량 조달을 목적으로 150만 마리가 넘는 소를 공출한 것으로 추정된다. 이런 무자비한 수탈로 한우의 종 다양성이 차츰 사라졌고 개체 수도 급감하는 시련이 불어닥쳤다. 핍박은 수탈에서 끝나지 않았다. 1938년에 일제가 한우의 기준을 조선에서 우세종인 '황갈색의 털을 지닌 소'로 규정한 이래 민간에서는 칡소는 물론 흑우나 백우도 사육을 꺼려하기 시작했다. 역설적인 것은, 해방 뒤에도 일제 때의 기준을 그대로 답습했다는 사실이다. 1970년 한국종축개량협회가 한우 심사 표준을 개정할 때 '털색은 황갈색'이라는 기준을 그대로 유지함으로써 황소 외에 다른 털색을 지닌 소의 도태를 꾸준히 유도했다.

이런 정책적 움직임 탓에 칡소는 한때 100여 마리 정도까지 줄어들었다. 그런데 불행 중 다행일까. 경사진 비탈밭에서 쟁기를 끌기 적합하게 발굽과 어깨가 잘 발달되어 있어 산간 지방을 중심으로 칡소를 지켜온 이들이 있었다. 이어 1996년에 정지용의 고향이 있는 충북을 중심으로 '향토 새 옷 입히기'라는 이름의 '얼룩백이 황소' 복원 사업이 전개되었다. 울릉도에서도 2006년에 지역 특화 상품으로 육성하기 시작해 나리 분지와 남양을 비롯한 울릉도 전역에서 현재 약 400마리가 길러지고 있다는 것이 울릉군 농업기술센터의 설명이다. 2008년에는 심사 표준이 개정되면서 좀 더 다양한 털색의 소가 한우로 인정받게 되었다. 관심 없

| 칡소

으면 그냥 지나칠 법한, 색깔 특이한 소에 불과하지만 알고 보면 소들마저도 제국주의로부터 자유롭지 못한 운명이었다.

울릉도의 지정학적 가치

다음으로 가볼 곳은 석포일출일몰전망대다. 이 전망대는 울릉도의 북동쪽 끄트머리 정상부에 있다 보니, 그곳에 올라 시선을 왼쪽으로 돌리면 우뚝 솟아오른 송곳산(추산)의 모습에 탄성을 지르게 되고, 오른쪽으로 돌리면 울릉도의 부속섬인 관음도의 넉넉한 모습에 반하게 된다. 여기서 핵심은 송곳산과 관음도, 그리고 동해까지도 잘 조망할 수 있는 '입지'다.

일본이 울릉도에 직접적으로 관심을 두기 시작한 것은 러일전쟁이 발발하기 1년 전인 1903년부터였다. 당시 일본군은 블라디보스토크 함대

석포일출일몰전망대 일대의 일본군 망루 유구 |

를 조기에 발견해 재빠르게 응전하는 것이 무엇보다 중요하다고 여겼다. 그래서 1903년에 군함 사이엔호를 보내 울릉도와 독도 주변 해역을 측량했고, 이듬해에는 석포일출일몰전망대 자리에 망루를 설치한 뒤, 해군 지휘 본부와의 연락을 위한 무선 전신소, 등대, 지하 대피소 등을 설치했다.

심지어 1905년에는 아예 독도의 일본 편입을 결정하기에 이르렀다. 대한제국이 칙령 제41호를 통해 독도를 울도 군수 관할하에 두었는데, 일본이 강제로 시마네현 고시 제40호를 통해 자국 영토에 편입시켜 버린 것이다. 그렇게 울릉도와 독도는 한반도와 그 부속 도서를 통틀어 가장 먼저 일본의 제국주의적 욕망에 노출되었다. 그 이후 과정은 알려진 대로 러일전쟁에서 승리한 일본이 대한제국에 을사늑약을 강제해 외교권을 박탈함과 동시에 통감부를 설치해 보호국화했고, 이어 1910년에는 아예 강제병합에 성공했다. 그 시작이 한반도 침략을 위한 징검다리, 울릉도와 독도였다.

어렵사리 지켜낸 독도

그런데 의아한 점은 패전 뒤에도 일본이 독도 침탈 야욕을 버리지 않았다는 사실이다. 그 비밀은 태평양전쟁의 전후 처리를 위해 연합국과 일본이 맺어 1952년 4월 28일에 발효된 샌프란시스코 강화 조약문 속에 숨어 있다. 이 조약문에는 독도의 영유권이 명확히 표기되어 있지 않다.

> Japan recognizing the independence of Korea, renounces all right, title and claim to Korea, including the islands of Quelpart, Port Hamilton and Dagelet.

(일본은 한국의 독립을 인정하고, 제주도, 거문도, 울릉도를 포함한 한반도에 대한 모든 권리, 자격, 영유권을 포기한다.)

— 샌프란시스코 강화 조약 제2장 제2조 (a)항

이렇듯 조약문에 '독도'를 콕 집어서 넣지 않았던 탓에 일본은 독도가 여전히 자기네 영토라고 주장했다. 물론 일본은 패전 직후부터 전쟁에선 졌어도 영토와 영해를 최대한 확보하기 위해 외무성 직원 3000명 정도를 가동해 자신들에게 유리한 조약을 맺기 위해 진력했다.

실제로 맥아더사령부 주일 정치고문으로 있던 일본통 윌리엄 시볼드를 시모다 다케소 일본 외무성 조약국장 등이 설득해 시볼드가 1949년 11월 14일 미 국무부에 다음과 같은 전문을 보내게 하는 데 성공한다.

Recommend reconsideration Liancourt Rocks (Takeshima) Japan's claim to these islands is old and appears valid. Security considerations might conceivably envisage weather and radar stations thereon.

(리앙쿠르암[다케시마]에 대해 재고를 권고한다. 이 섬들에 대한 일본의 주장은 오래되었고 타당해 보인다. 그곳에 기상과 레이더 기지를 설치하는 안보적 고려를 상정해 볼 수 있다.)

당연히 한국도 손 놓고 있지만은 않았다. 미군정 치하였던 1947년에 이미 과도정부 민정 장관이던 안재홍을 중심으로 독도에 학술 조사단을 파견하는 등 국토 수호 의지를 보여주었다. 그런데 문제는 국제 상황이 여의치 않게 흘러갔다는 점이다. 미·소 냉전이 한창이던 시절이었기에 미국은 일본으로 하여금 공산주의의 남하를 저지하기 위한 '불침항모(不沈航母)' 역할을 기대하며 세계대전을 일으킨 일본을 '처벌'하기보다 '용서'하는 움직임을 보였다. 더욱이 1950년 6·25전쟁이 터지면서 샌프란시스코 강화 조약은 일본에 유리한 내용을 담아 체결 및 발효되기에 이르렀다. 독도에 대한 영유권 다툼의 빌미를 담은 채.

6·25전쟁으로 한국 정부가 독도에 관심을 쏟을 여력이 없었다는 한계도 있었다. 군인이나 경찰관이 한 명이라도 더 절실한 상황에서 남북 간 대치점이 아닌 독도 경비를 위해 군이 군대나 경찰을 주둔시킬 수 없었던 것이다. 일본은 그 허점을 비집고 들어왔다. 그들의 독도 불법 침입은 휴전선 일대에서 밀고 밀리는 고지전이 한창이던 정전협정 전후에 유독 집중적으로 이루어졌다. 얼추 열 차례가 넘게 순시선을 보내 상륙을 시도했고, 때로는 자신들의 지명을 적은 팻말을 설치하기까지 했다. 이런 상황에서 분개하여 일어난 이들이 '현대판 의병', 독도의용수비대다.

국가가 전쟁 수행에 정신이 없던 시절, 이들은 최소 8개월 동안 경찰과 군대를 대신해 여러 대원이 수시로 교대해 가며 일본의 불법적인 독

도 침탈을 막아냈다. 이들이 나서지 않았다면 독도의 현실은 지금과 달랐을지도 모른다. 석포전망대 근처에 2017년에 문을 연 독도의용수비대기념관을 찾으면 관련 내용을 접할 수 있다. 다만, 의용수비대의 인원이나 활동 기간 등과 관련해서는 이론이 있음을 알고 가자.

남과 북이 평화를 이룩하지 못하면…

마지막으로 향할 곳은 독도다. 이 땅에 어떤 과정을 통해 제국주의가 드리워졌는지를 이해할 수 있게 해주는 더없이 훌륭한 역사 교육의 장이자, 일본의 한반도 침탈 과정에서 가장 먼저 병탄된 곳으로서 국토의 의미를 재인식할 수 있게 도와주는 섬이다.

오랜 기간 비바람에 풍화되어 잘 읽기 어려운 '한국령' 각석을 볼 때

독도, 동도에서 서도를 바라본 풍경 |

면 필자는 일본 최서남단 야에야마 제도에 갔던 때가 떠오른다. 야에야마 제도에서도 중심 섬인 이시가키섬과 다케토미섬, 고하마섬을 두루 돌며 발견한 사실은 모든 섬에 평화를 염원하는 팻말이나 기념비, 표석이 설치되어 있었다는 점이다. 이시가키섬에서는 미군을 위한 평화기원비를, 다케토미섬에서는 평화의 탑을, 고하마섬에서는 세계 인류에게 평화가 깃들기를 바라는 팻말을 만났다.

15~19세기에 류큐(琉球)라는 이름의 독립 왕국을 이루었던 야에야마 제도를 비롯한 오키나와현 일대가 일본의 '내부 식민지'로서 오랜 기간, 특히 태평양전쟁 당시 엄청난 폭력의 현장이긴 했다. 그럼에도 그 기념물들은 자기모순적이라는 생각이 들었다. 애초에 일본 땅이 아닌데다가 2차 세계대전에서 졌으면서도 여태 지배하고 있는 무인도들, 이를테면 일본과 중국, 타이완 사이에서 끊이지 않는 영토 갈등의 현장으로 부각되고 있는 일본명 센카쿠(尖閣), 중국명 댜오위다오(釣魚台) 제도도 그곳에 있기 때문이다. 즉, 기념물을 통해 평화를 이야기하고는 있지만, 그 기저에는 일본 영토로서 센카쿠를 양보할 수 없다는 현상 유지 의도가 깔려 있는 게 아닌가 싶었다. 나아가 더 넓은 바다를 확보하기 위한 일본의 경제적·군사적 욕망과 이중적인 얼굴이 거기에 있었다. 그리고 남과 북이 평화를 이룩하지 못하면 독도와 울릉도의 평안도 다시금 깨질 수 있다는 교훈도….

• 권기봉

대한민국
평화기행

5
제주

한라에서 백두까지,
불어라 평화바람

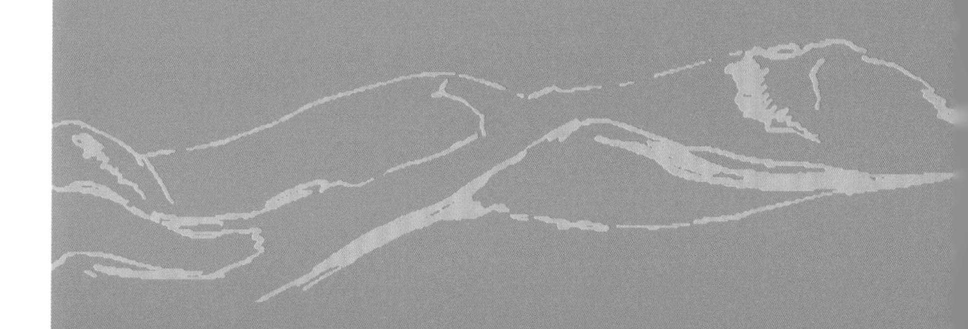

1954년까지 지속된 제주 4·3은

국가폭력에서 비롯되었기에

남북 분단이 고착화되고

독재 정권이 공고해지면서

입 밖으로 내서는 안 되는 기억,

실존하지만 잊어야 하는 기억이었답니다.

제주 북부

제주가 보여준 역사적 화해의 길

요즈음 제주도는 휴양의 섬, 레포츠의 섬, 혹은 '맛집'의 섬으로 인식되고 있다 보니 역사 현장이나 박물관 등을 찾는 이들이 많지 않다. 하지만 조금만 시선의 방향을 바꾸면 제주도가 지닌 또 다른 면모를 만날 수 있다. 해양과 대륙 사이의 접점에 위치한 지리적 특징에서 알 수 있듯이, 인근 지역과 좋든 싫든 공유하고 있는 역사적 풍경이 다채로운 곳이다. 실제로 해양 문화의 한 사례인 고인돌이 전국에서 가장 많은 곳 중 하나가 제주도 부속섬인 가파도다. 또 악귀를 쫓는 벽사(辟邪)의 의미를 지닌 돌하르방은 조선과도 교류했던 류큐국, 즉 지금의 일본 오키나와현의 주택 지붕 위에 세워둔 시샤(獅子)와 그 존재 이유가 닮았다.

제주도의 지리적 특징은 근대에 접어들며 새로 유입된 종교와 기존 문화가 충돌하는 배경이 되었고, 일제강점기 초·중기에는 중국 침략의 징검돌 역할을 강요받는 원인이 되기도 했다. 또 태평양전쟁 말기에는 일본열도와 만주 사이에 꽂힌 비수로서 일본군은 반드시 지켜내야 할,

연합군은 반드시 뚫고 들어가야 할 요충지였다. 제주도의 속살을 돌아보는 여정은, 그래서, 제주도가 한반도의 지리와 역사에서 어떤 자리에서 있는지를 깨닫게 해주는 값진 경험이 될 것이다.

조세와 종교가 야기한 갈등

제주 시내 남동쪽 외곽에는 '천주교 황사평 공원묘지'가 있다. 그 묘지와 관련한 이야기는 제주도 출신 소설가 현기영의《변방에 우짖는 새》에도 잘 나와 있다. 광무 5년인 1901년에 제주도에서 천주교인들과 다른 주민들 사이에 충돌이 벌어졌는데, 이때 이재수가 이끄는 주민군이 이 자리에 주둔했고, 나중에는 천주교인들이 묻혔다.

그런데 그 충돌을 가리키는 용어가 여러 가지다. 1999년에 이 소설을 원작 삼아 개봉한 영화 제목처럼 '이재수의 난'이라고 불리기도 하고, 사건이 벌어진 해가 신축년이어서 '신축교난' 혹은 '신축교안'이라고도 한다. '제주민란'이나 '제주교난'이라 칭하는 이들도 있다. 명칭이 다양하

| 황사평 공원묘지

다는 건 그만큼 사건의 성격이 복잡하다는 이야기다. 교난(教難)이나 민란(民亂)이라는 이름에서 유추할 수 있듯, 크게 보면 천주교인들과 천주교를 믿지 않는 주민들 간의 충돌로 보이지만, 조금 더 깊이 들여다보면 조세를 비롯해 여러 면에서 당시의 매우 부조리했던 상황이 눈에 들어온다.

우선 대한제국의 부족한 재정을 메우기 위한 징세가 매우 가혹했다. 1900년에 제주로 파견된 강봉헌이라는 관리가 온갖 구실을 들어 세금을 거두기 시작했다. 그런데 그 방식이 기존의 상식에 부합하지 않았다. 집이나 가축, 어장뿐만 아니라 나무와 어망에까지 세금을 부과하는 등, 섬 주민들의 반발을 살 만한 행위를 거듭했다.

종교를 등에 업은 안하무인의 태도도 갈등을 키운 또 한 가지 요인이었다. 세금을 거둬들이는 일에 나선 이들이 주로 천주교인이었는데, 강력한 존재를 뒷배로 둔 그들은 세금을 탕감받았을 뿐만 아니라 종래의 법규와 질서를 무시한 채 무소불위의 방망이를 휘둘러댔다. 그 뒷배란 바로 프랑스인 신부들이었다. 병인양요 20년 뒤인 1886년에 조불수호통상조약이 조인되면서 포교의 자유도 허용되었는데, 당시 프랑스 신부들이 얻은 것은 단순한 포교의 자유만이 아니었다. 그들은 일종의 여행증명서인 '호조(護照)'를 받아 내륙은 물론 섬 지방까지 두루 다닐 수 있었는데, 거기에 더해 '여아대(如我待)', 즉 '짐을 대하듯이 하라'는 왕의 칙령까지 있었던 터라 치외법권적 권한을 누렸다.

그런 프랑스 신부들이 있었기에 제주도민 가운데 특히 천주교를 믿는 이들이 늘기 시작했다. 박찬식이 쓴 《1901년 제주 민란 연구》에 따르면, 1900년 초에는 신자 수가 다섯 명에 불과했으나 이듬해에는 영세자 242명에 예비신자 600~700명으로 크게 늘어났다. 제주 선교를 시작한 지 2년이 채 안 된 시점이었는데 말이다. 문제는 그런 교인들 중에 성당에 형틀을 마련해 놓고 마음에 들지 않는 주민들을 끌고 와 "천주교를 모독했다"라며 사사로이 처벌하는 이가 나왔다는 점이다. 남의 땅을 빼앗는다든지, 아무 염전에나 들어가 소금을 들고 나올 정도로 일부 교인들의 횡포가 극심했는데도 '짐을 대하듯이 하라'는 프랑스 신부들이 뒤에 있다 보니 관이나 일반 주민들로서는 어찌할 방도가 없었다.

기존 전통 종교에 대한 무시도 제주도민들의 반발을 불러일으키는 원인이 되었다. 서낭당이나 신목(神木) 등을 미개하다며 부숴버리거나 주민들을 야만인 취급했고, 섬 특유의 관습을 업신여기는 언행도 이어졌다. 프랑스가 아메리카 대륙이나 동남아시아 등에서 제국주의적 침탈을 벌이던 시기에 보였던 모습과 크게 다르지 않은 모습이었다. 해당 지역의 문화와 관습, 종교를 인정하지 않고 무시로 일관하며 개종을 통해 정복해야 한다는 의식이 지배하고 있었던 것 같다.

결국 주민들은 일종의 자경을 위해 상무사(商務社)라는 조직을 만들었다. 하지만 무장 군함을 앞세운 프랑스 신부들의 존재와 그들을 벗바리 삼은 천주교인들, 그리고 도민들의 저항을 내리눌러야 했던 관아 사이에 무력 충돌이 발생해 수백 명이 숨지는 사건으로 귀결되고 말았다. 외세와 국가, 토착 문화와 외래문화, 중앙과 지방 등 다양한 갈등 요소들이 첨예하게 중첩되며 벌어진 비극이었다.

보는 시각에 따라 신분 질서를 중시하는 유교 사회에 저항한 반봉건·반제국주의 투쟁으로서 '이재수의 난'이나 제주민란, 또는 천주교가 박해를 받았다는 시각에서 부르는 신축교난 등 다양한 명칭을 얻은 1901년의 그 사건. 오래된 일이니 그저 잊어도 되는 것일까? 당시의 상처가 지금은 치유되었을까?

지금 제주 남서부 대정읍에 가면 '제주 대정군 삼의사비'가 세워져 있다. 이재수, 강우백, 오대현 세 장수를 기리는 비다. 그런데 이 비석은 처음에 세워진 비석이 아니다. 원래 1961년에 세워졌는데 여기저기로 위치가 바뀌다가 끝내 땅속에 묻혔던 것을 지난 1997년에 다시 세운 것이다.

뒤이어 한국 사회의 이해도와 포용력이 이전보다 커지고 있음을 느끼게 해주는 일들이 벌어졌다. 천주교 제주 선교 100주년이던 1999년, 천주교 제주 교구가 나서서 자신들이 걸어온 길을 비판적으로 돌아보는 학술 심포지엄을 통해 과거사를 반성하는 움직임을 보이기 시작한 것이다. 프랑스 쪽의 화해 제스처도 있었다. 같은 해에《변방에 우짖는 새》를 박광수 감독이 영화로 만들어 개봉했던 〈이재수의 난〉은 프랑스 국립영화센터에서 제작비 35억 원을 지원받아 만들어진 영화다.

2003년에는 직접적인 화해의 악수도 오갔다. 제주시청 대회의실에서 열린 '신축년 제주항쟁 102주년 기념 학술대회'에서 천주교 제주 교구 허승조 총대리신부와 '1901년 제주항쟁기념사업회' 김영훈 대표가 "봉건 왕조의 압제와 외세의 침탈에 맞서 분연히 항쟁하는 과정에서 무고한 인명 살상의 비극을 초래한 데 대해 사과한다. 이에 우리는 제주의 후손들로 지난날의 아픔을 함께하면서 서로 용서하며, 화해를 구하고자 한다"라며 악수를 나누었다. 또 "상호 존중의 기조 위에 과거사의 진실을 명명백백하게 밝힐 것이며, 이를 바탕으로 제주 공동체의 화합과 상생의 길로 나아가고자 노력한다"라는 '화해와 기념을 위한 미래 선언'도 나왔다.

그동안 한국에서 종교폭력이나 국가폭력과 관련해 화해, 화합, 상생을 이야기하는 움직임이 양쪽의 동의를 거쳐서 나온 사례는 거의 없었다. 그런 면에서 제주에서 보이는 이런 모습은 갈등과 반목, 심지어 폭력을 앞세웠던 이전 시대를 보내고 대화를 통한 화해를 시도한 보기 드문 사례가 아닐까 한다. 더욱이 이런 움직임은 현재진행형이다. 천주교 제주 교구 제5대 교구장이 된 문창우 비오 주교는 2020년 11월 22일《헤드라인 제주》와의 인터뷰를 통해 "제주도민과 천주교인들의 충돌을 기억하고 추모하면서 결코 역사를 잊지 않고, 제주도민들의 아픔을 잊지 않고 늘 변화하고 쇄신해 나가는 공동체가 되겠다는 약속을 하고자 한다"며, 황사평 공원묘지 한쪽에 성당이 들어서면 "그 성당 이름을 '화해의 탑 성당'으로 정할 것"이라고 밝혔다. 실제로 제주민란 또는 신축교난 120주년을 맞는 2021년 5월, 사건의 주요 현장인 황사평과 서귀포 하논 본당 터 두 곳에 화해의 탑이 세워질 예정이다.

또다시 되풀이된 비극

물론 '평화의 섬' 제주의 수난이 비단 구한말에만 국한된 것은 아니다. 해방이 되었으나 남과 북으로 분단된 현실, 그리고 지속되는 좌우 대립과 미군정의 몰이해 속에서 있어서는 안 될 일이 또다시 벌어졌다.

> 한 공동체가 멜싸지는데 가만히 있을 수 있는가 말이야. 이념적인 건 문제가 아니야. 거기에 왜 붉은색을 칠하려고 해? 공동체가 무너지고, 누이가 능욕당하고, 재산이 약탈당하고, 아버지가 살해당하고, 친구가 고문당하고. 씨멸족하는데, 이런 상황에서 항쟁이란 당연한 거야. 이길 수 없는 상황이라고 해서 항복하고 굴복해야 하나? 이길 수 없는 싸움도 싸우는 게 인간이란 거지.
>
> — 현기영, 〈작품을 쓰면서 울기도 했어〉에서

해방 정국과 단독정부 수립 과정의 혼란 속에서 공권력이 무고한 민간인을 죽이고 민간인은 공권력을 공격했던, 이른바 '제주 4·3'이 벌어진 것이다. 1947년 삼일절 때 경찰 발포로 주민 여섯 명이 죽고 여덟 명

애기무덤을 중심으로 놓인 순이삼촌 문학기념비들 |

이 중경상을 당하는 이른바 '삼일절 발포 사건' 이후 '한라산 금족령'이 풀리는 1954년까지 지속된 4·3이라는 국가폭력 사건은 이후 남북 분단이 고착화되고 독재 정권이 공고해지면서 입 밖으로 내서는 안 되는 기억, 실존하지만 잊어야 하는 기억이었다.

황사평 공원묘지에서 일주도로를 따라 동쪽으로 20킬로미터 정도 가면 조천읍 북촌리에 '너븐숭이'라는 곳이 나온다. 너븐숭이는 주민들이 쉼터로 쓰곤 했던 '넓은 돌밭'을 뜻하는 제주 말인데, 4·3 당시 경찰관과 군인 각각 두 명이 민간인 무장대의 습격을 받아 사망하자, 국민의 생명을 보호하고 안전과 재산을 지켜야 할 공권력이 1949년 1월 17일에 어린이를 비롯한 마을 주민 대다수를 학살한 '북촌 대학살'의 현장이다. 이 사건 역시 훗날 현기영의 소설《순이삼촌》의 모티브가 되기도 했다.

먼저 너븐숭이 4·3기념관 앞에 있는 '애기무덤'으로 가보자. 학살 이후 성인의 시신은 살아남은 이들이 다른 곳에 이장했으나, 어린이들의 시신은 가매장한 상태 그대로 지금까지 남아 있다. 이곳에 현재 스무 기 이상의 애기무덤이 있는데 그중 적어도 여덟 기는 북촌 대학살 당시의 것으로 보고 있다. 그리고 바로 뒤쪽에는 제주 말로 '오목하게 쏙 들어간 밭'이라는 뜻을 지닌 '옴팡밭'이 하나 있다.

> 동생들을 찾기 위해서 막 다녔는데, 나중에 보니까, 저 소낭밭에서 찾았어요. 제일 밑에 동생(당시 5세)은 총 안 맞고, 추워서 죽었어요. 둘째 누이 동생(10세)은 가시덤불 위에 넘어져 있었고, 또 제 밑의 동생(8세)은 이마에 총을 맞았어요. 각기 손에 고무신을 다 쥐고, 그렇게 죽어 있었어요.
>
> — 김석보(북촌리 주민, 너븐숭이 4·3기념관 내 전시 패널)

당시 목격자들의 증언에 따르면 "마치 무를 뽑아 널어놓은 것같이" 시신들이 널브러져 있었다고 하는데, 대학살의 대상은 성인, 아이 가릴 것 없이 무차별적이었다. 그래서 옴팡밭에 세운 '순이삼촌 문학기념비'는 독특한 모습을 하고 있다. 애기무덤으로 추정되는 작은 봉분을 중심으로, 붉은 피를 상징하는 화산송이 위에 희생자를 상징하는 비석을 눕혀둔 것이다.

광기 어린 시절은 오래 지속되었다. 6·25전쟁 때 북촌리 출신의 전사자 김석태를 위한 고별식이 1954년 1월 23일에 북촌초등학교 운동장에서 열렸는데, 주민들은 젊은 나이에 세상을 뜬 영혼을 위로하려 제주 전통 풍습인 '꽃놀이'도 행했다. 그런데 이곳은 마침 북촌 대학살의 현장이기도 했으며, 대학살이 벌어진 지 만 5년이 막 지나던 시점이었다. 당시 마을 이장이던 신승빈이 "이왕에 꽃놀이를 하는 바에는 4·3사태 때 죽어간 북촌리 주민들의 영혼을 함께 달래자"라고 제안했던 이유다. 그게 화근이었다. 꽃놀이 도중에 설움에 북받친 주민들이 술을 올리며 "아이고, 아이고" 하며 대성통곡을 하기 시작했는데, 반사회적 집단행동을 했다는 이유로 경찰에 체포되고 만 것이다. 그 뒤 주민들은 '다시는 집단행동을 하지 않겠다'라는 내용의 반성문과 각서를 쓰고서야 풀려나올 수 있었다. '아이고 사건'이라 불리는, 눈물마저 죄가 될 수 있는 시대가 있었음을 보여주는 어두운 흔적이다.

후손이 끊겨 한때 '무남촌(無男村)'이라고까지 불렸던 북촌리에서는 지금도 매년 음력 선달 열여드렛날이면 마치 명절처럼 집단적으로 제사를 지낸다. 그러나 그 제사는 소리 내어 울 수조차 없는 죽음을 기리는 것이었다. 그런 곳이 비단 북촌리만은 아니었다. 1947년부터 '예비 검속'이란 이름으로 학살극이 다시 벌어진 6·25전쟁 기간을 포함해 1954년까지 7년 동안 제주도에서 숨진 주민만 2만 5000명에서 3만 명 정도로 추정된다. 이는 당시 제주도 인구의 약 10퍼센트에 해당하는 수치로, 한국 근현대사에서 6·25전쟁 다음으로 인명 피해가 극심했던 사건이다. 특히 그중 절대 다수는 이유도 모른 채 스러져간 이들이었다. 그리고 살아남았다 해도 산 게 아니었다. 이들에게는 '연좌제'라는 수형의 굴레가 누대에 걸쳐 대물림되었다. 재산상의 피해도 막심했다. 4·3 기간 동안 정부의 강경 진압으로 소실된 가옥이 4만 채가 넘고, 중산간 지역 마을 95퍼센트 이상을 비롯

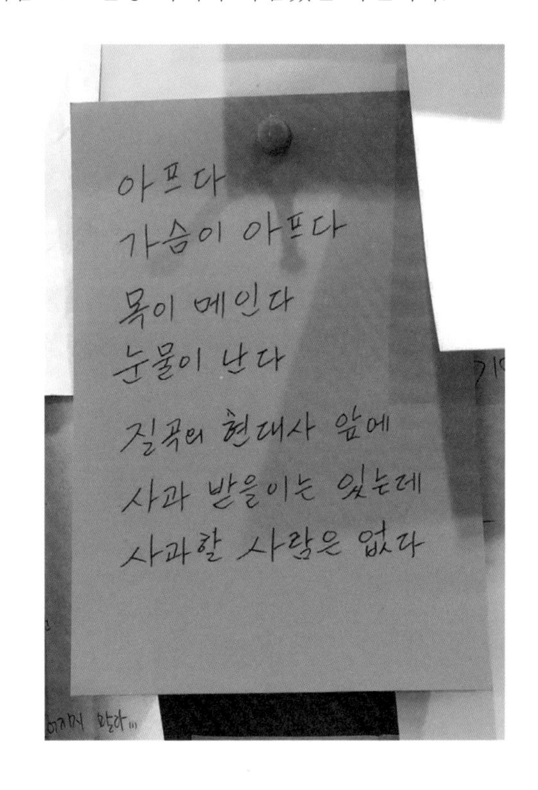

| 방명록

해 전체적으로 300여 개 마을이 불타 사라졌다. '빨갱이'들의 은거지가 될 가능성이 있다는 이유에서였다.

그래서인지 너븐숭이 4·3기념관에 있던 방명록에 시민들이 남긴 메시지가 기억에 남는다. 비록 그들이 역사가나 해당 분야 전문가는 아닐지라도 그들의 한마디, 한마디에서 한반도의 비극이 읽힌다.

아프다. / 가슴이 아프다. / 목이 메인다. / 눈물이 난다. / 질곡의 현대사 앞에 / 사과받을 이는 있는데 / 사과할 사람은 없다.

반세기 만에 이루어진 공식 사과

과거에 저질러진 잘못의 진상을 규명하고, 사과를 하고, 나아가 재발 방지를 위해 애쓰는 것이 물론 쉬운 일은 아니다. 더군다나 한국은 오랜 기간 권위주의 정부가 집권해 왔다. 그러나 독재 정권에 저항하며 민주주의를 꿈꾸고 또 전면에서 투쟁해 온 것이 한국 사회가 걸어온 길이기도 하다. 멀게는 4·19민주혁명을 비롯해 지금의 헌법을 탄생시킨 6·10민주항쟁, 그리고 근래의 대통령 탄핵과 투옥까지, 한국은 시민사회의 힘이 커지고 성숙하는 과정에서 보기 드문 민주주의의 역사를 써오고 있다. 제주 4·3을 둘러싼 역사적 평가의 변화도 시민사회의 노력이 없었다면 불가능한 일이었다.

이 문제가 제주도를 넘어 비로소 한국 사회 전반에 회자되기 시작한 것은 사건이 발생한 지 반세기가 넘은 2000년 즈음이다. 유가족을 비롯한 관련 단체들과 제주도민들 그리고 김대중 정부의 노력이 만난 끝에 여야 합의로 '제주 4·3사건 진상규명 및 희생자 명예회복에 관한 특별법'을 제정, 공포한 것이다. 이윽고 2003년에는 노무현 대통령이 정부를 대표해 공권력의 잘못을 사과했으며, 2006년에는 대통령 자격으로는 처음으로 위령제에 참석하면서 4·3의 진실이 역사의 조명을 받기 시작했다. 사건 이후 길다면 길고 짧다면 짧은 55년 만의 일이었다.

4·3평화기념관과 4·3평화공원 건립도 비슷한 비극을 되풀이하지 않으려는 노력의 일환이었다. 그중에서도 2008년에 개관한 4·3평화기념관 방문을 권한다. 4·3의 시공간적 배경과 과정 및 결과를 1940~50년대 제주도에 국한하지 않고 한반도 전체 차원에서, 그리고 미국 및 일본과의 관계 등 한국의 근현대사와 연결해 설명하여 당시의 상황을 머릿속에 그려보는 데 도움을 얻을 수 있다. 특히 기념관 전시물 중 비문을 새기지 않고 눕혀둔 백비(白碑)는 4·3에 대한 명확한 진상 규명을 끝내지 못한 오늘의 한국인들에게 남겨진 과제를 다시 한번 일깨운다.

한편 주민 공동체가 쏟은 노력도 인상적이다. 제주공항 서쪽에 있는 애월읍의 하귀 마을에 들러보자. 마을 초입에 2003년에 주민들이 자발적인 모금을 통해 세운 영모원이 있다. 거기에 여러 비석이 서 있는데, 그중 4·3

4·3평화기념관 내 백비 |

희생자 위령비 뒷면에 이런 글귀가 새겨져 있다.

> 해방의 기쁨이 가시기도 전, 6·25의 아픔이 한반도에 닥치기도 전에 이 죄 없는 땅 죄 없는 백성들 위에 아직도 정체 모를 먹구름 일어나서 그 수많은 목숨들이 지금도 무심한 저 산과 들과 바다 위에 뿌려졌으니, 어느 주검인들 무참하지 않았겠으며 어느 혼백인들 원통하지 않았으랴. 단지 살아 있는 죄로 소리 내어 울지도 못한 마음들은 또 어떠했으랴. … 지난 세월을 돌아보면 모두가 희생자이기에 모두가 용서한다는 뜻으로 모두가 함께 이 빗돌을 세우나니 죽은 이는 부디 눈을 감고 산 자들은 서로 손을 잡으라. 이제야 비로소 지극한 슬픔의 땅에 지극한 눈물로 지극한 화해의 말을 새기나니, 지난 50여 년이 길고 한스러워도 앞으로 올 날들이 더 길고 맑을 것을 믿기로 하자. 그러니 이 돌 앞에서는 더 이상 원도 한도 말하지 말자.

특이한 것은 4·3에만 머무르지 않고 항일독립운동가와 6·25전쟁 당시의 전몰호국영령을 위한 비도 함께 세웠다는 점이다. 4·3이 외따로 떨어져 있는 사건이 아니라 일제에 의한 강제병합과 분단, 전쟁과 학살 등이 오랜 시간 동안 서로 뒤엉킨 채 이행되어 온 한반도의 근현대사를 포괄적으로 인식하고, 그 속에서 발생한 모든 가해자와 피해자의 명부를 한 곳에 모시고 위령함으로써 용서와 화해, 평화와 상생의 모델을 제시하고자 한 것이다.

4·3과 같은 국가폭력을 두고, 이미 오래전에 벌어진 일인 데다 극단적 이념 대결의 시대를 걸어오는 과정에서 벌어진 '부수적인 피해' 아니냐며, 미래를 향해 나아가기도 바쁜데 굳이 과거사 청산이 필요하느냐는 의문을 품는 이들이 지금도 있다. 그들에게 노무현 대통령이 현직 대통령으로서는 최초로 국가폭력에 의한 학살 사건에 대해 사과하며 발언

한 내용을 들려주면서 제주 북부 답사를 마치고 싶다.

자랑스러운 역사든 부끄러운 역사든, 역사는 있는 그대로 밝히고 정리해 나가야 합니다. 특히 국가권력에 의해서 저질러진 잘못은 반드시 정리하고 넘어가야 합니다.

국가권력은 어떠한 경우에도 합법적으로 행사되어야 하고, 일탈에 대한 책임은 특별히 무겁게 다뤄져야 합니다. 또한 용서와 화해를 말하기 전에 억울하게 고통받은 분들의 상처를 치유하고 명예를 회복해 주어야 합니다. 이것은 국가가 해야 할 최소한의 도리이자 의무입니다. 그렇게 했을 때 국가권력에 대한 국민의 신뢰가 확보되고 그 위에서 우리 국민들이 함께 상생하고 통합할 수 있을 것입니다.

아직도 과거사 정리 작업이 미래로 나아가는 데 걸림돌이 된다고 생각하는 분들도 있는 것 같습니다. 그러나 저는 결코 그렇지 않다고 생각합니다. 과거사가 제대로 정리되지 않았기 때문에 갈등의 걸림돌을 지금껏 넘어서지 못했던 것입니다.

누구를 벌하고, 무엇을 빼자는 것은 결코 아닙니다. 사실은 사실대로 분명하게 밝히고, 억울한 누명과 맺힌 한을 풀어주고, 그리고 다시는 이런 일이 일어나지 않도록 함께 다짐하자는 것입니다. 그래야 진정한 용서와 화해를 통해서 우리 국민이 하나가 되는 길로 나아갈 수 있을 것입니다. 지난날의 역사를 하나하나 매듭지어 갈 때, 그 매듭은 미래를 향해서 내딛는 새로운 디딤돌이 될 수 있을 것입니다.

— 2006년 4월 3일 '제58주년 제주 4·3사건 희생자 위령제'
노무현 대통령 추도사에서

• 권기봉

제주 남부

'평화의 섬' 제주도의 이면

제주도가 상징하는 이미지 가운데 하나는 '평화'다. 1990년에 성사된 한·소 수교 이듬해에 노태우 대통령과 고르바초프 구소련 대통령이 처음으로 만나 냉전 해체의 중요한 기초를 마련했던 곳, 1996년 김영삼 대통령과 하시모토 일본 총리가 회담하며 한일 파트너십 관계를 강화했던 곳, 클린턴 미국 대통령과는 한반도 긴장 완화와 남북 평화 정착을 위한 '4자회담'을 제안했던 곳, 그리고 2004년에는 노무현 대통령과 고이즈미 일본 총리가 북핵 문제의 평화적 해결을 위한 '6자회담'을 열어 동북아평화협력체로 발전시키는 방안을 논의했던 곳. 이 모두가 제주도를 배경으로 벌어졌던 일들이다.

그러나 제주도가 평화를 논의하는 섬이 되는 길은 그리 순탄치 못했다. 오히려 극한의 좌절과 고통 그리고 제국주의 침략사가 곳곳에 뿌리박혀 있는 역설의 땅이 제주도였다. 알고 보면 여행자들의 방문지 가운데도 그와 같은 역사가 서린 곳이 적지 않다.

오름 위에 설치된 방공포 토치카

태평양전쟁 당시 미드웨이해전 이래 연합군이 솔로몬 제도를 비롯해 사이판과 필리핀 등지까지 파죽지세로 치고 올라오자, 일본은 본토 사수 작전을 준비해야만 했다. 그래서 1945년 초 일본 내 여섯 개 지역과 일본 외 두 개 지역, 모두 해서 여덟 개 지역을 대상으로 결사 항전을 위해 마련한 것이 '결호(決号) 작전'이다. 그때 일본 외 두 개 지역 중 하나가 바로 제주도였다. 제주도가 연합군 수중에 떨어지면 일본으로서는 본토와 관동군이 주둔하던 지금의 중국 동북3성 및 한반도가 단절될 수밖에 없었기 때문이다.

이에 제주도는 결호 작전 중 일곱 번째, 즉 '결7호 작전' 대상지로서 단위 면적당 가장 많은 전쟁 시설을 갖춘 섬으로 변모해갔다. 제주도를 통솔하는 제58군사령부를 창설하는가 하면, 관동군 예하 부대이던 제111, 121사단뿐 아니라 서울에 주둔하고 있던 제96사단 등 6~7만 명에 달하는 일본군을 제주도에 대기시켰다. 제주도민이 25만 명 내외였을 때이니 얼마나 많은 일본군이 몰려들었는지 가늠할 수 있을 것이다.

이때의 대표적인 흔적이 어승생악에 있다. 어승생오름이라고도 부르는 어승생악은 여느 오름들 중에 해발고도가 가장 높아 1169미터에 달한다. 고도가 높다는 이야기는 곧 적의 항공기를 가장 먼저 발견해 요격할 수 있는 곳임을 의미했다. 이런 점을 체감하려면 정상으로 가야 한다. 중턱까지는 차로 갈 수 있고, 주차장에서부터 약 1.3킬로미터는 걸어서 올라가면 되는데 30여 분 정도면 어렵지 않게 정상에 닿을 수 있다.

오르는 도중에는 주변에 조릿대를 비롯해 숲이 울창해 사위 분간이 어렵지만 정상부에 오르면 시야가 뻥 뚫린다. 한라산이 있는 동쪽을 제외한 삼면을 모두 시원하게 조망할 수 있다. 멀리 바다까지도 시야에 들

| 어승생악 정상의 토치카

어온다. 그때, 정상부의 육중한 구조물이 시선을 끈다. 러시아어로 '토치카'라고 부르는 군사 시설로, 철근 콘크리트를 이용해 견고한 진지를 만든 뒤 그 안에 몸을 숨기고 적을 공격할 수 있게 한 것이다. 당시 연합군 폭격기들은 지금과 달리 육안으로 목표물을 관측한 뒤 폭탄을 떨어뜨려야 했기에 아주 높은 고도로 날지 않았다. 어승생악 정상은 그런 폭격기들을 요격하기에 알맞은 높이였다. 또한 한라산을 기준으로 제주도 서쪽 하늘과 주변 바다가 한눈에 들어오는 뛰어난 시야 조건을 갖추고 있었다.

오름 지하에 파놓은 동굴진지

연합군 항공기 격추를 비롯한 방어 시설이 이곳에만 설치되었던 것은 아니다. 일본군은 땅속으로도 파고들었다. 어승생악에서 남서쪽으로 약

35킬로미터 떨어진 한경면 청수리의 가마오름으로 가보자. 여기에 현존하는 제주도 최대 규모의 동굴진지가 있다.

가마오름은 해발고도 140여 미터로, 야트막한 야산 같은 느낌을 풍긴다. 오름 위에는 역시 방공포 토치카를 설치했고, 그 밑을 파서, 말 그대로 동굴진지까지 만들어두었다. 흡사 개미굴처럼 지하 3층 구조에 총 연장이 2킬로미터에 달하고, 알려진 출입구만 서른세 곳에 이른다고 한다. 당시 일본군이 가장 두려워했던 것이 연합군의 폭격이었기에 그들은 이렇게 방공포 진지와 동굴진지 구축에 열심이었다. 그런데 이 같은 역사는 자칫 잊힐 뻔했다. 이영근 씨가 나서기 전까지는 말이다.

손수 곡괭이와 삽으로 허물어진 동굴을 파내려 갔습니다. 왜냐하면 제 아버지가 스물한 살의 나이에 채찍 세례를 받아가며 강제 노역을 한 곳이 여기였기 때문입니다.

관광업에 종사하던 이영근 씨는 아버지에게서 충격적인 이야기를 듣

가마오름 동굴진지 |

는다. 당신의 건강이 나빠진 계기가 바로 스물한 살이 되던 해에 땅굴을 파는 데 동원되어 온갖 폭력을 당하고 험난한 작업 환경에 노출된 탓이었다는 것이다. 제주도 동굴진지 이야기를 처음 접한 이영근 씨는 아버지가 강제로 동원되어 일했던 가마오름 일대를 사재를 털어 매입했고, 시간이 흐르면서 허물어진 구간을 손수 복구하기에 이르렀다. 오랜 기간의 노력 끝에 드디어 2004년, 전체 동굴진지의 15퍼센트에 해당하는 300여 미터를 정돈하여 일반에 공개했다. 그리고 거기서 멈추지 않고 지난 2004년에는 제주평화박물관까지 세워 문을 열었다.

아버지의 고생을 기리기 위한 일만이 아니었습니다. 제 아버지의 역사가 곧 제주도의 역사였고 제주도의 역사가 곧 한국의 역사라고 생각했기 때문이에요. 솔직히 자금 사정도 그렇고 쉽지는 않았습니다. 하지만 남들 다 말리던 거였지만 제가 나설 수밖에 없었어요. 후대에 제주도가 걸어온 역사를 알려서 더 이상 이런 일은 없도록 해야 하니까요.

폭력적인 강제동원과 처절한 전쟁의 현장을 고발하는 데 그치지 않고 맨손으로 역사 교육의 현장으로 재탄생시킨, 나아가 평화를 향한 염원을 간직한 제주평화박물관. 안타까운 것은 2021년 현재 평화박물관과 동굴진지 문이 닫혀 있다는 사실이다. 찾는 이가 없다 보니 경영난에 봉착해 2013년 무렵부터 문이 닫혀 있는 상태다. 종종 임시로 열기는 하지만 언제 다시 완전히 개방할지는 기약하기 어렵다. 그래서 지금은 동굴진지와 박물관에는 들어갈 수 없고 가마오름 정상부의 방공포 진지만 둘러볼 수 있을 뿐이다.

공항과 채소밭으로 바뀐 비행장

일본군이 제주도를 지리적 요충지로 여긴 것은 한반도와 일본열도 사이에 있다는 이유때문만이 아니었다. 제주도는 일본열도와 중국 대륙 사이에 마치 '불침항모'처럼 떠 있는 섬이기도 하다. 즉, 일제강점기까지만 해도 일본에서 이륙한 항공기가 한 번에 중국까지 갈 수 없었다. 어쩔 수 없이 제주에 내려 급유를 한 뒤 떠나곤 했는데, 그걸 위해 건설한 비행장이 '정뜨르비행장'과 '알뜨르비행장'이다. 일제는 태평양전쟁을 일으키기 훨씬 이전인 1920년대 중반에 일본 나가사키현 사세보에 주둔하고 있던 해군 항공대 2500여 명과 전투기 20여 대를 이곳에 배치하여 중일전쟁 당시 난징 폭격을 위한 발진 기지로 삼았다.

다소 생소한 이름이지만 제주도를 여행해 본 이라면 이미 한 번쯤은 가봤을 곳이다. 정뜨르는 다름 아닌 지금의 제주시 용담2동과 도두동 일대를 가리키는 지명으로, 현 제주국제공항의 전신이 정뜨르비행장이다. 알뜨르는 '아랫들'을 뜻하는 제주 말인데, 지금의 모슬포와 송악산 사이의 들판을 가리킨다. 이곳엔 지금도 비행장의 흔적이 뚜렷하게 남아 있다.

채소밭으로 쓰이는 알뜨르비행장 터의 격납고들 |

가마오름에서 알뜨르비행장 터까지는 15킬로미터 정도 거리다. 목적지에 다가갈수록 채소밭 사이사이에 기이한 구조물이 눈에 들어온다. 일본군은 연합군의 폭격에 대비하기 위해 격납고의 높이를 최대한 낮춰 땅에 납작 엎드린 것처럼 설계했고, 그 위에는 흙을 올려 잡초가 자라게 했다. 마치 오름처럼 보이도록 위장한 것이다. 행여 폭격을 당하더라도 항공기의 생존성을 높이기 위해 격납고를 요즈음처럼 철판이 아니라 1~2미터 두께의 철근 콘크리트로 지어 올렸다. 을씨년스러우면서도 기괴한 풍경이 아닐 수 없다. 주변에는 대공포 진지로 보이는 시설물도 있고, 탄약고나 막사 등으로 이용했던 건물들의 유구도 보인다.

알뜨르비행장 터는 1990년대까지는 별다른 조명을 받지 못하다가, 근래 과거의 어두운 역사도 알아야 한다는 인식이 확산되면서 '제주 올레길' 10코스에도 들어가 있는 상태다. 2017년에 '제주 비엔날레'가 열렸을 때는 알뜨르비행장을 야외 설치 미술관으로 운영하기도 했다. 지금도 이곳에는 평화와 비폭력, 인권 등을 이야기하는 박경훈-강문석 작가의 〈알뜨르의 제로센〉과 최평곤 작가의 〈파랑새〉, 구본주 작가의 〈갑오농민전쟁 2〉 같은 작품들이 서 있다.

제주도민을 하나로 묶은 연대 의식

이 작품들로부터 동쪽으로 300여 미터 발걸음을 옮기면 4·3사건의 현장을 만날 수 있다. 알뜨르비행장 옆 섯알오름에 있는 제주도 내 최대 규모의 탄약고 터에서도 해병대와 경찰 등에 의해 민간인 학살이 자행되었다. 6·25전쟁이 발발하자 모슬포경찰서 관내의 공무원과 교육자, 농민, 학생, 심지어 이장 및 경찰지서 후원회장까지 이른바 '불순분자'로

백조일손묘역 |

의심되는 주민 344명을 '예비 검속'이라는 이름으로, 즉 죄를 짓지 않았는데도 앞으로 불안한 상황을 야기할지 모른다고 생각해서 미리 붙잡아 간 일이 있다. 그중 252명을 아무런 법적 절차 없이 집단 학살한 뒤 암매장해 버렸다. 심지어 이 일대를 7년간 '출입 금지' 구역으로 묶어버려 외지인이야 말할 것도 없고 유가족의 출입마저도 쉽지 않았을 정도다.

그러나 지금 그곳엔 탄약고의 기초 부분만 눈에 띌 뿐 건물도 무덤도 없다. 푹 꺼진 땅에 마치 희생자들의 눈물인 양 흙탕물만 그렁그렁 고여 있다. 희생자들의 유해가 안장되어 있는 곳은 이곳에서 직선거리로 1.7킬로미터, 차도로는 4.5킬로미터 떨어진 '백조일손(百祖一孫)묘역'이다.

이름이 특이하다. 100명의 조상과 한 명의 자손이라…. 이때 '백'은 '여럿'을 의미하는데, 이런 명칭이 붙은 데는 이유가 있다. 유가족의 거듭된 요청에 따라 학살 사건 7년 만인 1956년에 섯알오름 탄약고 터에서 유골을 발굴했는데, 이미 오랜 시간이 흐른 데다 마구 뒤엉킨 채 암매장됐던 터라 누가 누구인지 분간할 수 없었다. 결국 머리 하나에 등뼈, 팔, 다리 등을 가능한 한 맞추어 132구로 구성해 유가족이 마련한 묘역에 안장했다. 그러고는 조상이 다른 132구의 조상들이 한날한시에 한곳에서 죽어 뼈가 엉기어 하나가 되었으니 모두가 한 자손이라는 의미에서 '백조일손묘역'이라 부르기 시작했다.

그러고 보면 4·3 유가족을 구원한 것은 권력도 돈도 아니었다. 실제로 묘역을 불편하게 여기는 이들도 있었다. 공권력에 대한 도전으로 받아들였던 것이다. 5·16군사쿠데타 직후인 1961년 6월 15일, 서귀포경찰서와 모슬포지서 등이 나서서 묘비를 파괴하고 유가족을 압박해 묘의 이장을 유도했다. 그러나 유가족들은 물리적 조상은 다를지라도 우리는 한 조상의 한 자식이라는 공동체 의식을 바탕으로 집단적 슬픔을 극복해 왔다. 몇몇 유가족은 공권력의 위협에 이장을 했다가 이후 다시 백조일손묘역으로 이장해 왔다. 그리고 더는 국가가 시민의 자유와 인권을 짓밟아서는 안 된다는 것을 강조하며 박정희 정권이 부숴버렸던 묘비 파편을 유리관 안에 넣어 보관, 전시해 오고 있다.

관광지에 남아 있는 '바다의 가미카제'

백조일손묘역 남쪽에는 송악산이 버티고 있다. 이곳 역시 지난 역사의 흔적을 고스란히 간직한 현장이다. 송악산과 해수면이 만나는 지점을 유심히 살펴보자. 동굴 열다섯 개가 뻥뻥 뚫려 있다. 너비 3~4미터에, 길이가 짧은 것은 5미터에서 긴 것은 20미터에 달한다. 태평양전쟁 말기에 수세에 몰린 일본군이 자살특공대 대기 장소로 사용하기 위해 제주도민들을 강제로 동원하여 판 해안 동굴진지들이다.

자살특공대라 하면 보통 '가미카제'를 떠올리곤 하는데 그런 부대가 하늘 위에만 있었던 것은 아니다. 해안에 바짝 붙어 있는 절벽에 동굴을 판 뒤 그 안에 어뢰정이나 자살공격용 소형 선박을 숨겨뒀다가 연합군 함정이 가까이 다가오면 쏜살같이 출동해 자살 공격을 가하는 '바다의 가미카제'도 있었다. 기존의 유도형 어뢰와 달리 사람이 직접 들어가 조종함으로써 명중률을 끌어올린 어뢰 부대 '가이텐(回天)', 바다를 떨게 할 정도로 고속으로 달려 폭발하는 모터보트 특공대 '신요(震洋)', 폭발물을 지니고 해저에서 마치 용처럼 웅크리고 있다가 적함이 다가올 때 폭발했던 인간 기뢰 부대 '후쿠류(伏龍)'도 있었다. 모두 자살 공격을 전제로 한, 말 그대로 인간의 목숨마저 경시한 채 최후의 발악을 위해 만든 부대이자 시설이었다.

송악산 해안 동굴진지가 제주도 남서부에 자리한 전쟁 유적이라면 남동부에도 비슷한 시기에 건설한 유구가 있다. 제주도를 찾는 이라면 한번쯤 올라가 보았을 성산 일출봉이 바로 그곳이다. 사실 정상으로 올라갔다 내려올 뿐, 그 주변을 돌아보는 이들을 만나기는 힘들다. 나중에 제주도에 다시 갈 일이 있다면 성산 일출봉 '해녀의 집' 맞은편에 있는 해안, 그러니까 광치기 해변 쪽 해안으로 한번 내려가 보기를 권한다. 일부러 찾아보지 않으면 만날 수 없는, 제주도의 현대사가 응축된 현장이 거기에 있다. 송악산의 그것과 같은 해안 동굴진지들 말이다.

다행스러운 것은 이전과 달리 지금은 이 공간을 바라보는 시각의 차이가 꽤 크다는 점이다. 얼마 전까지만 해도 굳이 슬픈 역사를 알릴 필요가 있느냐는 생각에 방치해 온 것이 사실이다. 심지어 사전 지식 없이 함께 답사에 동행했던 지인은 파도에 깎여서 생긴 해식 동굴이 아니냐며 오해할 정도였다. 그러나 가마오름과 알뜨르비행장을, 그리고 4·3을 다시 보려는 인식의 전환 속에서 송악산과 성산 일출봉 해안 동굴진지들

| 성산 일출봉 해안 동굴진지

앞에도 하나둘 안내판이 세워지고 있다. 어린이도 불이 뜨거운 것을 알아야 불조심을 하듯, 역사를 잊는 순간 그와 같은 일이 양상만 달라질 뿐 되풀이될 수 있다는 인식이 널리 퍼지면서 지나간 역사를 다시 보려는 시도가 이곳에서도 이어지고 있다.

낯익은 것을 낯설게 보는 것의 힘

시야의 확장과 인식의 전환은 우리가 현장 답사를 하는 이유, 현장 답사를 해야 하는 가장 큰 이유 가운데 하나다. 하늘 아래 새로운 것은 없다고 하나, 무엇이 새롭고 무엇이 고리타분한지를 분간하는 것은 개인의 인식 여하에 따라 달라진다. 익숙한 것을 익숙하게만 여겨서는 더는 새로운 발견을 할 수 없다. 낯익은 것을 낯설게 바라보려고 할 때 비로소 그동안 보지 못했던 것을 볼 수 있다. 그런 경험을 위해 마지막으로 추천하고 싶은 곳이 김영갑갤러리 '두모악'이다.

통칭 '루게릭 병'으로 요절한 사진작가 김영갑이 활동한 곳이자 지금은 그의 작품을 전시하고 있는 곳이다. 한국 사회가 제주도를 바라보는 시선은 그의 작품 이전과 이후로 나뉜다 해도 과언이 아니다. 그가 제주도에서 사진 작업을 시작한 1985년 이전은 물론 2000년대 초반까지만 해도 제주도라고 하면 삼별초의 대몽항쟁지나 추사 김정희의 유배지, 이국적인 한국판 동남아, 혹은 한라산이나 성산 일출봉, 맛있는 밀감과 신선한 활어회 따위를 떠올리는 게 일반적이었다.

그러나 그게 전부일까? 비록 육지 사람이었으나 김영갑이 본 것은 그런 것이 다가 아니었다. 관광지에는 뭍사람들만 넘쳐날 뿐, 정작 관광업이나 상업 종사자 외의 제주도민은 만날 수 없던 김영갑은 의문을 품었다. 과연 제주도민들은 어디에 있단 말인가! 그는 제주도민들이 태어나 살아가는 마을들이 있으며, 밭이 펼쳐진 생활 터전이 있고, 끝내 묻히는 무덤이 있는 '오름'을 눈여겨보기 시작했다. 농사짓기 어려운 토질임에도 억척스럽게 생활을 이어갈 수 있게 해준 지하수의 원천 '곶자왈'을 포함해 들판과 바다와 나무와 억새에 시선을 돌렸다. 외지인의 시선으로 본 제주가 아니라 제주인의 시선으로 제주를 보기 시작한 '시각의 첫 전환자'가 김영갑 작가다.

채 50년도 안 되는 짧은 생이었지만 그가 남긴 영향은 지대해 보인다. '평화의 섬'이라 불리는 제주도의 이면. 지금은 평범한 마을 길과 밭두렁, 바닷길을 걷는 '제주 올레'를 모르는 이가 없으며, 식민과 학살, 전쟁의 흔적까지도 드러내고 알리기 위해 노력하고 있는 곳이 제주도다. 그리고 쉽지 않았던 과거사 청산의 깃발을 들어 올린 곳도 바로 이 섬이다. 제주도는 기존에 생각하고 봐왔던 것들만이 전부가 아님을 알아차릴 수 있는, 시각의 전환이 갖는 위대한 힘을 경험할 수 있는 답사지다.

• 권기봉

참고 문헌 및 인용 출처

인식 지평 너머의 강화도 — 인천

- 〈인천 축항의 노역죄인 김구, 지금은 건국 도상의 거인 김구 주석〉, 《대중일보》, 1946년 4월 15일자.
- 〈일제가 강탈한 성공회 강화읍성당 鐵 난간 "침략전쟁 참회합니다"〉, 《국민일보》 2010년 11월 15일자.

상처의 이면에서 희망을 발견할 수 있는 곳, 제물포 — 인천

- LS네트웍스, 〈제물포의 어제와 오늘, 그 사이를 걷다〉, 《보보담》 8호, 2013, 20쪽.
- 이사벨라 L. 비숍, 《조선과 그 이웃 나라들》, 집문당, 2019, 21쪽.
- 인천광역시 역사자료관 역사문화연구실, 《인천 개항장 풍경》(인천역사문화총서 25), 인천광역시, 2006, 18쪽.

남북을 잇는 물길과 나루 — 경기 김포·파주·연천

- 신유한, 〈조강행〉, 임형택, 《이조시대 서사시》 1, 창비, 2013.

화해와 공존의 통일미래 상상하기 — 경기 파주·연천

- 국방부 군사편찬연구소, 《통계로 본 6·25전쟁》, 2014.

전쟁과 냉전의 기억을 품은 북한강에서 꿈꾸는 평화 — 강원 화천

- K-water 화천권지사, 《평화의 댐과 사람들: 평화의 물길 흘러흘러 통일로》, 2019, 13~24, 31, 40쪽.
- 문익환, 〈꿈을 비는 마음〉, 《문익환 시선집》, 실천문학사, 1992.
- 〈"수공과장 정권 안보 이용" 평화의 댐 특감 발표〉, 《조선일보》 1993년 9월 1일자.
- 오문수, 〈국민 가곡 '비목'의 탄생 비화, 이랬구나〉, 《오마이뉴스》 2019년 10월 26일자.

동해북부선을 따라 금강산 가는 길 — 강원 강릉·속초·고성

- 이중환 지음, 안대회·이승용 외 옮김, 《완역 정본 택리지》, 휴머니스트, 2018.

한양도성을 걸으며 만나는 '남북 분단과 나' — 서울 종로

- Korean War Archives, 〈1·21사태 김신조 심문 영상〉(youtu.be/zkxdvEfl_0I).
- 〈연막탄 지주〉, 서울시 서울미래유산 공식 사이트(futureheritage.seoul.go.kr).

'일제의 캔버스'에서 '시대의 인큐베이터'로 — 서울 용산

- 권기봉, 《서울을 거닐며 사라져가는 역사를 만나다》, 알마, 2008, 52~63, 267~286쪽.
- 김병희, 《한경직 목사》, 규장문화사, 1982, 55~56쪽.

정동과 서울광장, 열패감을 넘어 희망으로 — 서울 중구

- 손정목, 《서울 도시계획 이야기 1》, 한울, 246쪽에서 발췌 정리.
- 권기봉, 《다시, 서울을 걷다》, 알마, 2012, 141~153쪽.

효창공원 답사의 숨은 가치 — 서울 용산

- 효창독립 100년 메모리얼프로젝트(hyochangpark.com).

북한산에서 함께 나누는 평화·통일 이야기 — 서울 강북

- 김원, 《통일교육원》, 도서출판 광장, 2020, 7~10쪽.
- 엄항섭 편, 《김구주석최근언론집》, 삼일출판사, 1948.
- 오영섭, 〈이위종의 생애와 독립운동〉, 《한국독립운동사연구》 제29집, 2007.
- 이용재, 《이용재의 궁극의 문화기행 2—건축가 김원 편》, 도미노북스, 2011.
- 이용재와 함께하는 인문학적인 집 짓기(blog.naver.com/leecorb)
- 정운현, 〈105인 사건으로 모진 옥고 치렀지만 독립운동 계속〉, 《오마이뉴스》 2019년 3월 6일자.
- 최기영, 〈한말 이준의 정치·계몽활동과 민족운동〉, 《한국독립운동사연구》 제29집, 2007.
- 현대리서치컨설팅, 《2019년 학교통일교육 실태조사 결과보고서》, 통일부 통일교육원, 2019.

그들 앞에서 우리는 여전히 부끄럽다 — 충북 진천·청주

- 국가보훈처 공훈전자사료관 홈페이지(e-gonghun.mpva.go.kr)
- 김하돈, 《丹心을 찾아 떠나는 단재 기행》, 단재문화예술제전추진위원회, 2015, 77~79쪽.
- 독립기념관 한국독립운동사연구소, 《국내 항일독립운동 사적지 조사보고서 4: 충청북도 독립운동사적지》, 독립기념관 한국독립운동사연구소, 2009, 15쪽.

함께 고생하고 함께 싸웠던 시절의 기억들을 찾아 — 충남 천안

- 〈3·1인민봉기 100돐기념 평양시보고회 진행〉, 《로동신문》 2019년 3월 2일자.
- 김진환, 〈서평: 우리는 35년을 '함께' 고생했다〉, 대한불교 조계종 민족공동체 추진본부 홈페이지(unikorea.or.kr).
- 대한민국 역사박물관 홈페이지(archive.much.go.kr).
- 박광일 글, 신춘호 사진, 《제국에서 민국으로 가는 길》, 생각정원, 2019, 302~303쪽.
- 이정은, 《3·1운동의 얼 유관순》, 역사공간, 2010.
- 정운현, 《조선의 딸, 총을 들다》, 인문서원, 2016, 70~77쪽.
- 홍종옥, 〈북한 역사학의 3·1운동 인식〉, 《서울과 역사》 제99호, 2018.

100년이 더 지나도 원심력은 사라지지 않는다 — 전북 정읍

- 김삼웅, 《개남, 새 세상을 열다: 동학농민혁명과 김개남》, 모시는사람들, 2020, 217~231, 220~313, 323~341쪽.
- 김삼웅, 《보재 이상설 평전: 독립운동의 선구자》, 채륜, 2016, 6, 60~61쪽.
- 조광환, 《전봉준과 동학농민혁명》, 살림터, 2014, 97~101쪽.

눈물의 쌀, 희망의 쌀 — 전북 군산·김제

- 〈숫자로 보는 군산 근대의 생활〉, 군산근대역사박물관 내 전시 패널, 2021.
- 〈일제강점기 농촌 수탈의 기억—화호리Ⅰ〉(국립완주문화재연구소 학술총서 4), 2020. 12.

자유, 민주, 통일을 향한 열망이 공존하는 도시 — 전남 목포

- 김진환, 《동북아시아 열국지 2》, 선인, 2003, 6~7쪽.
- 김대중, 《김대중 자서전 2》, 삼인, 2010, 289쪽.
- 최성환, 〈목포의 해항성과 개항장 형성 과정의 특징〉, 《한국민족문화》 39집, 2001.

비극의 터에서 되새기는 평화의 가치 — 전남 순천·여수

- 김득중, 《빨갱이의 탄생: 여순사건과 반공국가의 형성》, 선인, 2010, 604쪽.

한반도의 또 다른 최전선 — 부산

- 국가보훈처 공훈전자사료관 홈페이지(e-gonghun.mpva.go.kr)
- 차철욱, 〈한국전쟁 피난민과 국제시장의 로컬리티〉, 《한국민족문화》, 2010.

'평범하지 않은 시대를 산 평범한 사람들'을 찾아서 — 부산

- 〈국립박물관 중 관람객 꼴찌… '스마트박물관'으로 주목도 높일 터〉, 《한겨레》 2020년 11월 20일자.
- 김진환, 〈서평: '평범하지 않은 시대를 산 평범한 사람들'의 이야기〉, 대한불교조계종 민족공동체 추진본부 홈페이지(unikorea.or.kr).
- '사이버 유엔기념공원' 한국어 홈페이지(unmck.or.kr).
- 이향규, 《영국 청년 마이클의 한국전쟁》, 창비, 2019, 204~206, 212~213쪽.

아픔의 땅에서 피어나는 포용의 힘 — 경남 통영·거제

- '경계를 넘어서', 〈KBS 인물현대사〉, 2003년 8월 1일 방송.
- 국정원과거사건진실규명을통한발전위원회, 《과거와 대화 미래의 성찰—주요 의혹사건 편》 上(II), 국가정보원, 2007, 293~429쪽에서 발췌 정리.
- 박경리, 《생명의 아픔》, 마로니에북스, 2016.
- 〈《토지》 완간 10주년 특별 대담〉, MBC, 2004.

나와 우리 그 관계의 자각 — 경남 사천·진주·의령

- 조경남, 《난중잡록》 권 1 임진년 상(上), "곽재우 기병토적 수복우로"에서 발췌 인용.

보수적인 듯하지만 참여와 혁신을 꿈꾼 도시 — 대구

- 〈경고아(我)부인동포라〉, 《대한매일신보》, 1907년 3월 8일자, 3면.

내어주지 않으려 한 그들 덕분에 되찾을 수 있었다 — 경북 안동

- 강윤정, 《독립운동가와 함께 걷는 사적지》, 도서출판 성심, 2019, 118~127, 202~212쪽.
- 김희곤 편, 《세계 독립운동의 으뜸 경상북도》, 경상북도독립운동기념관, 2017.
- 김희곤, 《이육사의 독립운동》, 이육사문학관, 2017, 11~12, 192~193쪽.

제주도가 보여준 역사적 화해의 길 — 제주 북부

- 박찬식, 《1901년 제주민란 연구—근대 외래문화와 토착문화의 갈등》, 각, 2018.
- 〈'이재수의 난' 120주년… "갈등 넘어 화해 · 상생으로"〉, 《연합뉴스》, 2020년 12월 27일자.
- 〈천주교인 제주도민 100년 만에 '화해'〉, 《제주투데이》, 2003년 11월 7일자.
- 현기영, 〈작품을 쓰면서 울기도 했어〉, 《제주작가》 22호, 73쪽.

대한민국 평화기행

초판 1쇄 발행 2021년 3월 31일
초판 5쇄 발행 2022년 12월 22일

지은이 • 권기봉 김진환 한모니까
기획 • 국립통일교육원
펴낸이 • 강일우
편집 • 김은주 소인정 김용희 문해순
펴낸곳 • (주)창비교육
등록 • 2014년 6월 20일 제2014-000183호
주소 • 04004 서울특별시 마포구 월드컵로12길 7
전화 • 1833-7247
팩스 • 영업 070-4838-4938 / 편집 02-6949-0953
홈페이지 • www.changbiedu.com
전자우편 • textbook@changbi.com

ISBN 979-11-6570-043-0 03900

KOMCA 승인 필

* 책값은 뒤표지에 표시되어 있습니다.